복 있는 사람

오직 여호와의 율법을 즐거워하여 그 율법을 주야로 묵상하는 자로다
저는 시냇가에 심은 나무가 시절을 좇아 과실을 맺으며 그 잎사귀가 마르지 아니함 같으니
그 행사가 다 형통하리로다(시편 1:2,3)

잊혀진 제자도

Dallas Willard
The Great Omission

잊혀진 제자도

달라스 윌라드

윤종석 옮김

예수께서 가르치신
제자의 본질을 되찾다

복 있는 사람

잊혀진 제자도

2007년 3월 10일 초판 1쇄 발행
2019년 7월 15일 초판 19쇄 발행
2021년 2월 24일 재조판 1쇄 발행
2025년 6월 5일 재조판 3쇄 발행

지은이 달라스 윌라드
옮긴이 윤종석
펴낸이 박종현

(주) 복 있는 사람
주소 서울특별시 마포구 연남동 246-21 (성미산로23길 26-6)
전화 02-723-7183(편집), 7734(영업·마케팅) 팩스 02-723-7184
이메일 hismessage@naver.com
등록 1998년 1월 19일 제1-2280호

ISBN 979-11-7083-272-0 03230

The Great Omission
by Dallas Willard

Copyright ⓒ 2006 by Dallas Willard
Originally Published in English under the title
The Great Omission: Reclaiming Jesus's Essential Teachings on Discipleship
by HarperSanFrancisco, a division of HarperCollins Publishers
10 East 53rd Street, New York, NY 10022, U. S. A.
All rights reserved.

This Korean translation edition ⓒ 2007 by The Blessed People Publishing Co.
Published by arrangement with HarperSanFrancisco,
through Eric Yang Agency.

이 한국어판의 저작권은 에릭양 에이전시를 통해 HarperSanFrancisco와 독점 계약한
(주) 복 있는 사람에 있습니다. 신저작권법에 의하여 한국 내에서 보호받는 저작물이므로
무단 전재와 무단 복제를 금합니다.

잊혀진 제자도

달라스 윌라드
윤종석 옮김

예수께서 가르치신
제자의 본질을 되찾다

복 있는 사람

잊혀진 제자도

2007년 3월 10일 초판 1쇄 발행
2019년 7월 15일 초판 19쇄 발행
2021년 2월 24일 재조판 1쇄 발행
2025년 6월 5일 재조판 3쇄 발행

지은이 달라스 윌라드
옮긴이 윤종석
펴낸이 박종현

(주) 복 있는 사람
주소 서울특별시 마포구 연남동 246-21(성미산로23길 26-6)
전화 02-723-7183(편집), 7734(영업·마케팅) 팩스 02-723-7184
이메일 hismessage@naver.com
등록 1998년 1월 19일 제1-2280호

ISBN 979-11-7083-272-0 03230

The Great Omission
by Dallas Willard

Copyright ⓒ 2006 by Dallas Willard
Originally Published in English under the title
The Great Omission: Reclaiming Jesus's Essential Teachings on Discipleship
by HarperSanFrancisco, a division of HarperCollins Publishers
10 East 53rd Street, New York, NY 10022, U. S. A.
All rights reserved.

This Korean translation edition ⓒ 2007 by The Blessed People Publishing Co.
Published by arrangement with HarperSanFrancisco,
through Eric Yang Agency.

이 한국어판의 저작권은 에릭양 에이전시를 통해 HarperSanFrancisco와 독점 계약한
(주) 복 있는 사람에 있습니다. 신저작권법에 의하여 한국 내에서 보호받는 저작물이므로
무단 전재와 무단 복제를 금합니다.

버타 본올맨 윌라드 Bertha VonAllman Willard에게.

예수의 참 도제인 그녀는
속속들이 배어든 은혜와 진리로 누구를 만나든 늘 복을 끼쳤다.

차례

머리말　　　　　　　　　　　　　　　　　　　　　　8

─　　　　예수의 도제가 되다　　　　─

1. 제자도_슈퍼 그리스도인들만의 것인가　　　　21
2. 왜 귀찮게 제자도인가　　　　　　　　　　　　33
3. 당신의 스승은 누구인가　　　　　　　　　　　40
4. 예수를 닮은 모습　　　　　　　　　　　　　　47
5. 천국 열쇠를 얻는 열쇠　　　　　　　　　　　　58

─　　　　영성 형성과 성품 형성　　　　─

6. 영성 형성은 삶 전체와 전인(全人)을 위한 것　　71
7. 그리스도 안의 영성 형성_그 정체와 방법에 관한 고찰　102
8. 마음은 원이로되_영적 성장의 도구인 몸　　　117
9. 하나님을 보는 비전 안에 살아가는 삶　　　　130
10. 기독교 영성 형성에 관한 논의　　　　　　　145
11. 개인의 영혼 관리_사역자들과 모든 사람을 위해　169

영혼과 지성의 제자도

12. 영적 훈련, 영성 형성, 영혼의 회복   187
13. 그리스도 중심의 경건_복음주의의 핵심   213
14. 논리학자 예수   227
15. 왜   248

   맺는말_제자로 가라   259

부록_ 영적 삶에 관한 책들

부록 1 프랭크 로바크 『현대 신비가의 편지』   266
부록 2 아빌라의 테레사 『영혼의 성』   274
부록 3 루스 헤일리 바턴 『고독과 침묵 훈련』   279
부록 4 제임스 로슨 『위대한 그리스도인들은 어떻게 성령의 충만을 받았는가』   284
부록 5 제임스 스미스 『경이의 방』   293

   추천도서   297
   주   299
   출전   302

머리말

"기쁘다 구주 오셨네, 만백성 맞으라. 온 교회여 다 일어나 다 찬양하여라!" 웅장한 옛 크리스마스 캐럴은 이렇게 노래한다. 여기에는 예수께서 세상과 우리의 삶 속에 오셨으니 이제 상황이 정말로 달라질 것이라는 의미가 담겨 있다. 그리고 이 주제는 가고 오는 시대를 거쳐 지금까지도 이어지고 있다. 알 만한 사람이라면 누구도 다르게는 생각할 수 없다. 좋은 쪽으로 변화된다는 것, 그거야말로 "기쁜 소식"의 요지가 아니겠는가?

그러나 오늘날 기독교 신자들의 성품과 영향력에 대해, 기독교 기관들에 대해, 그리고—적어도 함축적인 의미로라도—기독교 신앙과 현실 인식에 대해 실망하는 목소리가 아주 많다. 실망은 대부분 그리스도인들 자신에게서 나온다. 자기들이 고백하는 믿음이 "어째 통하지 않아서" 말이다. 그들 자신에게도 통하지 않고, 그들이 보는 한에서는 주변 사람들에게도 통하지 않는다. 적어도 그들이 얻고 있는 결과는 표준 평가서에 나오는 표현대로 "모든 기대를 능가"하지 못한다. "실망"을 토로하는 책들이 기독교 출판계의 소주제를 이루고 있다. 자책은 기독교의 레퍼토리에서 사라지지 않고 있다.

그러나 실망은 기독교를 공공연히 대적하는 사람들은 물론 "가시적인" 기독교와 거리를 두고 있는 사람들(어쩌면 이들은 상황을 제대로 모르고 있을 수도 있고, 아니면 "맛을 볼 만큼 보았을" 수도 있다)에게서도 나온다. 이 사람들은 흔히 자신의 잣대로 그리스도인들을 질타하고, 예수께서 친히 제시하신 기준으로 그들을 비난한다. 한편에는 **예수 안에 표현된 생명에 대한 희망**—그 실체는 성경에 있고, 또 그분의 제자들 중에 많은 빛나는 모범들 속에 있다—이 있고, 다른 한편에는 지금 그분을 믿는다고 고백하는 대다수 사람들의 **실제 일상 속의 행동과 내면 생활과 대인 관계**가 있는데, 이 둘 사이에 거대한 괴리Great Disparity가 너무나 뚜렷하다.

질문이 불가피하다. 이 거대한 괴리의 원인은 무엇인가? 예수의 성품 자체와 그분이 인류에게 가르치시고 가져다주신 것 속에 뭔가 내재적인 문제가 있어서 그런가? 아니면 비본질적인 요인들이 세월을 타고 내려오면서 기독교 기관들과 그리스도인들에게 들러붙어서 그리된 것인가? 우리는 일반 그리스도인들과 대다수 기독교 지도자들이 양쪽 다 어떤 이유에서든 핵심을 놓쳐 버린 시대에 살고 있는 것은 아닌가?

옆집 사람의 자동차에 문제가 있다면, 당신은 그에게 그냥 불량품이 걸렸다고 생각할 수 있다. 그리고 그 생각이 맞을 수도 있다. 그러나 알고 보니 그가 가끔씩 연료에 물을 조금씩 타고 있었다면, 당신은 차가 움직이지 않거나 움직이다 말다 하는 것을 차 자체나 제조회사 탓으로 돌리지 않을 것이다. 당신은 본래 그 차는 주인이 만들어 내는 그런 조건하에서는 작동하지 않도록 되어 있다고 말할 것이다. 그리고 당연히 그에게 탱크에 연료를 제대로 넣으라고 조언할 것이다. 조금만 손을 보면 차는 아마 쌩쌩 잘 달릴 것이다.

그리스도와 동행하는 것에 대한 작금의 실망에도 우리는 비슷한 방식으로 접근해야 한다. 그것 역시 본래 당신이 아무것이나 넣어도 작동하도록 되어 있는 것이 아니다. 그것이 잘 작동하지 않거나 작동하다 말다 한다면, **그것이 우리의 삶을 떠맡을 수 있을 만큼 우리가 거기에 자신을 내주지 않기** 때문이다. 어쩌면 우리는 무엇을 어찌해야 하는지 전혀 배우지 못했을 수 있다. 영원한 삶의 "우리 쪽 역할"을 잘못 알고 있을 수도 있다. 또는 예수 자신의 "믿음과 실천"이 아니라 우리가 속하게 된 어떤 단체의 것을 배웠을 수 있다. 또는 예수 자신께 부합되는 내용을 듣기는 했으나 오해했을 수 있다(이 딜레마는 착한 바리새인들 내지 "율법주의자들"을 만들어 내는 경향이 있는데, 그것은 정말 고달픈 삶이다). 아니면 우리는 "도"(道)를 듣고 그 대가가 너무 커 보여서 비용을 아끼려고 했는지도 모른다(가끔씩 도덕적인 또는 종교적인 "물"을 조금씩 타서 말이다).

기독교라는 "자동차"가 어떠한 외부적인 여건 아래에서도 전천후로 달릴 수 있음을, 그것도 영광스럽게 달릴 수 있음을 우리는 알고 있다. 우리는 그것을 보아 왔다. 최소한, 보려고 하는 사람은 누구나 볼 수 있다. 캐리커처나 단편적인 그림들을 넘어서서 예수 자신을, 그리고 역사 전체와 오늘 우리 세계의 사건과 인격들 속에 다양하게 드러나는 그분을 보기만 하면 된다. 그분은 한마디로 인류의 무대에서 가장 밝은 지점이다. 감히 맞설 자가 없다. 심지어 기독교에 반대하는 자들도 예수와 그분의 가르침을 기준으로 그리스도인들을 판단하고 비난한다. 그분은 정말 **숨겨진** 분이 아니다. 그러나 그분의 임재가 우리의 세상에 이처럼 명백함에도 불구하고 우리는 그분을 찾아야 한다. 그것이 그분의 계획의 일부이며, 우리의 유익을 위한 것이다. 우리가 그분을 찾으면 그분은 반드시 우리를 만나 주시며, 그러면 우리도 더없이 깊이 그분을 만나게 된다. 이것이 "우리 주 곧 구주 예수 그리스도의 은혜와 저를 아는 지식에서" 지속적으로 "자라 가는" **예수의 제자**의 복된 실존이다(벧후 3:18).

그러나 바로 여기에 문제가 있다. 오늘날 그리스도인들 중에 "제자"라는 단어의 의미 그대로 예수의 제자인 사람이 누가 있는가? 제자는 배우는 자, 학생, 도제다. 도제란 아무리 초보에 지나지 않을지라도 실제로 그 업에 **종사하는** 사람이다. 신약성경에 그 점이 분명히 나온다. 그리스도와 함께하는 도의 방향을 잡으려면, 우리의 용어 정의는 마땅히 신약성경에서 와야 한다. 이런 맥락에서, 그리스도의 제자란 일정한 입장을 자기 것으로 고백만 하는 것이 아니라 하나님 나라의 삶에 대한 깊어 가는 이해를 이 땅에서 자기 삶의 모든 면에 적용하는 사람이다.

이와 반대로 오늘날 믿는다는 그리스도인들 사이에 박힌 지배적인 생각은, 우리가 절대로 제자가 되지 않고도 영원히 "그리스도인"일 수 있다는 것이다. 심지어 천국에서도 그렇다는 것처럼 들린다. 거기서는 아무도 이런 것이 필요 없을 테니 말이다. 이것이 오늘날 용인되고 있는 가르침이다. 당신의 소속이 어디든지, 한번 확인해 보라. 바로 이것이 (그 다양한 결과들과 함께) "지상명령"Great Commission의 중대한 누락Great Omission이며, 거대한 괴리Great Disparity는 거기에 단단히 뿌리를 내리고 있다. 중대한 누락을 허용하거나 인정하는 한, 기독교 단체와 운동들은 물론 개개인의 삶에도 거대한 괴리가 무성할 것이다. 거꾸로 중대한 누락의 뿌리를 자르면, 과거에 되풀이하여 그랬던 것처럼 거대한 괴리는 시들 것이다. 굳이 그것과 싸울 필요가 없다. 양분만 그만 주면 된다.

예수께서는 우리에게 어찌할 바를 명확히 일러 주셨다. 자동차 주인처럼 우리에게도 사용설명서가 있다. 그분은 우리에게 제자가 **되어** 제자를 **삼으라고** 하셨다. 기독교의 회심자나 어떤 특정한 "믿음과 실천"의 회심자를 만들라고 하신 것이 아니다. 그분이 우리에게 명하신 일은, 사람들을 죽음 이후에 "천국에 가게" 내지는 "커트라인에 들게" 하는 것도 아니고, 온갖 잔인한 형태의 불의를 제하는 것도 아니고, "성공적인" 교회를 만들어 존속시키는 것도 아니다. 그것도 다 좋은 일이고, 그분도 그 모두에 대해 하실 말씀이 있다. 그러나 그런 일들은 우리가 그분이 명하신 사람(그분의 일관된 도제)이 되어 그분이 명하신 일(일관된 도제를 삼는 일)을 할 때—**오직 그때에만**—이루어질 것이다. 그 일만 한다면 그 밖의 다른 일들을 하고 안 하고는 별로 중요하지 않다.

일단 제자인 우리가 다른 사람들을 도와서 제자(우리의 제자가 아니라 예수의 제자)가 되게 하면, 우리는 평범한 삶의 정황들 속에서 그들을 초자연적인 삼위일체의 임재 아래 모아서, 일찍이 세상이 보지 못했던 새로운 종류의 사회적인 단위를 형성할 수 있다. 이 제자들이 바로 그분께 "불러냄을 받은" 자들 곧 그분의 **교회**ecclesia다. 그들의 "걸음"은 이미 "하늘에" 있다(빌 3:20). 그들이 있는 곳에 천국이 실재하기 때문이다(엡 2:6). "내가 너희에게 분부한 모든 것을 가르쳐 지키게 할" 수 있는 대상이 바로 **이 사람들**이다. 그분의 학생 내지 도제가 되었다는 것은 그들이 배우기로 동의했다는 것이다. 게다가 자원까지 주셨으므로, 그들은 체계적으로 그 일에 임할 수 있다. 거기서, 누가 보기에도 "모든 기대를 능가"하는 삶의 열매가 확실히 나온다.

예수께서는 곁에서 따르는 적은 무리의 사람들에게 그것을 이렇게 표현하셨다. "하늘과 땅의 모든 권세를 내게 주셨으니 그러므로 너희는 가서 모든 족속으로 제자를 삼아 아버지와 아들과 성령의 이름으로 세례를 주고 내가 너희에게 분부한 모든 것을 가르쳐 지키게 하라. 볼지어다. 내가 세상 끝 날까지 너희와 항상 함께 있으리라"(마 28:18-20). 소수의 제자들이 그분의 명령을 "누락"시키지 않고 단순히 그분의 명대로 행한 그 결과들을 우리는 세계 역사 속에서 보고 있다.

서구 특히 북미 교회의 사람들은 대개 예수의 지상명령을 **다른 나라에 가서 해야 할 일**로 생각 없이 단정한다. 이것은 에스네이ἔθνη라는 헬라어를 "족속"으로 번역한 데에도 일부 원인이 있다. 요즘 쓰는 말인 "소수 민족"이나 그냥 "모든 부류의 사람"이 더 나은 번역일 수 있다. 그러다 보니 실천에 있어서, "우리 부류의 사람"은 예수의 제자도로 인도할 대상으로 여기지 **않게**

되었다. 실제로 "우리"에게는 그것이 필요 없다고 생각하는 사람들도 있다. 일단 **우리**는 기본적으로 옳으니 말이다. 그러나 사실 오늘날 지상명령의 일차적인 선교 현장은 유럽과 북미의 교회들이다. 거대한 괴리가 가장 두드러진 곳도 거기고, 그것이 세상 전역으로 퍼져 나가려고 벼르고 있는 곳도 거기다. 우리의 책임은 다른 곳에 가서 이 사역을 하도록 노력을 동원하는 것만이 아니라, 바로 우리가 있는 이 자리에서 지상명령을 이행하는 것이다. 그러지 않는다면 이 일은 "저쪽 다른 곳"에서도 수행될 수 없을 것이다.

오늘 우리는 예수께서 떠나실 때 교회를 시작하라고 명하셨다고 알고 있거니와 이는 비참한 착각이다. 때에 따라 교회를 시작하는 것이 적절할 수도 있다. 그러나 우리를 향한 그분의 목표는 그보다 훨씬 크다. 그분은 우리가 어디를 가든지 하나님 나라의 "교두보" 내지는 작전 기지를 세우기 원하신다. 하나님이 아브라함에게 주신 약속—그와 그의 후손을 통해 세상 모든 민족이 복을 얻으리라는 약속(창 12:3)—은 그런 방식으로 실현을 향해 전진하게 된다. 그리스도 안에 있는 이 생명의 외면적인 결과는 **인류를 향한 목적이 이 땅에 다 이루어지는 그날까지 부단히 계속되는 도덕적인 개혁**이다.

세계 역사의 의미를 이렇게 보는 시각이 『레노바레 성경』서문에 자세히 설명되어 있다. 오늘 우리는 예수의 제자로서 하나님의 세계 프로젝트의 한 부분이다. 그러나 이 프로젝트의 실현은 결과이지 생명 자체가 아님을 우리는 절대로 잊어서는 안 된다. **사명**은 **생명**에서 자연히 흘러나오게 되어 있다. 그 생명은 사후 방책도 아니고, 우리가 살면서 간과하거나 빼놓을 수 있는 무엇도 아니다. 많은 깊고 영광스러운 결과들이 영생에서 흘러나오거니와, 영생이란 **성령께서 거하시는 환경 속에서 하나님과 그 특별한 아들 예수와 더불어 누리는 상호 작용의 관계**다. 영생은 하나님 나라다운 행보이며, 거기서 우리는 온전한 연합 속에서 공의를 행하며 인자(仁慈)를 사랑하며 겸손히 하나님과 함께 행한다(미 6:8). 우리가 이렇게 행하는 법을 배우는 것은 예수의 도제가 되어서다. 그분의 학교는 언제나 수업 중이다.

그리스도를 따르는 순종은 지상명령의 중대한 누락이 **아니라** 그분의 제자와 도제가 되는 것임을 우리는 강조할 필요가 있다. 제자도를 통해 순종은 저절로 해결되고, 우리는 판단주의와 율법주의의 덫도 피하게 된다. 판단주의와 율법주의가 우리 자신을 향한 것이든 다른 사람들을 향한 것이든 상관없이 말이다.

"교회"에—모인 제자들에게—정말로 필요한 것이 더 많은 사람, 더 많은 돈, 더 많은 건물이나 프로그램, 더 많은 교육, 더 많은 위신이 아니라는 말에 충격을 받을 사람들도 있을 것이다. 그리스도의 사람들의 모임, 곧 교회는 언제나 그런 것들이 하나도 없거나 거의 없을 때 최고의 기량을 발휘했다. 지상에서 그리스도의 목적을 이루기 위해 교회에 필요한 것은 **그분이 제자들의 삶 속에 실현하시는 차원의 삶**이 전부다. 그 삶이 있다면 교회는 "참된 생명"(딤전 6:19)을 이 땅에 밝히고 전하면서, 무슨 일이 닥쳐오든 그 상태에서 흥왕할 것이다. 싸워야 할 싸움이 늘 많겠지만, 우리를 내리덮고 있는 거대한 괴리의 존재는, 그리고 그것이 그리스도가 인간에게 주실 전부라는 착각은 그

싸움에 들지 않는다.

　이렇듯 세상에 절실히 필요한 것들이 많은 중에 오늘날 세상이 직면한 최대의 과제는, 신앙 고백으로든 문화적으로든 "그리스도인"으로 통하는 사람들이 **예수 그리스도의 제자**—학생, 도제, 종사하는 자—가 되어서 인간 실존의 모든 구석구석에서 하늘나라의 삶을 사는 법을 그분께 일관되게 배울 것이냐 하는 것이다. 그들은 교회들을 깨치고 나와서 그분의 교회Church가 될 것인가? 인간적인 세력이나 "폭력" 없이, 이 땅에 선을 이룰 그분의 권능의 세력이 되어서, 하나님의 영원한 목적을 향해 교회들을 선도할 것인가? 아울러, 그리스도인 여부를 떠나서, 인간 개개인이 직면한 이슈로도 그 규모가 이보다 더 큰 것은 없다.

　예수 그리스도의 제자도로 들어가는 전환과 그 안에서 필요한 전환에 말로써 도움을 준다는 것이 가능할까? 본서는 제자도, 영적 훈련, 영성 형성과 성장을 주제로 이미 발표되었던 몇 편의 기사와 강연을 묶은 것이다. 지금은 보통 사람들이 찾아내기가 거의 불가능해졌는데, 이를 일반에 소개할 필요성을 깊이 느낀 사람들이 있었다. 선정한 글 중에 더러는 약간 다듬기도 했지만, 본래 간행되거나 강연한 내용을 사실상 전부 그대로 실었다. 각기 따로따로 쓴 것이다 보니 약간 반복되는 부분도 있고 문체도 조금씩 다르다. 명백히 사역자들을 상대로 한 강연도 있지만, 그 안의 원리들은 누구에게나 적용된다. 그것이 방해가 되지 않았으면 좋겠다. 맨 끝에 "맺는말"을 덧붙여, 개인들과 단체들이 실천에 옮길 수 있는 "다음 조치들"이 단순하다는 것을 강조하고자 했다.

  예수께서 우리에게 기대하시는 일은 복잡하거나 모호하지 않다. 경우에 따라 우리는 그간 해 오던 일을 바꾸어야 할 수도 있다. 그러나 지상명령—영성 형성과 "교회 성장"과 세상을 섬기는 것에 대한 그분의 계획—은 아주 명확하다. 그냥 그대로 하자. 우리에게 필요한 모든 가르침과 지원은 그분이 제공하실 것이다. "이래저래 다 안 되거든 사용설명서를 따르라"는 말을 잊지 말라.

예수의 도제가 되다

1.
제자도
슈퍼 그리스도인들만의 것인가

"제자"라는 말은 신약성경에 269번 나온다. "그리스도인"은 세 번 나오는데, 정확히 예수의 제자들을 지칭하는 말로 처음 등장했다. 더 이상 그들을 유대교의 한 분파로 여길 수 없게 된 상황에서 말이다(행 11:26). 신약성경은 예수 그리스도의 제자들에 관한, 제자들에 의한, 제자들을 위한 책이다.

그러나 이는 단순히 표현상의 문제만이 아니다. 더 중요한 것은, 초대 교회에서 볼 수 있는 삶이 특별한 부류의 삶이라는 것이다. 복음이 인류에게 주는 모든 확신과 유익은 분명히 그 삶을 전제로 하며, 그 삶을 떠나서는 현실적인 의미가 없다. 예수의 제자는 최고급 모델이나 고강도 모델의 그리스도인이 아니다. 좁은 직선도로의 고속 주행에 어울리는 푹신푹신하고 질감이 좋은 유선형의 힘 좋은 모델은 특히 아니다. 그리스도인은 신약성경을 하나님 나라의 기본 교통수단 중에서도 일차원으로 삼아 그 위에 서는 사람이다.

제자 아닌 제자들

적어도 지난 수십 년 동안 서구 세계의 교회는 제자도를 그리스도인 됨의 조건으로 삼지 않았다. 굳이 제자가 되거나 그러기로 마음먹지 않고도 누구나 그리스도인이 될 수 있으며, 제자도 쪽으로 혹은 제자도 안에서 진보의 표가 전혀 없어도 여전히 그리스도인으로 남을 수 있다. 특히 현대의 미국 교회는 그리스도의 모본과 정신과 가르침을 따르는 것을 가입 조건으로—특정한 교단이나 지역 교회에 새로 입회하는 것이든 그 적(籍)을 유지하는 것이든—요구하지 않는다. 예외의 경우를 알게 된다면 다행이겠으나, 그로써 오히려 이 말의 전반적인 타당성이 부각되고 일반 법칙이 더 명백해질 뿐이다. 우리 시대의 가시적인 기독교 기관들에 관한 한, **제자도는 정녕 있어도 그만 없어도 그만이다.**

물론 이것은 비밀이 아니다. 제자도에 관한 작금의 책들을 보면 그리스도인이 결코 제자가 아니어도 된다고 노골적으로 말하거나 은근히 암시하고 있는 것이 태반이다. 널리 읽히는 『제자 삼는 사역의 기술』*The Lost Art of Disciple Making*이라는 책을 보면, 그리스도인의 삶이 초신자(회심자), 제자, 일꾼의 세 가지 수준으로 제시되어 있다. 사람들을 각 수준에 이르게 하는 과정이 있다는 것이다. 전도는 초신자를 낳고, "양육"은 제자를 낳고, 무장은 일꾼을 낳는다. 제자와 일꾼은 전도를 통해 이 순환을 되풀이할 수 있어야 하나, 양육을 통해 제자를 삼을 수 있는 것은 일꾼뿐이다.

이 책에 제시된 "교회 생활"의 그림은 미국 기독교의 관행과 전체적으로 들어맞는다. 하지만 그 모델은 제자도를 완전히 선택사항으로 만들고 있지 않은가? 물론이다. 제자가 "일꾼"이 될 것이냐 아니냐가 선택사항인 것과 마찬가지다. 그래서 오늘날 절대다수의 회심자들은 들려오는 메시지에 허용되어 있는 선택권을 행사한다. 예수 그리스도의 제자가 되지 않기로 선택하는—또는 적어도, 그분의 제자가 되기로 선택하지 않는—것이다. 제스 무디$^{\text{Jess Moody}}$의 표현대로 교회마다 "제자 아닌 제자들"이 넘쳐나고 있다. 물론 실제로 그런 것은 존재하지 않는다. 현대 교회의 문제들은 대부분 그 구성원들이 그리스도를 따르기로 작정한 적이 없다는 사실로 설명할 수 있다.

이런 상황에서, 그리스도가 **원래** 주(主)도 되셔야 한다고 역설해 보아야 그 결과는 신통치 않다. 그분의 주되심^{Lordship}을 선택사항으로 내놓으면 결국 그것은 특수 타이어나 바퀴 커버나 스테레오 장비의 범주에나 딱 맞게 된다. 없어도 그만인 것이다. 그러니 그것이 있을 때 어찌할 것인지는 서글프게도 누군들 알 턱이 없다. 순종과 순종 훈련은 최근 버전의 복음에 제시되는 "구원"과는 납득될 만한 교리적인 또는 실제적인 연합을 전혀 이루지 못한다.

지상명령의 중대한 누락

예수께서 자신의 사람들에게 남기신 "지상명령" 속에 다른 삶의 모델이 설정되어 있다. 그분이 초대 교회에 정해 주신 첫 번째 목표는, 온 천지에 미치는 그분의 능력과 권세를 가지고 민족을 가리지 않고—모든 "족속"으로—제자를 삼는 것이었다(마 28:19). 이로써 세계 역사의 프로젝트가 확실해졌고, 오직 "이스라엘 집의 잃어버린 양에게로 가라"(마 10:6) 하셨던 이전의 전략적인 지시는 무효가 되었다. 제자를 삼았으면 이제 그들에게만 아버지와 아들과 성령의 이름으로 세례를 주어야 했다. 이 이중의 준비가 되었으면 이제 그들에게 "내가 너희에게 분부한 모든 것을" 명심하여 지키도록 가르쳐야 했다(마 28:20). 처음 몇 세기간 기독교 교회의 성장은 이러한 계획을 따른 결과였고, 그 결과는 가히 필적하기 어려운 것이다.

그러나 역사의 표류 속에서 그리스도의 계획은, "(특정한 '믿음과 실천'을 따르는) 회심자를 삼아 교회 구성원으로 세례를 준다"로 대체되었다. 여기서 지상명령의 두 가지 중대한 누락Great Omission이 확연해진다. 무엇보다, 우리는 사람들을 제자 삼아 그리스도의 학생으로 등록시키는 일을 처음부터 빼놓고 시작한다. 다른 모든 것들이 그 뒤에 와야 하는데도 말이다. 그러니 그 다음으로, 예수께서 분부하신 것을 점점 더 행하도록 회심자들을 훈련하는 단계마저 빼놓는 것은 당연하다.

이 두 가지 중대한 누락은 실제에 있어서 하나의 전체와 연결되어 있다. 회심자들을 제자로 삼지 않았으니 그들에게 그리스도께서 사시고 가르치신 대로 살라고 가르치는 일이 **불가능하다**(눅 14:26). 그것은 처음부터 패키지에 들어 있지 않았다. 그들은 **그것을** 따르기로 회심한 것이 아니다. 오늘 그리스도의 모본과 가르침을 제시할 때 돌아오는 반응은, 반항이나 거부라기보다는 오히려 당황하는 기색이다. "이것을 우리와 어떻게 연관시키나? 우리와 무슨 상관이란 말인가? 혹시 무슨 유인 수법이 아닌가?"

그때의 제자도

예수께서 이 세상에 계실 때 그분의 제자가 되는 것은 퍽 단순한 일이었다. 주로 그것은 관찰, 학습, 순종, 모방의 태도로 그분과 함께 다닌다는 뜻이었다. 통신 교육은 없었다. 어떻게 해야 하고 그 대가가 무엇인지 누구나 알았다. 시몬 베드로는 "보소서, 우리가 모든 것을 버리고 주를 좇았나이다"라고 외쳤다(막 10:28). 예수께서는 지금 여기에 임한 하나님의 통치 내지 활동을 선포하고 예시하고 설명하느라 이곳저곳 다니셨고, 그런 예수와 함께 다니려면 장시간 가정과 직업을 버려야 했다. 그분이 하시는 대로 하는 법을 배우려면 제자들은 그분과 함께 있어야 했다.

오늘날 똑같이 한다고 상상해 보라. 우리가 그렇게 가정과 직장을 버리면 가족과 고용주와 직장 동료들은 어떻게 반응할까? 아마도 그들은 우리가 자기들이나 우리 자신까지도 별로 중시하지 않는다고 결론지을 것이다. 예수와 함께 있으려고 가업을 버리는 두 아들을 보면서(막 1:20) 세베대도 그런 생각을 하지 않았을까? 비슷한 상황에 처한 어떤 아버지한테나 물어 보라. 그러므로 그분을 따르기 위해 필요하다면 모든 것을—가족과 "자기의 모든 소유"와 "자기 목숨까지"(눅 14:26, 33)—버려야 한다는 예수의 말씀은 한 가지 단순한 사실을 천명하신 것이다.

제자도에 들어서는 길은 그것뿐이라는 것이다.

지금의 제자도

비록 대가는 컸지만 한때 제자도의 의미는 아주 간단명료했다. 지금은 기술적인 면에서 그때와 다르다. 첫 제자들은 그분과 몸으로 함께 있을 수 있었으나 우리는 그럴 수 없다. 그러나 제자의 우선순위와 의지—마음, 내면의 태도—는 영원히 똑같다. 제자의 마음에는 **갈망**이 있고, 또 **결단**이나 정해진 뜻이 있다. 의미도 어느 정도 알았고 그래서 "비용도 예산하여" 보았으니 이제 그리스도의 제자는 그분처럼 되는 것을 무엇보다도 갈망한다. 그래서 "제자가 그 선생 같으면 족하도다"(마 10:25). 나아가 "무릇 온전케 된 자는 그 선생과 같으리라"(눅 6:40).

이 갈망은 대개 이미 도(道)에 들어선 다른 사람들의 삶과 말을 통해 생겨나는데, 그 갈망이 있어도 여전히 결단이 필요하다. 그리스도처럼 되는 일에 자신을 바친다는 결단 말이다. 제자란 그리스도처럼 되겠다는 의지와 그래서 **그분의** "믿음과 실천" 안에 거하겠다는 의지를 품고서, 자신의 일상사를 그 목표에 맞추어 체계적이고 점진적으로 재조정하는 사람이다. 오늘날에도 우리는 이런 결단과 행동을 통해서 그리스도의 훈련에 등록하고 그분의 문하생 내지 제자가 된다. 다른 길은 없다. 제자로서 **제자를 삼기로** 작정할 때 우리는 이 점을 명심해야 한다.

반면에, 교회 안팎을 막론하고 제자가 아닌 사람은 예수 그리스도처럼 되는 것보다 "더 중요한" 일이나 용무가 있다. 어쩌면 그는 "밭을 샀거나" 소 다섯 겨리를 샀거나 배우자를 맞이했다(눅 14:18-19). 이런 옹색한 변명들은 그 따분한 목록에 나오는 안전, 명성, 부, 권력, 육욕의 탐닉, 그도 아니라면 그저 오락과 무기력 중에서 뭔가가 아직도 그의 궁극적인 충정을 붙들고 있음을 드러내 줄 뿐이다. 또는 이런 것들을 다 챙겨 둔 사람은 다른 길을 모를 수 있다. 특히나 예수께서 하신 대로 하나님과 함께 일하고 항상 "먼저 그의 나라와 그의 의를 구하"면서, 그분의 보호와 통치 아래 사는 삶이 **가능하다는** 것을 모를 수 있다.

머릿속에 변명이 널려 있으면 제자도가 신비로 둔갑하거나 두려움의 대상으로 보일 수 있다. 그러나 누군가처럼 되기를 갈망하고 작정하는 것은 전혀 신비가 아니다. 그것은 아주 흔한 일이다. 그리고 우리가 정말로 그리스도처럼 되기로 작정한다면, 우리 자신에게는 물론 주변의 모든 생각 있는 사람들에게도 그것이 훤히 보이게 마련이다. 물론 지금은 제자를 규정짓는 태도가 가정과 직장을 버리고 예수를 따라서 시골을 돌아다니는 것으로 나타날 수는 없다. 그러나 제자도는 원수를 사랑하고, 우리를 저주하는 자를 축복하고, 압제하는 자와 십 리를 동행하는 법을 적극 배우는 것으로—대체로 말해서, 내면의 은혜로운 변화인 믿음과 소망과 사랑을 삶에 실천하는 것으로—구체화될 수 있다. 훈련된 사람이 명백히 은혜와 평안과 기쁨으로 행하는 이런 행위들을 통해, 제자도는 먼 옛날 그들이 가정과 직업을 버린 것만큼이나 오늘날에도 가시적이고 충격적인 것이 된다. 도에 들어서는 사람은 누구나 이것을 확인할 수 있으며, 동시에 제자도가 두려움의 대상과는 거리가 멀다는 것도 실증하게 된다.

제자도를 버리는 대가

1937년에 디트리히 본회퍼Dietrich Bonhoeffer는 세상에『나를 따르라』The Cost of Discipleship라는 책을 주었다.1 이 책은 20세기 중반의 유럽과 미국의 정황에서 "쉬운 기독교" 내지 "값싼 은혜"를 질타한 명저다. 그러나 제자도를 값비싼 영적 잉여물, 특별히 거기로 끌리거나 부름받은 사람들만의 것으로 보는 시각은 이 책으로도 없앨 수 없었다. 인생에서 흔히 구하는 것을 잃어버리지 않고는 누구도 그리스도의 제자가 될 수 없다. 그분의 이름으로 일컬음 받는 데에 세상 물질을 아까워하는 사람은 하나님 앞에서 자신의 상태가 어떠한지 따져볼 필요가 있다. 본회퍼가 그것을 지적한 것은 옳고 잘한 일이다. 그러나 제자도를 버리는 대가는 예수께 꾸준히 배우고 그분과 동행하며 치르는 값보다—이생만 계산한다고 해도—훨씬 크다.

제자도를 버리면 우리는 사라질 줄 모르는 평안, 사랑이 관통하는 삶, 선을 이루시는 하나님의 궁극적인 주권에 비추어 매사를 바라보는 믿음, 아무리 낙심되는 상황에서도 견고히 서 있는 소망, 옳은 일을 행하고 악한 세력을 물리치는 능력을 잃는다. 한마디로, 제자도를 버리는 대가로 당신은 예수께서 주러 오셨다고 하신 바로 그 풍성한 삶(요 10:10)을 잃는 것이다. 십자가 모양인 그리스도의 멍에는, 그분과 함께 그 안에 살면서 영혼에 쉼을 주는 온유하고 겸손한 마음을 배우는 자들에게는 어디까지나 해방과 능력의 도구다.

나를 따르라. 나는 길을 찾았다!

레오 톨스토이는 "인간의 삶 전체는 자신의 의무를 알면서도 계속 부정하는 것이다. 삶의 모든 부분에서 인간은 자신의 양심과 상식의 지시에 반하여 거꾸로 행동한다"고 썼다.[2] 범퍼스티커로 의사를 전하는 이 시대에 어떤 똑똑한 업자는 자동차 뒤쪽의 번호판 프레임에 이런 문구를 박아 놓았다. "나를 따르지 말라. 나는 길을 잃었다." 이 제품은 놀랍도록 애용되고 있는데, 아마도 톨스토이가 말한 인간 보편의 실패를 재미있게 살짝 꼬집고 있기 때문일 것이다. 이 실패 때문에 깊은 절망감과 자괴감—나는 절대로 짠맛과 빛을 내는 모본이 되어 주변 사람들에게 생명의 도를 보여 줄 수 없다는 느낌—이 만연하고 있다. 자신에 대한 우리의 이런 느낌이 안타깝게도 맛 잃은 소금에 대한 예수의 말씀에 잘 표현되어 있다. "아무 쓸데없어 다만 밖에 버리워 사람에게 밟힐 뿐이니라"(마 5:13). 심지어 거름을 삭히는 데도 쓸모없게 된다(눅 14:35).

흔히들 "내 행동대로 하지 말고 내 말대로 하라"고 하는 말에도 똑같은 태도가 들어 있다(더 우스운가?). 예수께서는 당대의 종교 지도자들인 서기관들과 바리새인들을 가리켜 "무엇이든지 저희의 말하는 바는 행하고 지키되 저희의 하는 행위는 본받지 말라. 저희는 말만 하고 행치 아니하며"라고 말씀하셨다(마 23:3). 이 말씀은 농담이 아니었고 지금도 그렇다. 우리는 그분이 오늘의 우리에 대해 뭐라고 말씀하실지 물어야 한다. 지금까지 우리는 서기관들과 바리새인들의 그런 관행을 그리스도인의 삶의 최고 원리로 떠받들지 않았는가? 그리고 그것은 제자도를 선택사항으로 만든 결과가 아닌가? 그 결과가 우리가 의도한 것이든 아니든 말이다.

여기서 우리가 말하는 것은 **완전함**도 아니고 하나님의 선물인 생명을 **얻어 내는** 것도 아니다. 우리의 관심은 그 생명에 **들어가는** 방식에 있을 뿐이다. 구원이나 풍성한 삶—구원은 풍성한 삶의 뿌리요 자연스러운 일부다—을 자력으로 얻어낼 수 있는 사람은 아무도 없지만, 그것이 자기 것이 되려면 누구를 막론하고 행동이 필요하다. 그렇다면 우리는 어떤 심적인 행동, 어떤 갈망과 의지가 있어야 그리스도 안에 있는 생명에 들어갈 수 있을까? 바울의 예가 교훈이 된다. 그는 "내가 온전히 이루었다 함도 아니라"(빌 3:12)는 말과 "너희는 내게 받고 듣고 본 바를 행하라"(빌 4:9)는 말을 거의 동시에 둘 다 할 수 있었다. 뒤로는 그의 결점들—그것이 무엇이든—이 있었으나, 그는 그리스도께 이르려는 일념으로 미래를 지향하며 살았다. 그는 그리스도처럼 되느라고 여념이 없으면서도(빌 3:10-14) 동시에 자신의 의지를 받쳐 주는 것이 은혜임을 확신했다. 그래서 그는 모든 사람들에게 "나를 따르라. 나는 길을 찾았다!"("내가 그리스도를 본받는 자 된 것같이 너희는 나를 본받는 자 되라", 고전 11:1)고 말할 수 있었다.

인생 최고의 기회

루퍼스 존스^{Rufus Jones} 박사는 최근의 한 책에서 20세기 복음주의 교회가 사회 문제에 미친 영향력이 극히 미미함을 지적했다. 그는 그 원인을 보수 진영이 사회 정의에 그만큼 관심이 부족한 데서 찾았다. 그것은 다시 자유주의 신학을 배격하는 반응으로 거슬러 올라가는데, 그런 반응은 지난 수십 년간 계속된 근본주의와 모더니즘의 논쟁에서 비롯된다고 그는 보았다. 우리는 이 대목을 아주 심각하게 짚고 넘어가야 한다.

사회와 역사에서 인과 관계를 추적하기란 어렵지만, 나는 그의 말이 불충분한 진단이라고 믿는다. 어쨌거나 사회 정의에 대한 관심 부족은—그것이 명백하다면—그 자체로 설명을 요한다. 게다가 서구 교회의 현상황은 **자유주의와 보수주의의** 차이점보다는 오히려 **공통점으로** 더 잘 설명될지도 모른다. 이유와 강조점이 다르기는 하지만, 기독교 교회의 멤버가 되는 데 그리스도의 제자도가 선택사항이라는 입장은 양쪽 진영 모두 똑같다. 그래서 인간 사회의 노선을 바꾸어 놓을 수 있는—그리고 때때로 정말 바꾸어 놓았던—바로 그 생명은 교회의 본질적인 메시지에서 배제되거나 적어도 누락된다.

그 빛나는 생명에 들어가고 싶다면 우리는 각자 이렇게 물어야 한다. "나는 제자인가, 아니면 세간의 기준으로 그리스도인일 뿐인가?" 우리의 궁극적인 갈망과 의지는 우리의 삶을 구성하는 구체적인 반응과 선택으로 나타나거니와, 그 궁극적인 갈망과 의지를 검토해 보면 우리에게 그분처럼 되는 것보다 더 소중한 것들이 있는지 그렇지 않은지를 알 수 있다. 그런 것들이 있다면 우리는 아직 그분의 제자가 아니다. 그분을 따를 의향이 없고서야 그분을 믿는다는 우리의 주장은 공허한 것일 수밖에 없다. 의사나 교사나 자동차 정비공의 지시를 따르지 않을 것이라면, 아무리 그들을 믿는다고 떠벌여도 신빙성이 있을 리 없다.

지도자나 사역자에게는 더 심각한 물음들이 있다. 그리스도의 제자가 되겠다는 분명한 결단에 이르지 못한 사람들에게 나는 무슨 권세나 무슨 근거로 세례를 주는가? 제자도가 없는 "신자들"에게 어떻게 감히 그들과 하나님이 화목한 사이라고 말하는가? 그런 메시지의 정당성을 어디서 찾을 수 있는가? 가장 중요한 것은 아마 이것일 것이다. 사역자로서 나는 제자 삼는 사역을 수행할 믿음이 있는가? 나의 첫 번째 목표는 제자를 삼는 것인가? 아니면 나는 그냥 기관을 운영하고 있는가?

그리스도의 발걸음을 따르는 삶이 아니고는 인간의 영혼이나 세상의 필요를 족히 채워 줄 것이 아무것도 없다. 여타 모든 길은 인간 구속(救贖)의 드라마에 역부족이고, 듣는 자에게서 인생 최고의 기회를 박탈하며, 현세의 삶을 이 세대의 악한 세력에게 내주는 것이다. 그리스도를 따르는 삶을 사실 그대로 필수로 볼 뿐만 아니라 인간의 지고한 가능성의 실현으로, 그리고 지고한 차원의 삶으로 보는 것이 바른 시각이다. 헬무트 틸리케Helmut Thielicke의 표현으로 그것은, "그리스도인들은 '해야 한다'는 율법주의의 독재 아래 있는 것이 아니라 그리스도인의 자유라는 자장(磁場) 안에, '할 수 있다'는 능력 주심 아래 있음"을 아는 것이다.

2.
왜 귀찮게 제자도인가

우리가 단순히 예수께서 우리 죄를 위해 돌아가신 것을 믿어서 그리스도인이 되었다면, 죄 사함을 받고 사후에 천국에 가는 것은 그것으로 충분하다. 그런데 왜 어떤 사람들은 그 이상의 뭔가가 바람직하다고 계속 주장하는 것일까? 주되심, 제자도, 영성 형성 같은 것들 말이다.

자신의 영원한 운명을 보장받고, 동일한 믿음을 고백하는 사람들 속에서 생명을 누리는 것 외에 무엇을 더 바랄 것인가? 물론 인간은 누구나 착한 사람이 되기 원한다. 하지만 그렇다고 당신이 예수 자신의 언행대로 실제로 **해야** 하는 것은 아니다. 이런 말을 혹 들어 보지 못했는가? "그리스도인은 완전하지 않다. 용서받았을 뿐이다."

이런 문제에 관심이 있는 사람들은 네 가지 단순한 사실을 생각하면 도움이 될 것이다.

첫째, 예수 자신이나 그분의 초기 제자들이 가르친 내용 어디를 보아도, 예수의 희생으로 용서만 누리고 그 이상은 그분과 아무 관계없이 지내기로 우리 마음대로 정할 수 있다는 암시는 그 어디에도 없다.

언젠가 토저^(A. W. Tozer)는 "복음주의 기독교 진영 전반에 확연한 이단이 생겨났다. 우리 인간들이 그저 구주가 필요해서 그리스도를 자진하여 영접할 수는 있으나 그분을 주님으로 삼아 순종하는 일은 우리가 원할 때까지 미룰 권리가 있다는 개념이 널리 용인되고 있는 것이다"라고 자신의 심경을 토로했다.[1] 이어서 그는 "성경은 순종 없는 구원을 모른다"고 덧붙였다.

"뱀파이어 그리스도인"이 되는 것도 제법 타당한 일이라는 인상이 그 "이단"에서 생겨났다. 사실상 우리는 예수께 이렇게 말하는 것이다. "부디 당신의 피가 조금 필요합니다. 하지만 저는 당신의 학생이 되거나 당신의 성품을 닮을 마음은 없습니다. 솔직히, 제가 인생을 즐기는 동안 좀 못 본 척해 주시렵니까? 천국에서 뵙겠습니다." 하지만 이것이 예수께서 용인하실 방법이라고 정말 그렇게 상상이 되는가?

멈추어 생각해 보면, 죄 사함 이외의 많은 것에서 그분을 믿지 못하면서 유독 죄 사함만 믿는다는 것이 실제로 어떻게 가능한가? 그분이 모든 일에 옳으신 것과 여기 이 땅에서 우리 삶의 모든 면에 대한 열쇠가 그분께만 있음을 믿지 않고는 **그분을** 믿을 수 없다. 그러나 **그것을** 믿는다면, 자연히 당신은 삶의 모든 면에서 그분과 최대한 가까이 있고 싶어질 것이다.

둘째, 하나님 나라의 삶에서 그분의 도제가 되지 않는다면, 도덕적인 의지에 관한 한 우리는 패배에서 헤어나지 못한다. 이것이 오늘날 대다수의 믿는다는 그리스도인들의 현주소다. 통계 연구들을 보면 안다. 대체로 사람들은 죄짓는 쪽을 택한다. 그리고 그들은, 모든 것을 감안할 때 "그럴 수밖에 없는" 이유도 얼마든지 설명할 수 있다. 하지만 그러면서도 **죄인**으로 자처하는 사람은 아무도 없다. 사람들은 예컨대 자기가 거짓말하는 것은 인정하면서 자기가 거짓말쟁이라는 것은 완강히 부인하니 우스운 노릇이다.

우리는 착해지기 원하지만 사정상 **필요하다면** 언제라도 악을 행할 준비가 되어 있다. 물론 악은 사정상 "꼭" 필요하며, 그것도 감각이 둔해질 정도로 항상 그렇다. 예수께서 친히 적시하신 것처럼 죄를 짓는 사람들은 사실 죄의 종이다(요 8:34). 그것은 평소의 삶을 보면 확인된다. 선을 행하고 자신이 원하는 바 악을 피하는 일에 일상적으로 성공하는 사람들을 당신은 얼마나 일관되게 보고 있는가?

반대로, 예수의 도제가 되어 그분의 말씀대로 **행하면**, 우리는 우리의 삶을 이해할 수 있고, 언제나 가까이 있는 하나님의 구속의 자원들과 상호 작용할 수 있는 길을 알 수 있다. 그 결과 우리는 의지의 실패에서도 점점 자유로워진다. 단순히 우리는 **아는 바 옳은 일을 행하는** 법을 그분께 배운다. 그분의 말씀 안에 거하기를 연습하는 사이에 우리는 진리를 알게 되고, 진리는 과연 우리를 자유케 한다(요 8:36). 우리는 원하는 바 선을 능히 행할 수 있게 된다.

셋째, 대접의 안을 깨끗이 하고(마 23:26) 나무도 좋게 하는(마 12:33), 사고와 감정과 성품의 내적인 변화는 성령으로 말미암아 열심히 그리스도의 제자가 될 때만 가능하다. 예수의 문하에서 배우노라면 우리의 속이—"은밀한 중에 계신 네 아버지"가 계시기에(마 6:6)—점점 겉과 똑같아진다. 겉이란 곧 행동과 기분과 태도가 우리의 몸—사회적인 관계를 맺으며 살고 있는—에 가시적으로 나타나는 곳이다. 놀라운 단순성이 우리의 삶을 지배하게 되는데, 이 단순성은 **사실** 투명성에 다름 아니다.

그렇게 되려면, 이미 우리에게 제2의 천성이 되어 버린 **이중성**을 벗는 법을 예수께 장기간에 걸쳐 신중하게 배워야 한다. 세상은 어쩌면 이중성이 꼭 필요한 곳이다. 주변 사람들과의 관계를 "관리"하려면, 자신의 진짜 생각과 감정과 하려는 일을 숨겨야 한다. 남의 눈을 피한다는 것이 가능하기만 하다면 말이다. 그래서 예수의 가르침 중에는 "바리새인들의 누룩 곧 외식을 주의하라"는 말씀이 있다(눅 12:1).

예수 당시에 바리새인들은 여러 면에서 최고의 사람들이었다. 그러나 그들은 선(善)을 행동에서 찾았고, 행동 차원을 신중하게 관리하여 자신들의 안전을 보장받고자 했다. 하지만 그것은 전혀 불가능한 일이다. 행동을 이끄는 것은 인간 성품의 숨은 또는 은밀한 차원인 몸과 영의 심연이다. 그리고 거기 있는 것은 밖으로 나오게 **되어 있다**. 그래서 바리새인들은 으레 의를 행하지 못하는 부분이 생기고, 그러고 나면 정의(定義)나 문구를 바꾸거나 적당히 둘러대거나 그도 아니라면 그냥 숨겨야 한다.

반면에, 예수와 바울과 기타 성경 기자들이 말하는 성령의 열매는 행동들로 이루어지는 것이 아니라 "숨은" 자아, 곧 "속사람"의 본질을 구성하는 태도들 내지는 몸에 밴 성품 특성들로 이루어진다. 이 열매를 한 단어에 담아낸 것이 "사랑"이지만, 너무 응축된 형태라서 좀 더 설명이 필요하다. 그래서 "성령의 열매[단수]는 사랑과 희락과 화평과 오래 참음과 자비와 양선과 충성과 온유와 절제"다(갈 5:22-23). 베드로후서 1:4-8, 고린도전서 13장, 로마서 5:1-5 등 다른 비슷한 본문들도 금방 떠오른다.

기독교 전통의 "영성 형성"이란, 제자도라는 쉬운 멍에를 메고 우리의 스승 예수와 동행하는 가운데 그런 성품 특성들이 점차 우리를 지배하고 우리 안에 배어드는 과정이다. 그러면 내면의 성품에서 사랑의 행위들이 자연히, 그러나 초자연적으로, 그리고 투명하게 흘러나온다. 물론 늘 개선의 여지는 있을 테니 자신이 완전해질까 봐 걱정할 필요는 없다. 적어도 몇 주나 몇 달 만에 완전해지지는 않는다. 우리의 목표는 예수와의 끊임없는 사귐을 통해 속속들이 그분의 지배를 받는 것이다. 우리 형제 바울처럼 우리도 내 주 그리스도 예수를 아는 지식이 가장 고상하여 오직 한 일, 즉 푯대를 향하여 좇아가는 것이다! (빌 3:8, 13-14)

마지막으로, 예수와 최대한 가까이 걷고자 만전을 기하는 사람은 자신을 능가하는 그분의 능력을 확실히 구사하여, 이 땅의 실존을 괴롭히는 문제들과 악에 대처할 수 있다. 예수는 그분의 능력을 맡기실 수 있는 사람들을 정말로 찾고 계신다. 그렇지 않고는 우리가 주변의 조직적인 악과 비조직적인 악 앞에서 다분히 무력한 상태를 헤어날 수 없음을 그분은 아신다. 그렇지 않고는 이 세상에 선을 이루시려는 그분의 뜻을 우리가 충분히 능력 있게 펼쳐 나갈 수 없음도—그분이 정하신 전략을 감안할 때—그분은 아신다.

그분은 "하늘과 땅의 모든 권세를 내게 주셨으니 그러므로 너희는 가서……"라고 말씀하신 분이다(마 28:18). 그분을 두고 성경은 "하나님이 나사렛 예수에게 성령과 능력을 기름 붓듯 하셨으매 저가 두루 다니시며 착한 일을 행하시고 마귀에게 눌린 모든 자를 고치셨으니 이는 **하나님이 함께하셨음이라**"고 했다(행 10:38). 우리에게도 우리 자신의 능력으로가 아니라 그분의 능력으로 그분의 일을 하도록 똑같은 것을 주셨다고 성경은 말한다.

세부 내용이야 어떻게 이해하든, 하나님께서 본래 우리 안에 사시도록 되어 있고 우리가 자기 바깥의 능력으로 살도록 되어 있는 것만큼은 성경의 인생관에 비추어 볼 때 의심의 여지가 있을 수 없다. 인간의 문제들은 인간의 방법으로는 풀리지 않는다. "믿는 우리에게 베푸신 능력의 지극히 크심"(엡 1:19)으로 박동하지 않는 한, 인생은 절대 활짝 피어날 수 없다. 단, 자기 시대에 세상의 자기 위치에서 하나님의 사람이 되는 소명을 다하도록, 충분한 능력을 받게 될 사람들은 오직 그리스도의 충성된 학생들뿐이다. 그런 능력을 가져도 안전한 성품, 그런 성품을 형성하는 사람들은 그들뿐이다.

그러나 혹자는 이렇게 물을 것이다. 그런 것이 하나도 없어도 나는 "구원받을"—죽어서 천국에 갈—수 있지 않을까? 어쩌면 그럴 수 있을 것이다. 하나님의 선하심은 너무도 크기에, 그럴 만한 근거가 조금만 보여도 나는 그분이 당신을 들여보내 주시리라고 확신한다. 그러나 당신은 이런 것들을 생각해 볼 수 있다. 죽기 전의 내 삶은 무엇이 될까? 나는 어떤 종류의 사람이 되어 가고 있나? 몇 날 몇 시간밖에 안 되는 이 땅의 실존 중에도 그분과 동행하는 것이 썩 내키지 않았는데, 영원히 그분의 임재 안에 사는 것이 나에게 정말로 편하게 느껴질까?

그분은 당신에게 **지금** "나를 따르라!"고 명하시는 분이다.

3.
당신의 스승은 누구인가

흔히들 지금이 정보 시대라고 한다. 물론 우리가 하는 모든 일에 정보가 중요하지만, 사실은 전부터 항상 그랬다. 현재의 다른 점이라면 이전 어느 때보다 정보가 훨씬 많다는 것(잘못된 정보까지), 그리고 우리한테 정보를 팔려는 사람들이 많다는 것이다.

정보통이 넘쳐나는 마당에 예수는 어떻게 될까? 불행히도 그분은 대개 옆으로 밀려난다. 많은 그리스도인들이 예수를 자기들의 삶에 대한 확실한 정보를 가지고 계신 분으로 생각조차 하지 않는다. 그래서 그들은 그분의 학생이 되지 않는다. 그분한테 배울 것이 뭐가 있단 말인가? 전공 분야를 통달하려고 열심히 공부하여 인간의 기준으로 보아 크게 성공한 그리스도인들인데, 그들의 연구 내용에 예수나 그분의 가르침에 대한 언급은 전혀 없는 경우가 비일비재하다. 어떻게 그럴 수 있는가?

얼마 전에 나는 미국의 어느 유수한 기독교 대학에서 교수단 수련회를 인도했다. 강연 서두에서 나는 그들에게, 중요하게 생각해 볼 질문이 있다고 말했다. 만일 이 수련회의 강사가 예수시라면 그분 자신은 당신들에게 뭐라고 말씀하실까 하는 것이었다. 나는 그분이 당신들에게 단순히 이렇게 물으실 것 같다고 소신껏 말했다. 너희는 왜 다양한 연구와 전문 분야에서 나를 존중하지 않느냐? 왜 나를 너희 분야의 연구와 학식의 대가(大家)로 인정하지 않느냐?

그리스도인 교수들의 반응은 자못 흥미로웠다. 그 질문이 전적으로 타당하다고 보는 사람들도 더러 있었다. 그러나 정확히 무슨 말인지 모르겠다는 사람들이 많았다. "진담이냐"는 반응을 보인 사람들도 적지 않았다. 그들은 예수가 대수학, 경제학, 경영학, 불문학 같은 분야의 대가라는 개념을 떠올린 적이 없었다. 그리고 그런 개념을 제시하자 그것을 소화하느라고 애를 먹었다.

여기서 대단히 중요한 사실 하나가 드러난다. 우리 문화에서도 그렇고 그리스도인들 사이에서도 그렇고, 예수 그리스도는 뛰어난 재기(才氣)나 지적인 능력과는 자동으로 분리된다. 그분을 "박학다식하다", "재기가 뛰어나다", "똑똑하다"와 같은 말들과 자연스럽게 연결시켜서 생각하는 사람은 천에 하나도 없다.

그분은 거의 지각이 없는 분으로 간주되기 일쑤다. 고작해야 성상(聖像)이다. 당신과 나는 "현실 생활"에 거해야 하는데, 그분은 그 변두리에서 연명하는 인간의 망령(亡靈) 정도로 치부되는 것이다. 그분은 희생양이나 소외된 사회 비평가의 역할에는 어울릴지 몰라도 그 이상은 별것이 없다.

하지만 만일 예수가 똑똑하지 않다면 우리는 진심으로 그분을 주님으로 생각할 수 있을까? 하나님이신 그분이 어리석을 수 있을까? 무지할 수 있을까? 잠시 멈추고 생각해 보라. 다른 면들에서는 그리스도인들이 고백하는 그런 존재일 수 있는 그분이 어떻게 지식과 지성에서는 만민 중에 으뜸이 될 수 없단 말인가? 가장 중요한 주제들에 대해 가장 중요한 정보를 우리에게 가져다주시는, 역사상 가장 똑똑한 사람이 아닐 수 있단 말인가?

믿는다는 그리스도인들인데도 매순간의 실존 속에서 예수를 기막히게 무시하는 사람들이 허다하거니와, 그 핵심에 깔린 것은 단순히 **예수를 존중하지 않는** 마음이다. 그분은 큰 능력의 소유자로 진지하게 취급받지 못한다. 하지만 그러고서 우리가 어떻게 그분을 **흠모할** 수 있단 말인가? 단순한 존중조차 들어 있지 않은 헌신이나 예배가 무슨 의미가 있을 수 있겠는가?

이와는 대조적으로, 예수 안에 있는 하나님의 생명의 능력을 이 땅 구석구석까지 가지고 나갔던 초대 그리스도인들은 예수를 "그 안에 지혜와 지식의 모든 보화가 감취어" 있는 분으로 보았다(골 2:3). 그들은 그분을 인생 모든 영역의 주인, 지도자, 대가로 보았다.

그분께 대한 이런 확신이 자연스럽게 발전해 나간 것이 곧 "무엇을 하든지 말에나 일에나 다 주 예수의 이름으로 하고 그를 힘입어 하나님 아버지께 감사"하는 쪽으로 나타났다(골 3:17). 곧, 무슨 말이나 행동을 하든지 그들은 늘 함께하시는 스승 예수와 협력하여 하는 법을 배웠던 것이다.

하나님이 예비하신 삶을 살고자 할진대 우리는 세 가지 면에서 우리의 지침이 될 정보를 예수께 받아야 한다.

첫째로, 우리는 우리가 살아가는 이유와 이런저런 일들을 하는 이유를 예수께 배워야 한다. 다른 부분들과 마찬가지로 이 부분에서도 잘못된 정보들이 끊임없이 우리에게 쏟아져 들어와서, 우리가 자신의 욕심과 우리를 이용하려는 사람들의 의지에 조종당해 불행해지게 만든다. 인간의 통상적인 운명은 고작 자신의 쾌락과 권력과 영광을 키우기 위해 일자리나 직업이나 배우자나 집을 고르는 것이다. 여기서 군림하는 것은 "육신의 정욕과 안목의 정욕과 이생의 자랑"(요일 2:16)이고, 그 바람에 삶은 산산이 부서진다.

예수는 우리가 누구이고, 왜 여기에 있으며, 무슨 일을 하든지 인간다운 적절한 동기가 무엇인지에 대해 우리에게 확실한 정보를 가져다주신다. 우선, 그분은 본질상 우리가 하나님의 대우주 안에 영원한 숙명을 안고 있는 불멸하는 영적 존재임을 우리에게 가르치신다. 우리는 언제까지고 영원히 존재할 것이며, 이에 대해서 우리가 할 수 있는 일은 아무것도 없다.

우리는 이미 우리를 향한 하나님의 뜻에서 떨어져 나왔지만, 그분은 우리를 하나님의 생명의 흐름 속으로 도로 회복시키실 수 있다. 우리가 모든 일에 그분을 믿기만 한다면 말이다. 우리는 그분을 신뢰해야 하며, 진정으로 그분을 신뢰한다는 것은 곧 그분의 대의, 그분의 "멍에"를 지는 것이다(마 11:29). 그러면 그분은 우리에게, 사람들에게 선을 행하여 하나님을 영화롭게 한다는 목표 가운데서 매사를 바로 선택하는 법을 가르쳐 주신다. 그분의 지시 아래서, 그것은 세상에서 가장 신바람 나는 삶으로 드러날 것이며, 개인의 창의력의 범위와 풍요는 부단히 확장되어 갈 것이다.

둘째로, 우리는 내면의 새로운 성품을 예수께 배워야 하는데, 그분의 정보는 곧 내면 형성$^{in\text{-}formation}$이기도 하다. 예전의 한 번역에는 내면의 성품이 "속"으로 되어 있다. 요즘에는 솔직히 "속내"라고 말해야 하리라(골 3:9-10도 참조하라). 그분은 처음부터 우리에게, 이것이 하나님께서 우리를 위해 뜻하신 것이며 또한 가능케 하시는 것이라고 가르치신다.

마태복음 5:21-48에 선한 마음에 관한 예수의 중요한 가르침이 나오는데, 거기에 보면 인간 악의 가마솥을 계속 끓게 하는 일상의 모든 태도들—다른 사람들을 향한 멸시와 적대감, 성적인 정욕과 마음의 증오, 다른 사람들을 말로 조종하려는 의지, 복수와 앙갚음 등—을 다루고 있다. 우리의 "내면"이 새롭게 자라 가면, 그런 것들이 모두 진정한 긍휼과 순결과 애정으로 대체될 수 있다고 예수께서는 우리에게 말씀하신다.

우리가 "어떻게 그렇게 됩니까?"라고 여쭈면, 그분은 앞서 말한 그분의 첫 번째 교훈을 우리에게 다시 가리켜 보이신다. 곧 하나님의 영원한 목적 안에서 우리가 차지하는 자리와 우리의 미래를 확인시켜 주신다. 하나님이 보시는 우리의 정체에 확실히 비추어 보면, 우리의 분노와 정욕은 부질없고 역겨워 보인다. 우리도 그것들을 하나님의 눈으로 보기 때문이다.

이어서 그분은 우리에게 고독, 침묵, 학습, 봉사, 예배 등과 같은 그분의 습관을 따라하라고 권하신다. 이것을 "영적 훈련"이라고 한다. 언제라도 악을 행하려는 성향이 오랜 습관을 통해 우리 몸의 지체들에 들러붙어 있는데, 그것이 그분과 함께하는 훈련을 통해 점차 벗겨지되 그 벗겨짐의 정도가 날로 더해 간다. 우리의 "육신"은 갈수록 더 우리의 영혼과 하나님의 성령의 편이 되어 하나님을 섬긴다. 영적인 삶을 위한 훈련은 예수께서 우리에게 가져다주시는 중요한 정보 곧 "내면 형성"의 핵심적인 부분이다. 우리는 감히 그것을 소홀히 하지 않는다.

끝으로, 우리가 예수의 가르침의 이 첫 두 가지 부분에서 진보를 보이고 있으면, 그분은 절대적으로 중요한 정보의 세 번째 부분에서 우리를 가르치기 시작하신다. 곧 우리는 일상적인 활동의 구체적인 일들 속에서 그분이 우리에게 적극 개입하시고 우리와 상호 작용하시는 것을 배워야 한다. "그분의 이름으로" 행할 때 우리는 그분을 대신하여 행하는 것이고, 그분은 그 과정에 언제나 개입하신다. 우리는 어떻게 그렇게 되는지 배워야 하는데, 그분이 우리의 상황 속에 들어오시기를 우리가 **기대하고** 그분의 행동에 주목한다면 그분은 반드시 우리에게 가르쳐 주신다.

개인적으로 나는 가정사부터 시작해서 대규모의 집필 프로젝트, 긴장감이 감도는 위원회 회의, 상담 시간, 강연 행사, 고장 난 수도관이나 자동차의 수리에 이르기까지 여러 종류의 정황에서 그런 "인과 관계"를 경험하곤 한다. 당신의 수고를 통해 하나님을 영화롭게 하고 다른 사람들을 복되게 하는 것이 당신의 진실한 뜻이라면, 그리고 당신의 동기가 사랑 없는 데서 나오는 태도가 아니라면, 얼마든지 확신해도 좋다. 당신이 기대감을 품고서 일을 하노라면 하나님의 손이 당신과 함께 움직이는 것이 보일 것이다. 당신의 몫은 단순히 그것을 기대하고 기다리다가 그것이 보이거든 감사하고, 그리고 당신의 경험에 기초하여 다른 사람들에게도 똑같이 하도록 권면하는 것이다.

예수 그리스도를 당신의 스승으로 믿으면, 그분이 이 모든 방식들로 당신을 가르치실 것이다. 물론 당신은 언제나 최선의 노력을 다해야 하며, 늘 개선의 여지는 있을 것이다. 그러나 당신은 하나님의 영원한 생명의 기이한 실체가 순간순간 그리고 영원히 당신을 통해 흘러나오는 것도 틀림없이 알게 될 것이다. 그리고 당신이 수고한 결과들은, 성경의 인물들과 사건들을 보면 알 수 있듯이, 당신 혼자의 능력에서 나올 수 있는 것보다 훨씬 더 클 것이다.

4. 예수를 닮은 모습

언젠가 나는 내가 옆집 사람들을 사랑하지 않고 있음을 깨닫게 되었다. 그들은 누가 보기에도 위험하고 불쾌감을 주는 사람들이었다. 마약 거래로 먹고 사는 폭주족 출신이었던 것이다.

그들이 우리 가정을 해치려 한 적은 없었지만, 마약을 사는 사람들이 쉴 새 없이 드나들고 그중 더러는 아예 마당에 앉아서 마약을 주사하는 통에 내 인내심이 바닥을 드러내기 시작했다. 그날도 그들 때문에 짜증을 부리며 속을 부글부글 끓이고 있는데 주님께서 내 마음을 보여 주셨다. 나는 정말이지 그들을 사랑하는 마음이 전혀 없었고, 몇 년째 그들 때문에 "고생"했으니 이제 그들이 죽어 없어져 버리면 은근히 쾌재를 부를 것 같았다. 온종일 상대하는 거의 모든 사람을 진정으로 사랑하는 마음이 나에게 얼마나 부족한지 나는 새삼 깨달았다. "종교적인 일"로 대하는 사람들에게도 마찬가지였다. 나는 내가 하나님 차원의 사랑에 지배당하기를, 좀 더 예수처럼 되기를 간절히 **구한**

적이 없음을 인정하지 않을 수 없었다. 이제 구해야 할 때였다.

하지만 예수처럼 되는 것이 가능할까? 우리가 정말로 하늘 아버지의 성품을 지닐 수 있을까? 하나님이 만인에게 진실한 사랑을 보이시며 심지어 은혜를 모르는 자들에게도 시종일관 자비하신 분임을 우리는 안다. 이와 같이 예수께서도 긍휼이 풍성하셨고, 피해를 입어도 거저 용서하셨고, 아무런 보상도 바라지 않고 단순히 즐겨 베푸셨다. 바울이 에베소 교인들에게 말한 것처럼 "그러므로 사랑을 입은 자녀같이…… 하나님을 본받는 자가 되"는(엡 5:1) 것이 과연 가능한 일일까?

이제 나는 "주 예수 그리스도로 옷 입"는 것이(롬 13:14) 가능하다고 믿는다. 평범한 처지에 놓인 평범한 사람들이 하나님 나라의 풍성함을 받아서 살아갈 수 있고, 예수의 정신과 행동이 자신들의 삶에서 자연스럽게 흘러나오게 할 수 있다. "나무"가 좋아질 수 있고, 그러면 열매는 당연히 좋아진다(마 12:33). 하나님이 주시는 이 새 생명에는 목표와 방법이 다 들어 있다.

그분의 마음, 우리의 마음

예수의 제자(문자적으로 학생)로서 우리의 목표는 그분처럼 되기를 배우는 것이다. 우선 우리는 그분이 우리를 있는 모습 그대로 받아주심을 믿는 데서부터 출발한다. 그러나 그분께 대한 확신은, 그분이 가지셨던 것과 동일한 종류의 믿음으로 우리를 이끌어 간다. 그분이 하신 행동들은 그 믿음이 있기에 가능했다. 예수의 믿음은 하늘 통치의 복음, "천국"의 기쁜 소식

(마 4:17)으로 표현되어 있다. **하늘**heaven은 대단히 의미심장한 단어다. 아브라함 때로부터(창 24:7) 이스라엘 백성에게 하늘이란 그 자녀들에게 **하나님이 직접 가까이 계시다**는 뜻이었고 또한 **우리와 관계된 모든 것 위에 그분이 뛰어나시다**는 뜻이었다. 하늘에서 "여호와의 눈은 의인을 향하시고 그 귀는 저희 부르짖음에 기울이시는도다"(시 34:15, 벧전 3:12 참조).

예수의 삶을 떠받친 것은 이런 하늘 통치의 실체였는데, 그분은 자신을 따르는 자들에게 그것을 전수하기 원하셨다. 열두 친구에게 첫 사명을 주어 보내실 때, 그분은 그들에게 "양을 이리 가운데" 보내는 것과 같다고 말씀하셨다(마 10:16). 기관총에 대항해 나비를 내놓는 꼴이었다. 그럼에도 불구하고—양들에게 이렇게 말한다고 상상해 보라!—그들은 두려워할 이유가 없었다. "참새 두 마리의 값은 동전 한 푼이다. 그러나 너희 아버지께서 허락지 아니하시면 한 마리도 땅에 떨어지지 않는다. 우리의 머리털까지 다 세신 바 되었을 정도로 하늘은 그렇게 가깝다. 그러니 두려워하지 말라. 너희는 많은 참새보다 귀하니라"고 예수는 우리에게 말씀하신다(마 10:29-31).

허탄한 대용품을 피해

하늘의 통치 아래 살면 우리는 하나님이 사랑하시는 것처럼 사랑할 자유와 능력이 생긴다. 그러나 안전하고 충족한 하늘 통치 바깥에서는 두려움과 분노가 너무 커서 다른 사람들이나 자기 자신조차도 정말로 사랑할 수 없고, 그래서 우리는 온갖 종류의 쾌락과 "사랑"의 형태를 가지고 허탄한 대용품을 만들어 낸다. 예수는 하나님 차원의 사랑인 아가페와 세간에 사랑으로 통하는 것을 비교하셨는데, 그것을 요즘 말로 표현하면 이렇게 될 것이다. "너희가 너희를 사랑하는 자들을 사랑하면 무엇이 대단하냐? 테러범들도 그렇게 한다! 너희의 '사랑'이 고작 그 정도라면 정녕 하나님과는 무관한 사랑이다. 또 너희가 '우리 부류의 사람들'에게 친절하다고 생각해 보라. 마피아들도 그렇다"(마 5:46-47).

한번 곰곰 생각해 보라. 당신은 당신을 욕하거나 모욕한 사람에게 진심에서 우러나서 후히 복을 빌어 준 적이 있는가? 공공연히 당신을 멸시하고 혹 당신에게 죽어 버리라고 말한 사람이 잘되도록 이해타산 없이 일할 수 있는가? 호혜나 직위나 금전적인 이득을 두고 당신과 경쟁하는 사람의 성공을 당신은 열렬히 성원하고 있는가? 바로 이것이 하나님 차원의 사랑이 배어들어 거기에 지배당하는 사람들이 하는 행동이다.

"친구를 환영합니다!"라고 쓰인 현관의 매트를 흔히 볼 수 있다. 당신의 매트는 원수도 진정으로 환영할 수 있을까? 옷이나 스테레오나 자동차나 연장이나 책을 빌려 줄 때 당신은 누가복음 6:35에 암시된 대로, 그것을 다시 돌려받을 생각 없이 내줄 수 있는가? 나는 기계 만지는 일과 목공 일을 직접 하다 보니 연장을 제법 갖추고 있는 편인데, 그런 것은 금방 이웃들의 눈에 띄게 마련이다. 그들에게 전기톱이나 도끼나 렌치나 펜치를 빌려 줄 때마다 나는 즐겁다. 하나님께 위탁하는 진짜 영적인 연습으로 보기 때문이다. 그래도 가끔씩은 내 것을 잃는다는 아픔이 있으니, 나는 아직 인간관계에 정말로 중요한 이런 작은 일들에서 다른 사람들을 사랑하는 법을 배우는 중이다.

황금 삼각형

하늘에서 난 이런 믿음과 사랑의 삶이 예수의 제자들의 목표요 그리스도 안에 있는 새 생명의 자연스러운 실현이라면, 우리는 어떻게 그 안에 들어갈 수 있을까? 일면 그것은 하나님이 우리 안에 임재하시는 결과지만, 신약성경에는 우리가 주 예수 그리스도로 "옷 입는" 과정으로 기술되어 있다. 성경은 그것을 세 가지 본질적인 측면에서 거듭 논하고 있는데, 각 측면은 서로 불가분의 관계로 상호 연계되어 있다. 이 과정을 영적인 변화의 "황금 삼각형"이라고 할 수 있다. 제자들에게 그것이 황금처럼 귀할 뿐 아니라, 세 변이 삼각형에 필수인 것만큼이나 각 측면이 전체 과정에 필수인 까닭이다.

    이 삼각형의 첫 번째 변은 일상의 문제들을 성실하게 받아들이는 것이다. 시련을 인내로 견딜 때, 우리는 하늘의 충만한 통치가 우리의 삶 속에 임했다는 확신에 이를 수 있다.

    예수의 동생 야고보는 시험이 닥쳐올 때 "온전히 기쁘게" 여기라는 교훈으로 교회에 주는 메시지를 시작했다. "내 형제들아, 너희가 여러 가지 시험을 만나거든 온전히 기쁘게 여기라. 이는 너희 믿음의 시련이 인내를 만들어 내는 줄 너희가 앎이라"(약 1:2-3). 일상의 자질구레한 실존 속에서 인내심 내지 참을성이 최고조에 달할 때, 우리는 "온전하고 구비하여 조금도 부족함이 없게" 된다(약 1:4).

분명히 야고보는 이것을, 때로는 반감도 품으며 20년 이상 함께 살았던 자기 형 예수에게서 배웠다(요 7:2-8). 우리가 절대로 잊지 말아야 할 것이 있다. 예수는 인생의 대부분을 오늘 우리가 말하는 블루칼라 노동자, 소매상인, "독립 하청업자"로 사셨다. 그분의 손은 1세기 버전의 망치며 드릴이며 도끼며 톱이며 대패를 사용하느라 옹이가 박혔다. 마을에서 그분은 단순히 "목수"로 통했다.

거기서 야고보는, 나중에 설교하신 모든 것을 직접 실천하셨던 그분을 보았다. "인간들과 거래한다는 것"이 어떤 것인지 우리도 안다. 예수께서도 아셨다. 우리에게 행하라고 가르치신 모든 것을 예수는 하나도 빼놓지 않고, 우리와 꼭 같은 환경 속에서 날마다 실천하셨다. 일상이라는 실존의 시련 속에서, 가정과 마을에 살면서, 예수는 단순히 하나님을 믿고 그분께 순종하는 자들에게는 하나님의 보호로 충분하다는 것을 입증하셨다. 그리고 야고보는 나중에 돌아보면서라도 그것을 깨달았다. 자기 형이 정말로 누구인지 알게 되자 그는 일상 생활의 사건들 속에서 인내의 위력을 깨달았다. 인내는 무엇보다도 악의가 없는 말로 표현되며(약 3:2) 하나님의 성품이 우리의 삶 속에 실현되는 길임을 그는 알게 된 것이다.

우리의 삶을 성령께 여는 것

삼각형의 두 번째 변은 우리 안과 주변에서 하나님의 성령과 상호 작용하는 것이다. 바울이 지적한 대로 우리는 성령 안에 살면 성령으로 "행할" 수 있다(갈 5:25). 전능하시고 창의적이신 인격체, "능력을 주시기로" 약속되신 분, 요한복음 14장에 나오는 보혜사이신 성령은 우리의 초청을 가만히 기다리고 계신다. 우리 위에, 우리와 함께, 우리를 위해 활동해 주시기를 우리가 청할 때까지 말이다.

성령의 임재는 언제나 이것을 보아 알아볼 수 있으니, 곧 성령은 우리를 예수께서 되실 법한 모습과 하실 법한 행동 쪽으로 이끄신다(요 16:7-15). 예수께서 아셨던 생명의 신령한 멋과 능력—사랑, 기쁨, 평안—이 우리의 내면에 있다면, 그것은 우리 안에 계신 성령의 역사다.

외적으로 성령의 생명은 두 가지 방식으로 나타난다. 성령의 **은사**는 우리에게 어떤 특정한 기능—봉사, 치유, 예배 인도 같은—을 행할 능력을 주는데, 그 결과는 우리 힘으로 할 때보다 확실히 월등하다. 은사는 하나님의 백성 가운데 그분의 목적을 이루는 데 쓰이지만, 은사가 꼭 우리의 마음 상태를 나타내 주는 것은 아니다.

반면에 성령의 **열매**는 변화된 **성품**의 확실한 표다. 우리의 가장 깊은 태도와 성향이 예수와 같아질 때, 그것은 우리가 배워서 기회를 드린 대로 성령께서 우리 안에 그분의 삶을 키우셨기 때문이다. 바울은 "내가 그리스도와 함께 십자가에 못 박혔나니 그런즉 이제는 내가 산 것이 아니요 오직 내 안에 그리스도께서 사신 것이라"고 고백했다(갈 2:20). 그리스도께서 성령으로 말미암아 우리 안에 사시면 우리는 "사랑과 희락과 화평과 오래 참음과 자비와 양선과 충성과 온유와 절제"의 열매를 맺게 된다(갈 5:22-23, 요 15:8 참조).

은사도 열매도 둘 다 성령께서 우리의 삶 속에 임재하신 결과이지 그 임재의 실체는 아니다. 그리스도를 닮도록 우리를 변화시키는 것은 우리가 성령을 통해 그리스도와 나누는 직접적이고 인격적인 상호 작용이다. 성령은 그리스도가 우리에게 임재하게 하시고, 그분을 닮도록 우리를 이끄신다. 그래서 우리는 끊임없이 "저와 같은 형상으로 화하여 영광으로 영광에 이르니 곧 주의 영으로 말미암음"이거니와, 그것은 우리가 "주의 영광을 보매" 그렇게 되는 것이다(고후 3:18).

그리스도를 닮아 가는 훈련

삼각형의 세 번째 변은 영적 훈련으로 이루어진다. 이는 특별한 활동인데, 그중에는 예수께서 친히 행하신 것도 많이 있다. 예컨대 고독과 학습, 봉사와 비밀, 금식과 예배 같은 것이다. 이것은 우리 삶의 순전히 세상적인 면을 죽이거나 거기에 "공급을 끊고" 새 사람을 입으라는 신약성경의 명령(골 3:9-10, 엡 4:22-24)을 따르기 위해 우리가 수행하는 방법이다.

이런 차원의 영적 변화에서 강조점은 **우리의** 노력에 있다. 맞다. 우리는 많은 것을 받았고, 은혜가 없이는 아무것도 할 수 없다. 그러나 우리의 행동도 필요하다. 베드로는 우리에게 "너희가 더욱 힘써" 하라고 명한다(벧후 1:5). **우리가** 믿음에 덕을, 덕에 지식을, 지식에 절제를, 절제에 인내를, 인내에 경건을, 경건에 형제 우애를, 형제 우애에 사랑을 공급해야 하는 것이다(벧후 1:5-7).

바울은 우리에게 "하나님의 택하신 거룩하고 사랑하신 자처럼" 긍휼과 자비와 겸손한 마음과 온유와 오래 참음과 용납과 용서와 아가페라는 장부(臟腑)로(흠정역에서는 '창자'bowels라고 했다) 우리의 속사람을 새롭게 하라고 권면한다. 우리는 긍휼이 많고 자비롭고 주제넘지 않고 잘 참는 사람이 되기를 바라는 데서 그치지 말고 그렇게 되기 위한 **계획을 세워야** 한다. 곧 우리의 영혼 안에 긍휼과 자비와 인내를 부추기는 것들과 방해하는 것들을 알아내야 하며, 방해 거리들은 최대한 제거하고 그리스도를 닮는 데 도움이 되는 것들로 신중히 대체해야 한다.

예컨대, 많은 사람들이 좋은 뜻을 품고 친절해지려고 하지만 성과가 없는 것은 매사에 너무 서두르기 때문이다. 염려와 두려움과 분노는 서두름의 단짝 동지들이다. 서두름은 친절의 치명적인 적이며, 그리하여 사랑의 치명적인 적이다. 이것이 우리의 문제라면, 하루쯤 고독과 침묵 속으로 물러나 있는 것이 큰 도움이 될 수 있다. 거기서 우리는 내가 활동하지 않아도 세상이 잘 돌아감을 깨닫게 된다. 거기서 우리는 기도하며 묵상하는 가운데, 내 불친절에서 비롯된 피해를 똑똑히 볼 수 있다. 그리고 그 피해를 내가 정말로 서둘러서 얻은 것과 정직하게 비교해 볼 수 있다. 서둘러서 얻은 것이 있기나 하다면 말이다. 내 서두름의 태반은 사실 교만, 자만심, 두려움, 믿음 없음에 기초한 것이며, 누군가에게 정말 값진 무엇을 이루기 위한 것일 때는 거의 없음을 우리는 깨닫게 된다.

그래서 결국 우리는 자신이 꾸준히 상대하는 사람들을 위해 날마다 기도할 계획을 세우게 될지도 모른다. 또는 이전에 입혔던 상처에 대해 동료들에게 용서를 구하기로 작정할지도 모른다. 이런 기도와 묵상이 어떤 결과로 이어지든, 우리가 절대적으로 확신할 수 있는 것이 있다. 우리의 삶은 절대로 이전과 같지 않을 것이며, 우리는 하나님의 풍성한 실체를 삶 속에서 훨씬 충만하게 누리게 될 것이다.

그렇다면 일반적으로, 우리는 우리 힘으로 할 수 있는 꾸준한 활동들을 통해 새 사람을 "입게" 되며, 그리하여 자신의 노력으로는 될 수 없는 그 모습이 된다. 예수께서 사역이나 설교 중이 아닐 때 하신 일들을 잘 보고 따라하면, 우리도 그분이 "그 상황에서" 행동하신 대로 행동할 인도와 능력을 얻게 된다.[1]

그리스도를 믿는다고 하면서 그분을 닮은 모습으로 성장하지 않는 사람들의 가장 분명한 한 가지 특징은, 오랜 세월에 걸쳐 효과가 검증된 타당성 있는 영적 성장의 대책들을 거부한다는 것이다. 영적으로 냉담하고 혼란스럽고 빈곤하고 무기력한 사람치고 이런 영적인 연습들을 꾸준히 활용하는 사람을 나는 거의 본 적이 없다. 이런 영적인 연습들은 신약성경의 내용을 잘 아는 사람이면 누구에게나 명백한 것인데도 말이다.

어두운 세상의 별처럼

영적인 변화의 "황금 삼각형"의 세 변은 서로 맞물려 있다. 셋 중의 어느 하나도 다른 둘이 없이는 우리에게 그리스도를 닮은 마음과 삶을 줄 수 없다. 어느 하나도 다른 것을 대신할 수 없다. 그러나 셋이 서로 이어져 있으면, 틀림없이 우리는 그 각 측면을 통해 날로 더욱 그리스도를 닮아 가게 된다.

빌립보서 2장에서 사도는 이 셋 모두를 하나의 총괄적인 진술에 함께 담아낸다. "항상 복종하여 두렵고 떨림으로 너희 구원을 이루라. 너희 안에서 행하시는 이는 하나님이시니 자기의 기쁘신 뜻을 위해 너희로 소원을 두고 행하게 하시나니 모든 일을 원망과 시비가 없이 하라. 이는 너희가 흠이 없고 순전하여 어그러지고 거스르는 세대 가운데서 하나님의 흠 없는 자녀로 세상에서 그들 가운데 빛들로 나타내며"(빌 2:12-15).

순간순간의 사건과 환난들을 하나님의 공급을 받는 장(場)으로 받아들일 때, 우리는 성령께서 우리의 삶 속에 활동하시기를 인내로 고대하는 것이다. 소망 가운데 우리는 자신의 내적 자아가 지극히 높으신 분의 자녀다운 성품을 입을 수 있는 길을 최선을 다해 찾아내고 그대로 이행한다. 이는 근본적인 변화의 길이다. 이 변화야말로 세상의 필요들을 채우기에 충분하며, 하나님의 처소가 될 한 백성을 준비시키기에 충분하다.

5.
천국 열쇠를 얻는 열쇠

어느 목사가 나에게 털어놓기를, 자기는 아침에 잠시 신문을 보는 시간이 참 좋은데 왠지 무책임한 느낌이 든다고 했다. 이것은 그가 자신을 인정하지 않거나, 아니면 일단 해 놓고서는 바쁜 사역 때문에 죄책감을 느끼는 많은 일들 중의 하나에 지나지 않았다. 아주 열악한 상황 속에서 작은 교회를 성공으로 이끄는 일이 그에게 짐이 되었다. 교인 수가 많지 않고 또 계속 늘지 않는 한 그리고 충분한 건물과 자금이 확보되지 않는 한, 그가 아무리 열심히 노력해도 늘 역부족일 터였다.

그러나 사실, 그의 내면의 짐은 더 크고 더 "성공한" 교회에서 승승장구하는 많은 사역자들의 짐과, 그리고 "기독교 전임 사역자"가 아닌 많은 사람들의 짐과 양적으로 크게 다를 바 없었다. 성취 욕구가 너무 크다. 그 바람에 해를 입는 것은 언제나 사역자의 개인 생활과 영적인 삶이다. 그래서 사역자는—의사나 변호사 등 요즘의 다른 전문직 종사자들처럼—자신이 일하고 있는 환경이 자신이 애당초 그 분야에 들어선 바로 그 목적과 상충된다는 것을 종종 절감하게 된다. 좌절과 실망이 커 갈수록 동시에 힘과 평안과 기쁨은 줄어든다. 우리의 사역 조건들과 습관들은, 예수께서 사셨고 틀림없이 우리에게 주시는 그 삶과 양립할 수 없어 보일 때가 많다.

하지만 그럴 필요가 없다. 우리 사역의 구체적인 상황을 이해하고, 섬김 속에서 기쁨과 힘과 비전을 얻는 길이 있다. 그것이 예수 자신은 물론 고금에 걸쳐 그분의 많은 동역자들과 친구들의 분명한 특징이었다.

우리는 예수를 위해 일하고 예수와 함께 일하거니와, 그분이 우리의 손에 천국 열쇠를 쥐어 주셨다(마 16:19). 이 말씀의 의미를 두고 교회가 오랜 세월 논쟁을 벌여 왔으나 그것들일랑 제쳐두고 우리가 단순히 알아야 할 것이 있다. 예수를 "하늘과 땅의 모든 권세를"(마 28:18) 받으신 분으로 믿는다면 우리는 천국의 부(富)를 실제로 가져다 쓸 수 있다. 그 부가 있기에 우리는 해야 할 일을 할 수 있고, 그리스도의 힘과 기쁨과 평안 가운데 삶을 살아갈 수 있는 것이다.

열쇠가 있다는 것은 흔히들 생각하는 것처럼 천국에의 접근을 통제하는 문제가 아니다. 열쇠의 기본 의미는 접근을 통제하는 권한이 아니라 즐거이 드나드는 것이다. 집 문을 잘 잠가 두고 손에 열쇠를 쥐었으나 생전 집에 들어가지 않는 사람을 상상해 보라! 중요한 것은 천국에 출입할 수 있다는 것, 그 안에 사는 것이다.

그러므로 마태복음 16:19의 의미는 마태복음 6:33과 근본적으로 다르지 않다. "무엇보다 하나님 나라와 함께 행동하고 그분 차원의 선(善)을 품기를 구하라. 그러면 그 밖의 필요한 것들은 다 더해질 것이다." 로마서 8:32도 마찬가지다. "자기 아들을 아끼지 아니하시고 우리 모든 사람을 위해 내어주신 이가 어찌 그 아들과 함께 모든 것을 우리에게 은사로 주지 아니하시겠느뇨." 잘 알려진 빌립보서 4:19도 역시 다를 바 없다. "나의 하나님이 그리스도 예수 안에서 영광 가운데 그 풍성한 대로 너희 모든 쓸 것을 채우시리라."

그러나 "지옥의 대문"을 멸하기에도 족한 풍요가 여기 있는데, 왜 우리는 그 안에서 흥왕하지 못하는 것일까? 답은 그 열쇠들을 사용하는 열쇠가 우리에게 있어야 하고, 실제로 그것을 사용해야 한다는 것이다. 우리의 삶과 가정과 사역을 위한 하나님의 풍요는 수동적으로 받거나 당하는 것이 아니며, 저절로 찾아오는 것도 아니다. 우리는 그것을 지식으로 알고 적극 추구해서 우리의 것으로 주장하고 활용해야 한다. 하나님 나라의 생명의 흐름에 합류하여 살고 행하는 방법들을 구해야 한다. 그 생명은 우리와 예수의 관계를 통해 온다.

물론 이것은 순전히 우리 힘만으로는 불가능한 일이다. 그러나 우리는 행동해야 한다. 은혜의 반대는 노력이 아니라 공로다. 천국 열쇠를 얻는 열쇠는 단호하고 지속적인 **노력**이며, 천국 열쇠를 가지고 우리의 사역과 생활에 잔잔한 능력의 삶을 여는 열쇠도 **노력**이다.

우리가 예수를 메시아로 믿을 때 그분은 응답으로 이 열쇠들을 주시는데, 그렇다면 그리스도를 따르는 자와 사역자로서 우리의 삶 속에 그 열쇠들이 효력을 나타내게 해 줄 훈련들은 무엇일까? 우리의 존재와 행위 속에서 우리는 절실히, 하나님의 분명한 손길을 볼 필요가 있다. 짐수레를 끄시고 짐을 지시는 분이 **그분**임을 우리는 확실히 알아야 한다. 우리는 그것을 나 혼자 져야 한다고 착각할 때가 얼마나 많은가. 우리의 노력의 **결과**가 그분의 소관이라는 것과 그 **결과**가 옳고 선하리라는 것을 우리는 알아야 한다. 이 모두가 "안식일"이라는 성경의 한 단어 속에 압축되어 있다.

예수께서는 안식일이 사람을 위해 지어진 것이라고 하셨다(막 2:27). 곧 안식일은 지극히 중요한 방식으로 사람의 삶을 이롭게 한다. 그것이 없으면 삶은 본연의 모습이 될 수 없다. 그래서 도덕법의 정수인 십계명에 안식일을 주신 것이다. 이것은 우리가 하나님의 임의적인 요구 때문에 해야 하는 일도 아니고, 그분이 우리에게 하릴없이 재주를 부리게 하시는 것도 아니다. 안식일은 하나님이 우리에게 주신 선물이다. 동시에 그것은 우리의 삶과 사역도 **역시** 그분이 우리에게 주신 선물임을 확실히 해 준다.

안식은 삶의 방식이다(히 4:3, 9-11). 그것은 우리를 우리 자신의 노력에 매이는 굴레에서 해방시켜 준다. 오직 그 방법으로만 우리는 사역과 일에서, 삶이 빛을 발하고 접촉하는 모든 사람에게 축복이 되는 그런 능력과 기쁨에 이를 수 있다. 그러나 이 시대의 그리스도인들과 사역자들의 실존에서 안식은 거의 그 자취를 감추었다.

안식이란 무엇인가? 성경에서 그것은 주로 일주일의 하루,

일하지 않는 날이다. "엿새 동안은 힘써 네 모든 일을 행할 것이나 제 칠일은 너의 하나님 여호와의 안식일인즉…… 아무 일도 하지 말라"(출 20:9-10). 그것은 또 일곱 해마다 한 번씩 하나님의 언약 백성이 파종하거나 포도원을 다스리거나 열매를 거두지 않는 해였다(레 25:4-7). "제칠 년에 무엇을 먹으리요"라는 물음에 하나님은 "내가 명하여 제육 년에 내 복을 너희에게 내려 그 소출이 삼 년 쓰기에 족하게 할지라"고 답하셨다(레 25:21).

안식의 도덕적인 원리는 농경사회가 아닌 현대에도 당연히 적용된다. 물론 세부적으로 풀어 나가려면 우리의 믿음에 큰 도전이 되겠지만 말이다. 아주 실제적으로 말해서, 안식이란 단순히 "염려를 다 주께 맡겨"서 "저가 너희를 권고하심"을 실제로 알아 가는 것이다(벧전 5:7, 시 37:3-8 참조). 천국 열쇠를 **사용해서** 풍성한 삶과 사역의 자원을 받는 것이다.

우리 삶의 한복판에 안식을 실현하는 데 특히 도움이 되는 세 가지 습관 내지 영적 훈련이 있다. **고독**과 **침묵**과 **금식**이다. 이는 예수를 따르는 자들이 예로부터 시행해 온 중요한 금욕 훈련 중에 세 가지인데, 이를 통해 그들은 하나님 나라의 요동치 않는 견고한 발판을 찾고 또 지킬 수 있었다. 바쁘고 생산적인 삶의 한복판에서 또는 시련과 갈등과 좌절의 삶 속에서도 그러했다.

우리들 대부분의 경우, 정기적으로 충분히 고독을 훈련하지 않고는 안식이 불가능할 것이다. 우리는 사람들과의 접촉을 벗어나 실내나 실외에서 편안한 상태로 아무 일도 하지 않고 혼자 있는 시간을 연습해야 한다. 고독 속에 들어갈 때는 일을 가져가서는 안 된다. 그렇지 않으면 고독이 요리조리 달아나게 되어 있다. 성경공부, 기도, 설교 준비 같은 일도 안 된다. 그러면 혼자 있는 것이 아니기 때문이다. 오후에 개울가나 해변이나 산속을 걷거나 아니면 편안한 방이나 마당에 앉아 있는 것부터 시작하면 좋다. 매주 그렇게 습관을 붙여야 한다. 그러다가 당일치기나 아니면 하룻밤을 끼어서 기도원에 가서 혼자 지내도 좋다. 그러다가 지혜가 일러 주는 대로 주말이나 일주일로 늘릴 수 있다.

우리들 대부분에게 이것은 처음에는 꽤 두려운 일이다. 그러나 우리는 시간을 메우려고 하나님께 "뭔가를 하려고" 해서는 안 된다. 그러면 다시 일로 돌아갈 뿐이다. 명령은 "일하지 말라"는 것이다. 그냥 빈자리를 내라. 주변에 있는 것들에 주목하라. 꼭 **행동**이 있어야만 **존재**하는 것은 아님을 배우라. 아무것도 하지 않는 은혜를 받아들이라. 근질근질하고 꿈지럭거리는 것이 잦아들 때까지 그대로 있으라.

고독 속에 잘 있으면 바쁨, 서두름, 고립, 외로움이 위력을 잃는다. 세상이 당신의 어깨 위에 놓여 있지 않음을 당신은 알게 된다. 당신 자신을 만나게 되며, 하나님이 새로운 방식으로 당신을 만나 주신다. 기쁨과 평안이 당신 안에 몽글몽글 솟아나기 시작하며, 주변의 일들과 사건들에서도 기쁨과 평안이 찾아든다. 찬양과 기도가 당신에게 오고 당신 안에서 온다. 계속 연습하면, 고독 속에 내린 "영혼의 닻"은 당신이 일상으로 돌아가 사람들을 대할 때도 견고히 남는다.

침묵도 당신에게 안식을 가져다준다. 침묵은 고요함을 뜻한다. 숨소리, 새들 노랫소리, 가만히 흐르는 바람과 물소리 등 자연의 소리만 빼고는 모든 소리에서 벗어난 상태다. 침묵은 말하지 않는다는 뜻이기도 하다. 침묵이 없이는 혼자 있을 수 없기에 침묵은 고독을 완성한다. 침묵이 없으면 당신은 세상의 밀고 당김에 여전히 놀아나게 된다. 그것은 당신을 탈진시키고, 굴레에 묶어 두며, 하나님과 자신의 영혼에 집중할 수 없도록 산만하게 만든다. 침묵은 부재이기는커녕 하나님의 실체가 당신 삶의 한복판에 서게 한다. 마치 당신의 얼굴에 영원의 바람이 불어오는 것과 같다. 시편 기자가 아무런 이유도 없이 "너희는 가만히 있어 내가 하나님 됨을 알지어다"라고 말한 것이 아니다. 하나님은 보통 우리의 주목을 끌려고 다투지 않으신다. 침묵 속에서 우리는 그분께 주목하게 된다.

말을 그칠 때 우리는 현실에 그리고 하나님께 자신을 맡기는 것이다. 말로 이것저것 참견하기보다는 그냥 주목하는 자리에 있는 것이다. 자신의 개입과 협상과 "질주"를 그치는 것이다. 그런 일에 들어가는 우리의 에너지가 얼마나 많던가! 우리는 삶을 그냥 둔다. 다른 사람들이 어떻게 생각하든지 그것은 하나님께 맡긴다.

물론 말해야 할 때도 있고 사람들과 함께 있어야 할 때도 있다. 그러나 우리의 영혼이 고독과 침묵에 강하지 않은 한, 우리의 말과 교제는 안전하지 않고 풍성하지 않다. 우리가 기쁜 소식을 들었고 구주를 믿게 되었을진대, 그분은 장시간의 고독과 침묵을 통해 우리를 만나셔서 그분의 사랑과 기쁨과 평안을 우리 안에 정착시키실 것이다. 그분의 성품은 점점 우리의 것이 되되, 쉽게 그리고 철저히 그리될 것이다. 영적 삶에 큰 진보를 이룬 사람치고 어느 시점에 고독과 침묵의 시간을 많이 보내지 않은 사람은 찾아보기 어렵다.

어떤 목사는 이 모든 것을 깨닫고 이렇게 썼다. "침묵과 고독으로 삶의 속도를 늦추면서 나는, 서두르는 삶 속에 숨어 있는 악과 하늘 아버지께서 나를 신기해 하시고 즐거워하신다는 것을 둘 다 깨달았다. 묘하게도, 계획적으로 시간을 내서 영적 훈련에 임하자 예수와 동행하는 것이 더 자연스러워졌다. 하루 중에 그분의 임재가 느껴지는 시간이 더 많아졌다. 사람들을 더 잘 사랑하게 되었고, 분노와 매사를 내 뜻대로 하려던 욕심을 극복하는 데도 진보가 나타났다. 한마디로 예수께서 내 삶에 더 자유로이 접근하시며 내 삶을 더 많이 관장하시게 되었다. 성령의 세미한 음성에 내 귀가 더 예민해졌다."

금식은 안식으로 들어가는, 오래전부터 검증된 또 하나의 방법이다. 안식에 들어가면 우리는 하나님의 손에 의해 일하고 살아간다. 금식이란 평소의 음식을 상당 기간 동안 상당 정도까지 끊는 것이다. 고독과 침묵처럼 금식도 하나님을 감동시키거나 호감을 사려고 하는 것이 아니며, 음식 자체에 문제가 있어서도 아니다. 그보다 금식은 우리의 몸과 전인(全人)을 하나님이 직접 유지시켜 주심을 의식적으로 경험하기 위해서 하는 것이다. 열쇠들을 사용해 하나님 나라에 들어가는 것이다.

금식을 이렇게 보는 시각을 예수께서도 마태복음 4:4과(신 8:2-6을 인용하시어) 요한복음 4:32-34에 명백히 표현하셨다. 사실 금식은 잔치다. 금식을 잘 배웠다면, 금식할 때 고생하지 않는다. 오히려 금식은 힘과 기쁨을 가져다준다. 금식은 비참하지 않으며, 그래서 예수는 우리에게 슬픈 기색을 하지 말라고 하신다(마 6:16). 금식할 때 기쁘고 배부른 척하라는 말씀일까? 물론 아니다. 다른 사람들이 "알지 못하는 먹을 양식"이 우리에게 있음을 그분은 아셨다. 나를 비롯해 많은 사람들이 보고할 수 있듯이, 이것은 경험으로 거듭 입증되어 왔다.

금식은 우리의 삶 속에 임재하며 활동하는 실제의 하나님 나라를 구하고 찾는 한 가지 길이다. 그렇게 우리는 하나님 나라의 실체에 더 흠뻑 젖어들고 실제로 열쇠들을 활용하게 되므로, 우리의 삶은 예수의 성품과 능력을 입게 된다. 그래서 우리는 우리의 일이 그분의 일이며 그분이 일하고 계심을 확신하게 된다. 비록 우리가 행동하고 자주 열심히 노력하지만, 애당초 그것은 우리의 싸움이 아니다. 그리고 결과는 그분의 손에 있다. 우리는 결과를 위해 "싸우는" 것이 아니다.

또 다른 목사는 자신이 경험한 금식에 대해 이렇게 말했다. "놀랍게도, 내가 금식에서 뭔가 깨닫기 시작한 것은 금식이 끝나고 나서였다. 금식을 마친 뒤로 나는 목표의식이 더 뚜렷해졌고 사역에 새로운 능력이 느껴졌다. 아내와 아이들에게 분노를 퍼붓는 횟수가 줄었고, 내 영성의 생기를 바짝 앗아가던 물질주의의 위력도 약해졌다." 이상할지 모르지만 심오한 변화다!

다음은 또 다른 목사의 말이다. "이제 나는 설교 전과 설교 중에 금식하는 것이 습관으로 굳어졌다. 하나님께 의존해야 함을 더 절실히 느끼게 되고, 말의 엄청난 위력을 더 절감하게 된다. 교인 중에 테이프 사역을 맡고 있는 귀한 분이 그것을 알려

주었다. 올 1월부터 설교 테이프 주문이 두 배로 늘었다는 것이다. 그녀는 '신기하네요. 무엇 때문인지는 몰라도 계속 그대로 하세요'라고 말했다."

고독과 침묵과 금식―그리고 봉사, 교제, 예배, 학습 같은 다른 적절한 훈련들(영적 훈련에 완성된 **목록**이란 없다)―을 기도하면서 시범 삼아 시행해 보면, 반드시 하나님 나라의 풍성한 삶에 들어가는 해방을 맛볼 것이다. 바로 이 **훈련들**이 열쇠들을 사용하는 열쇠다. 우리는 상황의 손아귀에 쥐어서 살아갈 필요가 없다. 자신의 시간 사용을 통제한다는 것은 대부분의 사람들에게 만만치 않은 믿음의 시험이다. 하지만 우리가 하기 나름이다. 오랜 세월에 걸쳐 검증된 영적인 삶의 성경적인 훈련들을 현명하게 실천한다면, 머지않아 우리는 풍성한 삶에 들어가게 된다. 그 삶의 풍성함은 질과 능력에 있어서 영원하다.

영성 형성과 성품 형성

— 6.
영성 형성은 삶 전체와 전인(全人)을 위한 것
—

조지 학장과 맥그래스 교수의 초청장을 받았을 때, 나는 이번 집회가 "신학적 순수성과 영적 생명력의 상호 내재성을 강조하기" 위한 것이라는 말을 보고 기뻤다.

"상호 내재성"이란 멋진 말이다. 이 말에 담긴 개념은 신학적 순수성과 영적 생명력이 개인의 삶이라는 한 가지 동일한 것의 속성들이라는 것이다. 그것이 상호 내재성의 의미다. 당신이 커피에 각설탕을 넣을 때(당신이 그런 일을 한다면), 네모와 흰색과 단맛은 각설탕이라는 한 가지 동일한 것에 상호 내재하는 속성들이다.

신학적 순수성과 영적 생명력의 경우, 내가 보기에 그것은 어느 한쪽 없이 절대로 다른 쪽만 가질 수는 없는 개념이다. 누구를 막론하고 하나가 있으면 다른 하나도 반드시 있어야 한다. 우리는 이 의미를 받아들일 수 있을까? 받아들인다면, 우리는 현재 우리의 관행들과 심각하게 부딪치게 된다. 그 둘이, 혹은 그 둘이라고 주장되는 것이 서로 분리된 모습이야말로 오늘날 가장 흔한 상황이 되었기 때문이다.

여기서 가장 중요하다고 생각되는 이슈 몇 가지를 언급하고자 한다. 내가 다루려는 내용은 여덟 가지다.[1]

예수께서 말씀하시기를 "내게 나아와 내 말을 듣고 행하는 자마다 누구와 같은 것을 너희에게 보이리라. 집을 짓되 깊이 파고 주초를 반석 위에 놓은 사람과 같으니 큰물이 나서 탁류가 그 집에 부딪히되 잘 지은 연고로 능히 요동케 못하였거니와"라고 하셨다(눅 6:47-48). 그분은 또 "너희는 나를 불러 주여 주여 하면서도 어찌하여 나의 말하는 것을 행치 아니하느냐"고 하셨다(눅 6:46). 그리고 또 "하늘과 땅의 모든 권세를 내게 주셨으니 그러므로 너희는 가서 모든 족속으로 제자를 삼아 아버지와 아들과 성령의 이름으로 세례를 주고"라고 하셨다(마 28:18-19). 모두 나와 같은 생각이기를 바라지만, 그분이 의미하신 바는 그저 "성부와 성자와 성령의 이름으로 세례를 주노라"고 말하면서 그들의 몸을 물로 적시는 것만이 아니다. 여기서 "이름으로 세례를 준다"는 말은 삼위일체 공동체의 실체로 그들을 두르고 그 안에 푹 담근다는 의미다. 그러고 나서 우리는 주님이 우리에게 "분부한 모든 것을 가르쳐 지키게" 해야 한다. 이는 자연스러운 다음 단계이며, 예수께서 그분의 사람들에게 명하신 과정이 그것으로 완성된다.

혹시 누가 예수께서 우리의 순종을 의중에 두시고 이런 말씀들을 하셨다고 해석한다면, 우리는 그 사람을 용납할 것인가?

오늘 복음주의자들의 삶에서 빠진 부분은 일차적으로 영성이 아니라 순종이다. 우리는 순종을 본질로 치지 않는 변종 종교를 만들어 냈다.

미리 경고하지만 지금부터 내가 하는 말 중에는 필시 당신의 심기에 거슬리는 내용도 있을 것이다. 그러니 내게 자비를 베풀기를 바란다. 그리스도의 영이 우리 가운데 계셔서 우리를 도와주실 줄로 믿고서 일단 그냥 말하려고 한다. 도움은 당신뿐 아니라 내게도 필요하다. 친한 사람들이 지적해 주어서 알게 되었지만, 전에 나는 두어 가지 대목에서 정말로 틀린 적이 있고, 나 역시 그것을 사실로 받아들인다.

당신은 방금 내가 순종에 대해서 한 말이 틀렸다고 생각할지 모른다. 하지만 사람이 어떻게 사심 없이 성경의 내용을 보고서, 예수의 의중이 우리의 순종이 아닌 다른 것이라고 말할 수 있는지 나로서는 이해가 가지 않는다. 그래서 나의 첫 번째 요지는 단순하다. 그리스도 안에 사는 삶은 그분의 가르침에 순종하는 것과 직결된다. 거기서부터 출발하지 않는다면 우리는 **기독교** 고유의 영성을 전부 잊어버리는 것이나 마찬가지다. 이런 순종은 큰 말씀에만 아니라 작은 말씀에도 표현되어 있다. 큰 말씀이란 "네 마음과 목숨과 뜻과 힘을 다하여 주 너의 하나님을 사랑하고 네 이웃을 네 몸과 같이 사랑하라" 하신 것이고, 작은 말씀이란 "너희를 저주하는 자를 축복하라", "십리를 동행하라"와 같은 것들이다.

일상 생활에서 큰 말씀과 명백히 마주칠 일은 없으리라고 당신은 생각할지 모른다. 그런 말씀은 약간 더 두루뭉술하다. 하지만 작은 말씀과는 틀림없이 부딪칠 것이다. 이 사회에서 하다 못해 자동차만 운전해도 당신은 당신을 저주하는 사람들을 만나게 될 것이고 그들을 축복해야 하는 도전에 부딪칠 것이다. 그리고 "누구든지 내 이름으로 소자에게 냉수 한 그릇이라도 주는 자는 결단코 상을 잃지 아니하리라"는 말씀도 있다. 그밖에도 많다.

그리스도 안에 살아 있다는 것은 그 자체가 **영적인** 일이다(요 3장 참조). 그러므로 그리스도 안에 사는 삶에는 본질상 영성이 내포된다. 내가 인터넷에서 검색창에 "영성"을 쳐 보았는데, 그 뒤에 뜨는 내용을 보니 그만 달아나고 싶어질 정도였다. 정말 믿어지지 않는다! 물론 "기독교 영성"을 입력해도 해괴망측한 세상이 나오고, 이는 삶에서도 마찬가지다. 그러나 그 모든 것에도 불구하고 하나님은 **영**이시며 또한 **신령**과 진정으로 예배하는 자들을 찾고 계시다는 사실을 우리는 잊어서는 안 된다. 내가 믿기로, 그런 사람들은 몸이라는 물리적인 세계의 모든 외양을 초월하여 자신의 존재의 핵에서 하나님 앞에 깨끗하고 바르게 서기 원하는 사람들을 말한다. 그리고 그들은 그 일에 자신의 가장 깊은 존재―마음, 의지, 인간의 영―를 전부 내놓는 사람들이다.

하나님은 그런 사람들을 찾고 계신다. 그러다 가끔 그분은 교리나 실천 면에서 온전한 지도는 받지 못했으나 그래도 그분을 **찾고 있고** 신령과 진정으로 그분을 예배하려고 하는 사람을 만나실 수도 있다. 그분은 그런 사람과 그냥 소통하시며 자신의 영으로 그들의 영에 생기를 주실 수 있다. 그분은 그 사람을 그분 자신께로 인도하실 수 있다. 반면에 신령과 진정으로 그분을 예배하려고 하지 않는 사람에게는 별로 희망이 없다. 바울은 빌립보서 3:3에 "하나님의 성령으로 봉사[예배]하며 그리스도 예수로 자랑하고 육체를 신뢰하지 아니하는 우리가 곧 할례당이라"고 했다. 이것은 우리가 영의 세계, 곧 우리의 영과 아울러 하나님의 영을 신뢰한다는 말이다(롬 8장, 고후 4-5장).

우리가 대부분 알다시피 성경에서 "육체"는 "술과 담배와 야한 여자"가 아니라 **종교적인** 활동과 연관되어 나타날 때가 대부분이다. 빌립보서 3:4에서 바울은 "나도 육체를 신뢰할 만하니"라고 해 놓고는 이어서 아주 거창한 **종교적인 자격**을 나열한다. 바울이 고린도 교인들에게 말한 **육신에 속한** 그리스도인들은 교회 안에서 최고의 강사와 지도자가 누구인지를 두고 싸우는 사람들을 가리켜 한 말이다. 오늘 우리가 다반사로 하고 있는 일들을 생각한다면, 정말 정신이 번쩍 드는 말이다. 기본적으로 육체는 자연적인 상태—인간의 능력이 영적인 도움이나 하나님의 도움을 입지 못한 상태—를 가리킨다. 종교적인 활동을 하면서도 우리는 얼마든지 **이런 의미의** 육체를 전적으로 의존할 수 있다.

여기서 로마서 8:1-14 말씀을 자세히 살펴볼 시간은 없으나 당신에게 신중히 공부해 볼 것을 간곡히 권한다. "그러므로 이제 그리스도 예수 안에 있는 자에게는 결코 정죄함이 없나니 이는 그리스도 예수 안에 있는 생명의 성령의 법이 죄와 사망의 법에서 너를 해방하였음이라"(롬 8:1-2). 아주 엄중히 말하거니와 이것은 **죄 사함**에 관한 말씀이 아니다. 사실 이 시점에서 꼭 짚어 둘 것이 있는데, 우리 복음주의의 통상적인 성경 해석에는 심각한 문제가 있다. 본문의 주제가 죄 사함이 아니라 사실은 그리스도 안의 **새 생명**(곧 근본적인 영성)인데도 우리는 죄 사함에 관한 말씀으로 읽는다.

그런 본문의 가장 유명한 예로 요한복음 3장을 빼놓을 수 없다. 요한복음 3장의 주제는 용서가 아니다. "위에서 난 생명"이다. 영적인 삶이다. 성령 안의 삶이요 성령으로 난 사람이다. 놀라운 말씀인 로마서 8:1-14도 "무릇 하나님의 영으로 인도함을 받는 그들은 곧 하나님의 아들이라"로 끝난다. 이 대목을 공부해 보면, 지금 바울이 우리의 삶 속에 들어오는 능력, 중생과 더불어 오는 영적인 능력을 언급하고 있음을 당신도 깨닫게 될 것이다. 물론 이 능력은 하나님 자신이요 또 그분이 임의로 쓰실 수 있는 모든 방편들이다. 그 방편들이란 성령 자신에서부터 시작하여 하나님 나라에 계신 부활하신 그리스도, 기록된 말씀의 능력, 천사인 사신(使臣)들, 구원의 상속자인 다른 개인들, 그리스도의 몸인 가시적인 교회와 우주적인 교회 안에 있는 신령한 생명과 보배를 모두 가리킨다.

그렇다면 **영**이란 무엇인가? 영이란 **몸이 아닌 인격적인 실체와 힘**이다. 당신은 내가 대부분의 시간을 철학 분야에서 일하는 사람답게 여기서도 어휘 사용에 극히 신중을 기할 것으로 예상하거나 바라거나 혹은 그 점을 겁내거나 할지 모르겠다. 예상대로 하고자 한다. 작금의 세태를 보면서 가장 가슴 아픈 것 하나는 **영**의 개념이 전혀 없는 사람들이 많다는 것이다. 그 결과, 많은 그리스도인들에게 하나님은 길쭉하고 흐릿한 그 무엇에 지나지 않게 된다. 오늘날 "기독교" 교계에 예수는 믿지만 하나님은 믿지 않는 사람들이 있다. 그들은 하나님을 믿는 믿음이 생길 만큼 그분에 대한 개념이 분명치 못하다. 그들의 문제는 다분히 영적인 부류의 존재에 대한 이해가 부족한 데서 비롯된다.

성경에서 하나님은 **몸이 아닌 인격적인 힘**의 전형이시다. 몸인 모든 것—물리적인 우주 전체와 부분—은 그분에게서 나서 그분께 의존한다. 영은 몸 **안에 들어가** 몸과 **함께 행동할** 수 있으나(인간의 영도 그런 것처럼) 영이 **몸에서** 난 것은 아니다. 인간의 영도 마찬가지다. 영은 물리적인 것에서 유래하지 않는다. 시간이 된다면 이 점을 자세히 다루고 그와 관련하여 꼭 필요한 철학적인 작업을 조금 하고 싶지만, 여기서 간단히 말하기는 어렵다.

영은 비인격체가 아니라 **인격체**다. "기운^{force}이 당신과 함께하기를" 따위는 여기에 전혀 해당되지 않는다. 이는 오늘날의 정황 속에서 우리가 꼭 알아야 할 중대한 사안 중의 하나다. 물론 영의 인격적인 특성은 하나님이 삼위일체시라는 특성에서 가장 지고하고 명확하게 나타난다. 예전에 어느 청교도 작가는 "하나님은 그 자체로 아름다운 공동체다"라고 표현했다. 인격이 무엇인지는 삼위일체 하나님의 속성에 비추어서만 마침내 이해할 수 있다. 하나님은 영이시다. 그분은 인격적인 실체와 힘이다. 이 힘은 사고와 선택과 평가를 통해 작용하는 능력이지, 정확한 기술만 찾을 수 있다면 누구라도 조종할 수 있는 정체불명의 기운이 아니다.

우리 시대의 많은 "영성들"은 그 베일을 벗겨 내면 정체가 드러난다. 그것들은 수많은 버전의 **우상숭배**다. 그것들은 인간적인 수단으로 개인의 정체와 힘을 얻어내려는 인간적인 시도들에 지나지 않는다. 우상숭배의 표는 하나님을 이용하여 우리 자신의 목적을 이루려는 자세다. 오늘 우리의 수많은 "영성들"이 실은 각종 우상숭배이며, 그중에는 "기독교"라는 이름을 내건 것들도 많이 있다. 재미있는 이야기를 얼마든지 예로 들 수 있다. 재미있다고 해서 하하 즐겁다는 말은 아니고 사실은 괴상하다는 뜻이다. 재미있어서 통곡이라도 하고 싶다는 뜻이다.

얼마 전에 내가 어느 천주교 수련원에서 피정을 인도하고 있는데, 한 진행요원이 나와서 이렇게 광고했다. "아무개 신부가 언제 참선(參禪) 영성에 관한 강좌를 개설하는데, 아무개 신부는 천주교 신학에 불교 명상을 **재도입**하고 계신 분으로 유명합니다." 재도입이라니? 오늘날 광의의 영성 분야에 실제로 이렇게 생각하는 사람들이 많이 있다. 참선 영성이 예수께도 있었는데 불행히도 최근까지 그것을 잃어버렸다가 일각에서 재도입하고 있다는 것이다. 참선 영성은 인간의 자아가 만들어 낸 우상숭배의 한 형태다.

여기서 이번 강연의 개요가 적힌 소책자를 잠깐 보면 도움이 될 것이다. 어쨌든 우리는 영성이 무엇인지 정말 이해할 필요가 있으며, 그러려면 영적인 삶에 주목해야 한다. 다음은 개요의 한 대목이다.

> 영성과 영성 형성은 삶 전반의 문제다. 인간의 "영적인 삶"은 삶 전반에 미치는 활동들로 이루어진다. 곧 인간은 말씀을 통한 하나님의 주도권으로 영적인 출생에 이르고, 하나님과 더불어 그리고

그분의 성품과 행동에서 나오는 영적인 질서("나라")와 더불어 상호 협력한다. 결과는 전체를 통합하는 새로운 특질의 인간 실존과 그에 상응하는 새로운 힘이다. 인간은 그 삶이 하나님 나라 또는 통치에 유효하게 통합되고 지배받는 정도만큼만 "영적인 사람"이다. "그리스도 안의 갓난아기들"의 경우, 육체를 입고 유형적으로 사회 안에 존재하는 그 성품은 다분히 하나님의 지배 아래 있지 못하며, 하나님 아래서 삶 전체의 재통합이 아직 이루어지지 않은 상태다.

이런 표현을 고수하는 것이 아주 중요하다. 현재 일반에 통용되는 영성은 대개 하나님의 능력이 아닌 **인간적인 차원**을 가리키기 때문이다. 아예 귀신의 세력과 마귀의 세력을 가리킬 때도 있다. 마귀도 위에서 말한 의미에서 영적인 존재인 까닭이다.

현재 쓰이게 된 영성이라는 말은 단순히 **종교 생활을 영위하는 방식**을 가리킨다.[2] 그렇다면 영성은 인간의 능력을 구사하는 것에 지나지 않을 수 있다. 그래서 요즘 퀘이커교 영성, 프란체스코회 영성, 베네딕트회 영성, 심지어 침례교 영성이 있는 것이다. 하나님이 아예 존재하지 않더라도 인간이 몸담을 수 있는 활동들과 삶의 형태들이 있거니와, 이 영성들은 바로 그런 것들로 이루어졌을 수도 있고 그렇지 않을 수도 있다.

물론 종교를 "해 나가는" 방식이 서로 다른 것은 사실이다. 천주교인들의 방식, 침례교인들의 방식, 힌두교인들의 방식 등이 있다. 그리고 그것으로 각 집단에 속한 사람들이 쉽게 구별된다. 몇 년 전에 나는 시카고에서 루이빌행 비행기를 탔는데,

기내의 모든 사람이 침례교인처럼 보였다. 침례교인은 겉보기에도 표가 난다. 침례교인들의 인상이 어떻다고 뭐라고 딱 꼬집어 말할 수는 없다. 그러나 종종 알아볼 수는 있다. 내가 평생 그 속에서 살았기 때문이다.

그래서 지금 나는 저 돔 천장에 그려진 로티 문$^{Lottie\ Moon}$(중국 복음화에 평생을 바친 미국 남침례교의 선교사—옮긴이)의 초상화 밑에 서 있는 감회가 남다르다. 해마다 드리던 선교 헌금, 로티 문의 생애에 대한 가르침 등 내가 어려서부터 그녀는 내 삶의 한 부분이었다. 저 모든 남자들과 나란히 저 위에 서 있는 그녀를 보니 너무 기쁘다. 그녀는 훌륭한 사람이다. 그녀와 소속이 같다는 것은 감격스러운 일이다. 그러나 이 모두는 바울이 고린도 교인들에게 말한 것처럼 "우리가 이 보배를 질그릇에 가졌"다는 사실과 관계된다. 우리에게 질그릇이 없을 수는 없다. 침례교 질그릇, 베네딕트회 질그릇, 퀘이커교 질그릇 등이 우리에게 있다.

문제는 우리가 질그릇을 보배로 착각할 때 생겨난다. **보배는 예수 그리스도의 생명과 능력**인 까닭이다. 우리에게 삶의 형태, 곧 그릇은 반드시 있어야 한다. 이것을 "영성"이라고 해도 좋다. 우리 중에 이미 완전히 영적인 존재가 된 사람은 아무도 없다. 신체적인 존재와 그로 인한 사회적인 존재는 우리의 한 부분이다. 나는 영원히 내 부모의 아들일 것이다. 나는 언제나 앨버트와 메이미 윌라드의 아들일 것이다. 나는 언제나 미주리 주 버펄로 제일침례교회, 미주리 주 윌로스프링스 제일침례교회, 미주리 주 로버의 샤일로 침례교회에서 자란 사람일 것이다. 이 모두가 내게는 하나님께 감사한 일이다. 그러나 그 영성을 내 삶으로 삼을 때, 그때부터 나는 좋은 침례교인이 되는 것을 좋은 그리스도인이 되는 것, 나의 전인격을 다하여 예수 그리스도께 순종하는 것보다 더 중요하게 생각할 수 있다. 그때부터 나는 육체로 되돌아가 영적으로 균형을 잃고 만다.

"침례교인" 대신 아무거나 당신이 원하는 말을 넣어 보라. 크게 다를 바 없다. 영성이 단지 종교 생활을 영위하는 방식이라면 다 똑같다. 문제는 종교 생활의 영위가 전적으로 문화적인 일이 될 수 있다는 것이다. 그리고 우리는 종교적인 문화를 우상화할 수 있다. 그 방법은 무궁무진하다. 우리가 아주 중요하게 기억해야 할 것이 있다. 문화는 우리를 장악하고 하나님 나라의 초자연적인 영성에 들어가는 길을 차단할 수 있다. 예컨대 요한복음 3장과 로마서 8장에 설명된 영성에 말이다.

안타까운 일이지만, 우리가 기독교라고 말하는 것 중에는 우리 영혼 안에 있는 하나님의 초자연적인 생명의 외현(外現)이 **아닌** 것들이 너무 많다. 우리가 기독교라고 말하는 것 중에 사실은 그저 인간적인 것들이 너무 많다. 나아가 이제 나는 정말 섬뜩한 말을 하려고 한다. 그러니 바짝 긴장하거나 아니면 귀를 막기 바란다. 성례를 정확히 집전하고 하나님의 말씀을 충실히 전하는 곳이라고 해서 반드시 예수 그리스도의 교회인 것은 아니다. 하나님의 교회는 사람들이 예수 그리스도의 부활하신 생명의 능력 안에서 함께 모이는 곳에 현존한다. 성례를 시행하고 하나님의 말씀을 전하지만 얼마든지 그것이 한낱 인간적인 행위가 될 수도 있다. 이 부분에서 교회를 잘못 이해하는 것이야말로 신학과 영성의 통합에 근본적인 문제를 야기하는 요소 중 하나다. 이미 강조한 것처럼, 잘못된 신학은 그리스도 안에 있는 생명에서 오는 영성의 가망성을 깨끗이 죽이기 때문이다.

여기서 잠깐 정리해 보자. 내가 말하려는 여덟 가지 요지 중 첫째는, 그리스도 안의 삶과 **성경적인** 영성은 그리스도께 순종하는 것과 직결된다. 둘째는, 그리스도 안의 삶은 "영"의 문제다. 셋째는, 영적인 삶이란 하나님의 실체를 받아서 **그것으로** 우리의 삶을 살아가는 문제다. 넷째는, 그리스도를 따르는 순종이 초자연적이고 "위에서 난 생명"의 능력이 아니고는 될 수 없는 일이므로 기독교 영성은 초자연적인 것이다.

순종하려는 의지는 그리스도 안의 영성이라는 기차를 끄는 기관차다. 그러나 많은 기독교 진영에서 영성은 단순히 또 다른 차원의 기독교 소비주의가 되고 말았다. 우리는, 기독교 예배를 소비하면서 그것이 기독교 신앙이라고 생각하는 사람들의 무리를 만들어 냈다. 그리스도를 따르는 순종은 기독교 예배의 소비로 대체된다. 그리고 영성도 또 하나의 소비 품목이다. 나는 수많은 집회에 가서 이런 내용을 전하는데, 참석자들은 그저 한 번 더 기독교 집회를 소비하고 있을 때가 비일비재하다.

그래도 우리는 영성을 **말해야** 하며, 그러자니 자연히 **영적 훈련**도 말하게 된다. 영적 훈련이란 우리 힘으로 할 수 있는 꾸준한 활동들로서, 이를 통해 우리는 직접적인 노력으로는 안 되는 일들을 할 수 있게 된다. 예컨대 찬송을 부르는 것은 중요한 영적 훈련이다. 교회에서 하는 찬송만이 아니라 일상 생활 속에서 늘 찬송하는 것을 말한다. 이 넷째 요지—기독교 영성은 초자연적이고 그리스도께 순종하는 데에 초점이 있다는―부분에서 꼭 말해 둘 것이 있다. 찬송을 부를 때는 늘 그 가사에 우리의 생각과 의지를 생생히 담아야 한다. 그래야만 결과가 초자연적이 된다.

나는 "주님 달리신 십자가로 더 가까이 이끄소서"라는 옛 찬송을 무척 좋아한다. 하지만 예수의 십자가로 더 가까이 이끌린다는 것이 무슨 뜻인가? 실제적으로 무슨 뜻인가? 그저 가끔가다 한번씩 마음이 뜨거워진다는 뜻인가, 아니면 십자가와 부활의 예수께 보조를 맞추어 **산다는** 뜻인가? 나는 후자라고 본다. 연합하여 움직이는 것이라고 본다. **삼위일체 하나님과 연합하여 움직이는 것**이 곧 기독교 영성이다. 바로 그럴 때 생명은 하나님에게서 그 진액을 얻는 것이다. 더 가까이 이끄소서! 혹은 "은혜 가운데 자라 가라"는 어떤가? 그것은 무슨 뜻인가? 더 많이 용서받는다는 뜻이 아니다. 여기에 대해서는 잠시 후에 다시 말할 것이다.

다섯째 요지는 **영성 형성**에 관한 것이다. "영성 형성"이란 우리의 영을 빚어서 명확한 성품을 부여하는 **과정**을 말한다. 이는 우리의 영을 그리스도의 영께 맞추어 형성해 간다는 뜻이다. 물론 성령께서 일하셔야 한다. 그러나 영성 형성의 초점은 **우리의** 영의 형성이다. (나는 인간의 영과 의지와 마음을 같은 것으로 보는데, 혹시 틀렸다면 용서하기 바란다. 그것들은 인간의 동일한 요소를 다른 방식으로 지칭한 것이다.) 그리스도 안의 영성 형성이란, 개인의 내면 가장 깊은 존재(마음, 의지, 영)가 예수 자신의 특질 내지 성품을 입는 **과정**이다. 그것이 영성 형성이다. 요 몇 해 사이에 사람들이 이 용어에 아주 열광하는 이유를 여기서 조금 살펴

볼 필요가 있다.

물론 영성 형성은 교회 전반에서는 새로운 주제가 아니지만 복음주의 진영에서는 새로운 주제다. 내 생각에 그 이유는, 우리가 뭔가 새롭고 더 깊은 것이 절실히 필요한 시대에 접어들었기 때문이다. "제자도"라는 단어는 그간 잘못 사용되면서 그 의미를 다분히 잃고 말았다. 신학 우익에서 제자도란 선교 단체의 지도 아래 이루어지는 영혼 구원을 위한 준비를 뜻하게 되었다. 지역 교회가 제 역할을 다하지 못하자 선교 단체가 제자도의 사역을 떠맡은 것이다. 신학 좌익에서 제자도란 모종의 사회 활동이나 사회 봉사를 뜻하게 되었다. 노숙자를 먹이는 일에서부터 정치 시위에 이르기까지 그야말로 무엇이나 다 된다. 심리적으로나 성경적으로나 그 견실한 내용에 관한 한 "제자도"라는 말은 현재 와해된 상태다.

영성 형성에 관심을 불러일으키고 있는 또 다른 요인은 교단 간의 차이가 의미를 잃은 것이다. 오늘날 자신의 교단적인 정체가 기독교의 본질을 다분히 수호하고 있다고 생각하는 사람은 여간해서 보기 힘들다. 여전히 그렇게 믿는 사람들이 더러 있을 수 있지만 아주 좁은 진영일 것이다. 사회학적으로 우리는 교단 소속의 의미를 상실했다. 복음주의자 여부를 떠나서 오늘날 대부분의 믿는다는 그리스도인들은 단순히 각 지역 교회와 그 지도자만 보고서 이 교회 저 교회 옮겨 다닌다. 그들이 선택하는 것은 교단이 아니라 교회이며, 교단만 보고 선택하는 일은 거의 없다. 특히 젊은 사람들은 교단의 차이가 무엇인지 전혀 모르는 경우가 대부분이다. 최근에 내가 아는 한 사람은 자기 딸한테서 이런 질문을 받았다. "우리는 어느 체인점에 속해 있나요?"

예컨대, 내가 어렸을 때 침례교회는 교단에 속한 사람이 다른 지역으로 이사를 가면 그 지역의 **침례교회**로 적을 옮길 것을 강조했는데, 요즘은 그런 침례교회가 얼마나 될지 퍽 궁금하다. 자료를 구해서라도 정말 알고 싶다.

어쨌든 교단의 언어와 결속이 해체되면서 새로운 언어가 필요해졌고, 이때 영성 형성이 그 공백을 메우면서 그리스도를 향한 우리의 헌신의 본질과 깊이를 표현해 주는 말이 되었다. 정말 그것은 특정 교단과 무관한 초교파적인 언어다. 단, 그것이 주로 하려고 하는 일은 우리에게 **내면** 변화의 필요성을 지적하는 것이다. 우리 문화에서 그리스도인들이 전반적으로 비그리스도인들과 크게 다를 바 없는 모습은 이제 통계를 보나 사례를 보나 분명한 현상이 되었다. 물론 그렇지 않은 그리스도인들도 있다. 정확히 조사해 보면, 비그리스도인들과 근본적으로 다른 그리스도인들 무리가 있을 것이다. 그러나 그런 헌신은 심지어 그리스도인 자신들 사이에서도 일종의 영적인 선택사항 내지 호사로 통한다. 그래서 나의 다섯째 요지는 이것이다. 영성 형성이란 개인의 내면 가장 깊은 존재가 예수 자신의 특질 내지 성품을 입는 과정이다.

여섯째 요지는 그런 과정이 인간의 심령 내지 마음만의 문제가 아니라는 것이다. 인간을 여러 부분으로 나누어 말할 때 우리는 조심해야 한다. 영성 형성은 인간의 모든 본질적인 부분이 함께 변화되는, 삶 전체의 과정이다. 우리의 작업은 심령에만 국한되는 것이 아니라 인격을 구성하는 모든 것을 망라한다.

영성 형성의 목표는 행동의 통제가 아니다. 이는 절대적으로 중요한 사안이며, 그리스도 안의 영성 형성이 대부분의 12단계 그룹(이 책에 세 번 언급되는데, 알코올 중독 방지회를 가리킨다—옮긴이)의 주목표와 구별되는 것도 이 때문이다(그런 그룹들의 좋은 성과를 폄하하는 것은 아니다!). 영성 형성에서 행동에만 초점을 맞추면, 가장 치명적인 율법주의에 빠져서 다른 영혼들도 죽이고 자신도 죽고 만다. 결국은 주변에 동조하는 것만 남게 된다. 과거에도 그런 일이 누누이 많았고, 과거와 현재의 다양한 "영성들"은 바로 여기서 무서운 대가를 치르기 시작했다. 속사람이나 "심령"이 아니라 외면의 활동과 행동에 초점을 맞추게 된 것이다. 하나님은 자기를 신령과 진정으로 예배하는 자들을 찾고 계신다. 하나님 앞에서 속임수는 통하지 않는다. 하나님은 중심을 보시고 인간은 외모를 본다는 것을 우리는 잊어서는 안 된다. 행동에만 초점을 맞추면 최악의 바리새주의에 빠져서 영혼을 죽이게 된다.

그래서 영성 형성은 통전적인 과정이다. 이해를 돕는 차원에서, 지금부터 시청각 교재를 직접 만들어 보기로 하자. 종이에 조그만 원을 그리고 그 안에 "심령", "마음", "의지"라고 써 넣는다. 이번에는 그 원을 둘러싼 원을 하나 더 그린 다음에 "생각"이라고 쓴다. 여기에는 사고와 감정이 포함된다. 세 번째 원은 "몸"이고, 네 번째 원은 "사회적 관계"다. 그리고 마지막 원은 당신의 영혼이다. 그러니까 당신은 심령(의지), 생각(사고와 감정), 몸, 사회적 관계, 영혼이 있다.[3]

인간의 본질적인 요소들에 관해 긴 설전에 돌입할 수 있겠지만, 여기서는 비켜 가기로 하자. 단순히 요점 전달을 위해서 그런다. 혹시 당신이 전인(全人)을 다른 방식으로 구분하고 싶다면 얼마든지 좋다. 내 요점 전달에 필요한 설명은 이 작은 그림으로 족하다고 본다. 그 요점인즉 **영성 형성이란 자아의 모든 면을 새로 고치는 문제**라는 것이다. 그리스도 안의 영성 형성이 절대로 **개인화**나 **율법주의**로 흐르지 않는 이유가 그것으로 설명된다. 영성 형성은 심령 내지 마음의 문제만도 아니고, 심지어 영혼의 문제만도 아니며, 외적인 행동의 문제만도 아니다. 심령이나 마음이나 의지는 자아의 집행 본부다. 그것은 행동의 **궁극적인** 출처이고, 그것은 절대적으로 기본이다. 그러나 그것은 생각, 몸, 사회적 관계, 영혼과 동떨어져 작용하지 않으며, 거꾸로도 마찬가지다. 그것은 그것들에 의존하여 작용한다. 그래서 이제 우리가 영성 형성에 임하려고 한다면, 인간의 그 **모든** 면에 작업이 필요하다.

우리 복음주의자들―여기서는 소위 오순절 계열의 교회도 한데 묶어서―이 당면한 최대의 유혹 중에 하나는 인격과 마음이 성령의 벼락 같은 역사로 단번에 변화될 것이라는 생각이다. 이것을 부흥이라 해도 좋고 뭐든 원하는 대로 불러도 좋다. 요란하게 **펑** 소리가 나면서 홀연히 당신은 존재의 모든 면이 변화될 것이다. 과정은 필요 없다. 전부 수동적으로 즉시 이루어질 것이다.

하지만 한번 생각해 보라. 이스라엘 백성이 약속의 땅에 들어가서 처음 대한 도시는 여리고였고, 여리고의 성벽은 우리가 아는 대로 폭삭 **무너졌다**. 그러나 약속의 땅을 정복하는 과정에서 성벽이 폭삭 무너진 도시가 그것 말고 몇 개나 더 있는지 말해 보라. 이스라엘 백성은 나머지 도시들을 어찌해야 했던가? **취해야** 하지 않았던가? 그런데 오늘 우리는 잘못된 수동성에 빠져 있다. 구원의 본질과 인간의 영혼 안에서 일하시는 하나님의 역사에 관한 우리의 기본적인 가르침 때문이다. 우리는 "나를 떠나서는 너희가 아무것도 할 수 없음이라"와 같은 말씀을 즐겨 인용한다. 물론 그 말씀은 절대 진리다. 그러나 우리는 "**너희가 아무것도 하지 아니하면 나를 떠나는 것이니라**"는 잊어버린다. 비록 성경구절은 아니어도 이 역시 절대 진리이며, 성경의 가르침 전반이 그것을 확증해 준다.

오늘 우리는 인간의 활동을 몹시 불편해 하며, 일부 신학 진영에서는 "신인(神人) 협력" 같은 말은 기피하게 되었다. 그러나 우리가 그런 길로 간다면, 우리는 제자도의 부름—또는 바울의 말로 "옛 사람을 벗고 새 사람을 입으라"는 부름—앞에서 속수무책이 되고 만다. 우리가 알아야 할 것이 있다. 영성 형성은 전인의 변화를 수반하는 과정이며, 영성 형성의 작업에 우리의 전인이 **그리스도와 함께 행동해야** 한다. 우리가 행동하지 않는 한 그리스도를 닮아 가는 영성 형성은 이루어지지 않는다. 잠시 후에 여덟 번째 요지에서 몇 가지 까다로운 문제를 다루고 말을 맺을 터인데, 그때 이 내용으로 다시 돌아올 것이다.

일곱 번째 요지는, 인간 자아의 이러한 다양한 면들이 변화되면 우리의 능력 전반이 영향을 입는다는 것이다. 잠시 사고에 대해 생각해 보라. 사고는 감정과 더불어 생각의 일부분이다. 영적으로 변화되려면 반드시 사고 생활에 변화가 있어야 한다.

바울은 "저희가 마음[지식]에 하나님 두기를 싫어하매"라고 했다(롬 1:28). 사실 이 말은 그들이 하나님과 그분의 어떠하심에 관한 생각을 배겨 내지 못한다는 뜻이다. 당신의 삶의 왕좌에 **당신**이 앉아 있다면, 하나님을 생각할 마음이 들지 않는다. 그분은 어쨌거나 **하나님**이신데, 당신의 삶의 왕좌에는 그분이나 다른 누가 들어설 자리가 없기 때문이다. 인간이 하나님을 자신의 지식 밖으로 몰아내면 그분은 바울의 말대로 그들을 그냥 내버려 두신다. 끔찍한 운명이다.

하나님은 억지를 부리지 않으신다. 어쨌든 지금은 그렇다. 당신이 그분을 원하지 않는다면 그분은 당신을 제압하지 않으신다. 그분은 당신에게 그분을 생각 밖으로 몰아낼 능력을 주신다. 설사 그분을 원한다고 해도 당신은 그분을 찾아야 한다. 물론 어떤 의미에서 그분이 이미 당신을 찾고 계시며, 나는 그 점을 반박하려는 것이 아니다. 그러나 우리는 우리의 몫과 하나님의 몫을 오해하고 있다. 하나님은 행동하실 준비가 되어 있다. 이미 행동하고 계신다. 그런데 우리는 그분을 시중들지 않고 있다. (당신의 신학에 큰 해가 되지 않는다면) 그분이 우리를 시중들고 계신다. 우리가 반응하도록 말이다. 알다시피 우리는 이 부분에 문제가 있다. 내가 사람들에게 자주 지적하는 것처럼, 오늘 우리는 은혜로 구원만 받은 것이 아니라 은혜로 **마비**가 되었다. 우리는 구원받기 위해 인간이 할 수 있는 일이 아무것도 없다고 한 시간 동안 설교해 놓고는, 구원받기 위해 사람들에게 뭔가 하게 만들려고 45분 동안 찬양을 부른다. 혼동을 조장하는 것이다. 우리의 신학은 능동성과 수동성 부분에 정말 문제가 있다. 이 모두를 여기서 다룰 수는 없으나 다만 주의를 환기시키는 것이다.

사고의 내용에 있어서도 우리는 **하나님과 함께 일하는** 것을 생각해야 한다. 다윗은 시편 16:8에 "내가 여호와를 항상 내 앞에 모심이여"라고 했다. 내가 여호와를 **항상** 내 앞에 모심이여. **내가** 여호와를 항상 내 앞에 모심이여. 다윗에게 우리는 뭐라고 말할까? 신인 협력이다! 노력이다! "내가 여호와를 항상 내 앞에 모심이여. 그가 내 우편에 계시므로 내가 요동치 아니하리로다." 메시아를 예언한 이 위대한 시의 한복판에 **우리의** 행동이 있다. 영성 형성에 관해 많은 것을 말해 주는 시다.

그렇다면 어떻게 여호와를 우리 앞에 모실 것인가? **성경 암송**은 영성 형성에 절대적으로 기본이다. 만일 영적인 삶의 모든 훈련 중에서 딱 하나만 골라야 한다면—물론 그럴 일은 없지만—나는 성경 암송을 택할 것이다. 성경 암송 프로그램이 없는 교회라면 나는 그 교회의 목사가 되지 않을 것이다. 성경 암송은 우리의 생각을 꼭 필요한 것으로 채우는 기본 방법이기 때문이다. "이 율법 책을 네 입에서 떠나지 말게 하며"(수 1:8). 말씀이 필요한 곳은 바로 거기다! 우리의 입 안이다. 어떻게 말씀이 우리의 입 안에 들어갈까? 암송을 통해서다. 성경을 중얼거리며 살았다면 얼마나 많은 문제를 면했겠는지, 나는 종종 사람들에게 지적하곤 한다. 우리의 친구 빌 클린턴도 그랬다면 훨씬 잘했을 것이다. 성경을 중얼거리며 살았다면 말이다. 말씀을 주야로 묵상하라는 말은 무슨 뜻인가? 항상 말씀을, 그리하여 하나님을 당신의 생각 앞에 두라는 것이다. 생각 앞에 두기에 말씀보다 더 좋은 것을 정말 상상할 수 있을까? 없다! "그 가운데 기록한 대로 다 지켜 행하라. 그리하면 네 길이 평탄하게 될 것이라. 네가 형통하리라"(수 1:8, 신 28:1-2 참조).

내가 자주 하는 말이지만, 나는 사람들에게 어떤 대학 교육보다도 더 가치 있는 성경구절 하나를 줄 수 있다. 여호수아 1:8이다. 그들이 겨우 희미하게 가능성을 꿈꾸는 삶이 이 말씀에 보장되어 있다. 성경 암송은 어떻게 하는가? 내 경우는 예컨대 시편 23편의 구절들을 애용한다. 어떤 날은 "자기 이름을 위하여 의의 길로 인도하시는도다"라는 말씀을 계속 생각하고 또 생각한다. 특히 어려운 날에는 "주께서 내 원수의 목전에서 내게 상을 베푸시고"라는 말씀을 외울 수도 있다. 이것은 여호와를 늘 당신 앞에 두는 방법의 한 가지 예일 뿐이다.

사고 영역이 변화되어 나타나는 영향에 대해서는 얼마든지 더 말할 수 있지만, 잠시 우리 인격의 감정 영역으로 넘어가 보자. 불안이나 분노나 멸시에 차서 인생을 살아가는 사람들이 많이 있다. 그들은 자신의 삶을 적개심으로 가득 채운다. 자신의 삶을 일부러 정욕으로 가득 채운다. 우리 문화는 끊임없이 정욕을 자극한다. 비단 섹스만은 아니지만, 물론 섹스는 주목과 행동을 끌기에 가장 막강한 끄나풀의 하나다. 이 부분에서 우리는 끊임없이 유혹을 받는다.

그러나 영성을 형성하려면 그것까지도 다 변화되어야 한다. 사실 감정은 중력의 법칙이 아니다. 당신은 자신의 감정을 변화시켜야 한다(물론 하나님의 도움으로). 요셉이 보디발의 아내와 함께 연애나 성적인 도락에 빠지는 생각들로 자신의 사고를 가득 채웠다면, 그녀는 옷뿐 아니라 **사람**까지 손에 넣었을 것이다

(창 39:7-12).

유혹에 넘어졌다는 남녀들의 사연을 듣거든 이 점도 함께 인식하기를 바란다. 곧, 서글픈 것은 그들이 넘어졌다는 사실만이 아니라 그때까지 쭉―아마도 여러 해 동안이나 심지어 평생 동안―그들의 사고에 차 있던 바로 그 내용이다. 바로 거기가 영성 형성의 작업이 이루어져야 할 부분이다. 이는 단지 행동 통제가 아니다. 그것이 바리새인들의 오류다.

이번에는 잠시 사회적 관계 영역의 영성 형성을 생각해 보라. 역시 할 말이 아주 많지만 한 가지만 생각해 보자. 하나님의 은혜로 다른 사람들과의 관계에 있어서 **종의 삶**을 가꾸어 온 사람들을 생각해 보라.

"나는 섬기는 자로 너희 중에 있노라" 하신 예수의 말씀을 기억할 것이다(눅 22:27). 그분은 또 "너희 중에 누구든지 으뜸이 되고자 하는 자는 모든 사람의 종이 되어야 하리라"고 하셨다(막 10:44). 여담이지만, 섬김이 리더십에 성공하는 또 하나의 **기법**으로만 권장되는 것은 섬뜩한 일이다. 예수는 성공하는 리더십의 기법을 일러 주신 것이 아니다. 그분은 우리에게 **누가 큰 사람인지** 말씀하신 것이다. 큰 사람은 모든 사람의 종이다. 종이 되면 모든 사람과의 관계가 바뀐다. 당신이 자신을 종으로 생각한다면 성적인 유혹은 어떻게 될까? 탐심은 어떻게 될까? 마땅히 대우받아야 한다고 생각했는데 받지 못해서 생긴 분한 감정은 어떻게 될까? 내가 장담하거니와 종의 마음을 품으면 그런 짐이 벗겨진다.

지금까지 말한 내용은, 영성 형성의 과정에서 자아의 전인적인 변화가 일어난다는 것을 보여 주는 몇 가지 얼른 떠오르는 예들이다. 영혼과 몸도 각각 영성 형성에 중추적인 역할을 하므로, 거기에 대해서도 말하고 싶은데 시간이 없어서 아쉽다. 이 둘도 자아 곧 전인의 변화를 지향한다. 그러나 이제 말을 맺어야 한다. 혹시 놓쳤다면, 일곱째 요지는 이것이다. 영성 형성의 목표는 자아의 변화이며, 그것은 사고의 변화, 감정의 변화, 사회적 관계의 변화, 몸의 변화, 영혼의 변화를 통해 이루어진다. 이 **모든** 것이 함께 작용하면 심령(마음, 의지)의 변화는 저절로 이루어진다. 전적으로는 아닐지라도 거의 다분히 그렇게 된다.

이제 그냥 물어도 될 것 같다. 우리의 개인적인 노력은 물론 사역과 교육의 노력에서 이런 통전적인 의미의 영성 형성을 지향하고 있는 부분은 얼마나 될까? 이해를 돕는 차원에서 나는 종종 다음과 같은 도전을 내놓는다. 내가 아는 현존하는 교단이나 지역 교회 중에서 사람들에게 예수께서 말씀하신 모든 것을 행하도록 가르치는 것을 목표로 삼고 있는 곳은 하나도 없다. 지금 내가 말하는 것은, 일시적인 생각이나 소원이 아니라 **계획**이다.[4] 당신에게 진지하게 묻는다. **당신**의 목표에 그것이 있는가? 삼위일체의 실체에 둘러싸인 제자들에게 예수의 모든 말씀을 행하게 한다는 목표가 있는가? 그것이 당신의 목표라면 신학적 순수성과 영적 생명력을 통합할 길을 반드시 찾게 될 것이다. 단, 그러는 과정에서 당신의 신학도 영성도 둘 다 새롭고 강하게 수정될 것이다.

여덟 번째이자 마지막 요지는 늘 불거져 나오는 몇 가지 이슈에 관한 것이다. 첫째로 **은혜와 행위**가 있다. "영성 형성"이란, 사실 "행위"의 또 다른 표현에 지나지 않는 것이 아닐까? "나도 뭔가 해야 되나?"라는 의미라면, 그렇다. 회중석에 가만히 앉아만 있으면서 동시에 그리스도를 닮아 가는 영성 형성에 임할 수는 없다. 당신의 삶 전체를 예수 그리스도의 제자도 안에 가지고 들어가야 한다. 당신이 행위를 그런 뜻으로 본다면 말이다. 그러나 다른 한편으로, 하나님께 대한 진정한 믿음이나 신뢰처럼 확실한 것은 없다.

우리의 문제는 다분히, 흔히들 말하는 대로, 우리가 머릿속에 있는 것을 가슴에까지 가져가지 못한 것이 **아니다**. 우리를 방해하는 것은 다분히 우리의 머릿속에 잘못된 신학이 많이 있고 그것이 가슴에까지 **내려간** 것이다. 그것이 우리 내면의 역동을 지배하고 있고, 그래서 머리와 가슴은 심지어 말씀과 성령의 도움 속에서도 서로를 똑바로 잡아끌지 못한다.

그냥 이렇게 말하면 될까? 은혜의 반대는 노력이 아니라 공로다. 공로는 태도이고 노력은 행동이다. 은혜는 죄 사함과만 관계되는 것이 아니다. 그것을 **모르는** 사람들이 많이 있는데, 이는 복음을 칭의(稱義)의 이론으로 재단해 낸 한 가지 중대한 결과다. 우리 시대에 그런 일이 벌어졌다. 복음주의의 주도적인 대변자들이 은혜란 죄책과만 관계된 것이라고 말하는 것을 나는 늘 듣는다. 오늘날 복음의 본질적인 결과를 오직 칭의로만 보는 사람들이 많이 있으며, 그들이 전하는 복음은—당신도 복음주의 신앙을 제시하는 주도적인 인물들한테서 그것을 수없이 듣고 또 들을 것이다—우리의 죄를 용서받을 수 있다는 것이다. 그것이 전부다!

담대히 말하거니와, 그와는 대조적으로 신약성경 전체의 복음은 우리가 예수 그리스도를 신뢰하면 지금 하나님 나라 안에서 새 삶을 얻을 수 있다는 것이다. 그분이 이루신 어떤 일이나 그분의 어떤 말씀만 믿는 것이 아니라 그분과 닿아 있는 모든 것—결국, 모든 것—에서 그리스도의 전인을 신뢰해야 한다. "하나님은 한분이시요 또 하나님과 사람 사이에 중보도 한분이시니 곧 사람이신 그리스도 예수라"(딤전 2:5). 은혜를 소모하는 일에 정말로 푹 빠지고 싶다면 거룩한 삶을 살기만 하면 된다. 대형 항공기가 이륙할 때 연료를 연소시키듯이 진정 거룩한 사람은 은혜를 연소시킨다. 예수께서 행하시고 말씀하신 대로 일상적으로 행하는 그런 사람이 되어 보라. 죄지은 후보다 거룩한 삶을 영위할 때 당신은 더 많은 은혜를 소모하게 된다. 당신이 행하는 거룩한 행동 하나하나를 하나님의 은혜가 떠받쳐야만 하기 때문이다. 그리고 그 떠받침은 전적으로, 공로 없는 자들을 위해 일하시는 하나님의 호의다. 이는 중생과 부활의—그리고 칭의의—삶이다. 우리는 죄를 용서받아야만 하기에 칭의가 절대적으로 중요하다. 그러나 칭의는 중생과 **분리할** 수 있는 것이 아니다. 그리고 중생은 자연히 성화(聖化)와 영화(榮化)로 이어진다.

그러나 만일 당신이 죄 사함과만 관계되는 복음을 전한다면, 당신은 오늘의 우리처럼 될 것이다. 곧 믿음은 여기에 있고 순종과 풍성한 삶은 저기에 있는, 그런데 필요한 다리는 제자도이기에 여기서 저기로 갈 길이 없는, 그런 상태에 갇히게 될 것이다. 이쯤해서 우리가 알아야 하는 것이 있다면, **칭의만의 복음은**

제자를 낳지 않는다는 것이다. 제자도는 예수께서 그러셨던 것처럼, 지금 하나님 나라 안에서 살아가는 법을 예수 그리스도께 배우는 삶이다. 그러니 당신이 은혜의 사람이 되고 싶거든 제자도의 거룩한 삶을 살면 된다. 꾸준한 은혜의 식단이 있어야만 그런 삶이 가능하기 때문이다. 하나님 나라의 행위는 은혜를 먹고 산다.

두 번째 이슈는 **완벽주의**다. 당신이 영성 형성에 정말 진지해지면 사람들은 대번에 완벽주의를 걱정하고 나온다. 물론 그럴 만한 이유는 있다. 그러나 우리들 대부분은 최소한 몇 달 동안은 완벽주의 때문에 걱정할 필요가 없다. 그런데도 나는 복음주의 진영에서, 계속 죄를 지으며 사는 사람들에 대해서보다 오히려 완벽주의 때문에 더 걱정하는 사람들을 많이 보았다. 뻔한 말이지만, 내가 아는 한 우리 모두는 목숨이 다하는 날까지 늘 개선의 여지가 있을 것이다.

나는 성 아우구스티누스 St. Augustine 의 이 말이 아주 좋다.

> 혹시 누구라도 생각하기를, 아직 필멸의 이생 속에 살고 있는 사람이 물질적이고 육체적인 공상에서 비롯되는 모든 모호함을 없애고 청산하는 것과, 불변의 진리의 가장 고요한 빛에 도달하는 것과, 현세의 노정에 완전히 초연한 마음으로 일편단심 치우침 없이 진리에 착념하는 것이 가능할 수 있다고 생각한다면, 그 사람은 자기가 무엇을 구하는지도 모르고 그런 생각을 하고 있는 자기가 누구인지도 모르는 것이다.…… 행여 영혼이 도움을 입어서, 온 땅을 덮고 있는 구름 너머에(집회서 24:6 참조), 다시 말해서 지

상의 모든 삶을 덮고 있는 이 속세의 어둠 너머에 이르게 된다면, 그것은 마치 그가 찰나적인 광휘의 손길을 입었다가 곧장 본래의 약한 모습에 도로 떨어지는 것과 흡사할 뿐이다. 갈망이 남아 있어서 다시 고지로 들어 올려질지는 모르나 그의 순결은 그를 거기에 세우기에 역부족이다. 그럴지라도 더 많이 그럴 수 있다면 그는 그만큼 큰 사람이고, 반면에 조금밖에 그럴 수 없다면 그는 작은 사람이다.[5]

우리가 아무리 진보한다 해도, 언제나 군불이 벌겋게 남아 있다가 바람만 제대로 불면 죄악의 화염으로 확 살아날 수 있다. 하지만 그렇게 될 필요가 없다. 계속되는 죄를 어쩔 수 없다고 항변하는 사람들에 관해서라면 나는 이렇게 묻지 않을 수 없다. "당신은 그러기로 계획하는가?" 어떤 때는 계획하는 것처럼 들린다. 그래서 세 번째 이슈는 이것이다. **죄만 해결하는 복음이란 있을 수 없다.** 그리스도 안의 새 생명으로 우리를 인도하는 복음이 우리에게 있어야만 한다. 그렇게 되면 영성은 그런 새 생명의 자연스러운 전개로 제시될 수 있다. 하지만 우리가 만일 "너의 죄를 위해 돌아가신 예수를 믿으라. 그러면 죽은 후에 천국에 갈 수 있다"가 복음의 **전부**인 것처럼 칭의와 중생을 나눈다면, 우리는 생명력 있는 영성에 생태적으로 저항하는 신학에 갇히고 만다. 부디 내 말을 오해하지는 말라. 위의 말은 엄격히 사실이지만, 우리는 "너의 죄를 위해 돌아가신 예수를 믿으라"를 받아들일 때 "범사에 예수를 믿으라"는 포함되지 않는 것으로 여기게 되었다. 복음이란 예수 그리스도를 믿음으로 말미암는 새 생명이다. 당신이 그것을 전하지 않는다면, 신학적으로 건전한 영성이나 영적으로 생명력 있는 신학은 전혀 가능성이 없다.

여덟 번째 요지에서 넷째이자 마지막 이슈는 **장기적으로 진지한 과정이 불가피하다**는 것이다. 벼락이 내려쳐서 단번에 우리가 영성으로 빛나게 되기를 줄곧 바랄 수는 없다. 지금부터 내가 읽으려는 짤막한 글은 아주 전형적인 것인데, 실제로 어느 오순절 계열 저자의 말이다. 나는 오순절과 무관한 그리스도인 같은 것은 실제로 없다고 믿기에 그런 표현이 싫지만, 그것은 다른 문제다. 그 사람은 오순절 운동의 실태를 탄식하면서 이렇게 말한다. "오늘 오순절 운동은 잘못된 상태와는 거리가 멀지만, 잘되고 있는 상태와도 똑같이 거리가 멀다." 내가 말해도 된다면, 복음주의 운동도 전반적으로 그와 똑같다. 그는 계속해서 이렇게 묻는다. "어떻게 해야 하는가? 내가 믿기로 답은 새로운 영적인 불로 시작된다. 인간에게 인정받으려는 유치한 욕구를 태워 없애는 불. 미국 문화의 초청 없이도 타오르는 불. 정욕을 삼켜 버리는 불. 그 불꽃이 타오르게 하자. 퇴폐적인 사회에 내놓을 수 있는 가장 역동적인 힘이 예수 그리스도임을 상기하자. 불에서 난 기도여, 우리를 무기로 무장시키라."

미안하지만 내 생각에는 이런 식의 말이야말로 허무맹랑함의 정수다. 그 말을 오순절 운동에서 복음주의 운동으로 그대로 옮겨다 놓아도 무방하다. 흔히들 말하는 성령 세례와 영적인 체험과 고양된 예배 행위와 기타 예배 체험은 **성품을 변화시켜 주지 못한다**. 단순히 그것들로는 안 되는 일이다. 나도 영광의 체험들이 있고 거기에 큰 빚을 진 사람이다. 영적인 삶에서 체험은 특별한 역할이 있다. 내게 있었던 체험들은 주님과 나 사이의 일이라고 생각되는 만큼 여기서 말하지는 않겠다. 게다가 체험이란 어디까지나 그 열매로 알려져야 하는 것이다. 체험은 나에게 큰 의미가 있었지만 나의 성품을 변화시켜 준 것은 **체험**이 아니다.

나의 변화된 성품이 어디까지인지는 당신이나 다른 사람들이 판단할 일이지만—그것이 조금이라도 중요한 일이라면—나의 관점에서 이것만은 말할 수 있다. 성품의 변화는 예수 그리스도와 협력하여 행동하기를 배우는 데서 오며, 여기에는 훈련이 포함된다. 우리가 신중하게 계획하는 훈련을 은혜가 떠받쳐 준다. 예수 그리스도께 순종하는 길로 들어서는 것—그분께 순종할 작정으로, 그리고 그분께 순종하기 위해 내가 배워야 할 것이라면 무엇이든 배울 작정으로—이 영성 형성 내지 영적인 변화의 참 길이다.

물론 우리는 깊고 중요한 순간이 많이 있을 것을 예상해야 한다. 나는 그것을 하나라도 놓치고 싶지 않다. 나는 그런 순간을 아주 좋아하며, 때로 주기도문에 잠겨 놀라운 시간을 보내고서—누구나 주기도문에 잠겨 몇 시간이고 보낼 수 있다—기도문이 끝날 때면 "아멘"이라고 하고 싶지 않고 "와! 하나님, 감사합니다! 나라도 주의 것입니다! 권세도 주의 것입니다! 영광도 주의 것입니다! 영원토록!"이라고 말하고 싶어진다. "아멘"은 왠지 너무 밋밋하다.

당신의 삶이 "와!"의 순간들로 가득하기를 바란다. 우리 모두 그런 순간들이 있어야 하지만, 그것은 우리를 변화시켜 주지 못한다. 우리를 변화시켜 주는 것은 예수 그리스도께 순종하려는 의지이며, 그 순종은 부활하신 그분의 실체와 날마다 하나가 되는 삶에서 비롯된다. 그것은 내적인 변화를 통해 순종을 배우는 삶이다.

바울은 이것을 잘 알았다. 바울이 골로새 교인들에게 준 말로 마무리하고자 한다. "그러므로 너희가 그리스도와 함께 다시 살리심을 받았으면 위엣 것을 찾으라. 거기는 그리스도께서 하나님 우편에 앉아 계시느니라. 위엣 것을 생각하고 땅엣 것을 생각지 말라. 이는 너희가 죽었고 너희 생명이 그리스도와 함께 하나님 안에 감취었음이니라. 우리 생명이신 그리스도께서 나타나실 그때 너희도 그와 함께 영광 중에 나타나리라"(골 3:1-4).

다음 동작은 무엇인가? 바로 이것이다.

> 그러므로 땅에 있는 지체를 죽이라. 곧 음란과 부정과 사욕과 악한 정욕과 탐심이니 탐심은 우상숭배니라. 이것들을 인하여 하나님의 진노가 임하느니라. 너희도 전에 그 가운데 살 때는 그 가운데서 행하였으나 이제는 너희가 이 모든 것을 벗어 버리라. 곧 분과 악의와 훼방과 너희 입의 부끄러운 말이라. 너희가 서로 거짓말을 말라. 옛 사람과 그 행위를 벗어 버리고 새 사람을 입었으니 이는 자기를 창조하신 자의 형상을 좇아 지식에까지 새롭게 하심을 받는 자니라(골 3:5-10).

얼마나 기이하고 전면적인 생각의 변화인가.

거기는 헬라인과 유대인이나 할례당과 무할례당이나 야인이나 스구디아인이나 종이나 자유인이 분별이 있을 수 없나니 오직 그리스도는 만유시요 만유 안에 계시니라. 그러므로 너희는 하나님의 택하신 거룩하고 사랑하신 자처럼 긍휼과 자비와 겸손과 온유와 오래 참음을 옷 입고 누가 뉘게 혐의가 있거든 서로 용납하여 피차 용서하되 주께서 너희를 용서하신 것과 같이 너희도 그리하고 이 모든 것 위에 사랑을 더하라. 이는 온전하게 매는 띠니라. 그리스도의 평강이 너희 마음을 주장하게 하라. 평강을 위하여 너희가 한몸으로 부르심을 받았나니 또한 너희는 감사하는 자가 되라. 그리스도의 말씀이 너희 속에 풍성히 거하여 모든 지혜로 피차 가르치며 권면하고 시와 찬미와 신령한 노래를 부르며 마음에 감사함으로 하나님을 찬양하고(골 3:11-16).

그리고 이어서 그 위대한 17절이 나온다. 이 글의 요지는 그리스도 안의 영성 형성이 삶 전체를 포괄한다는 것인데, 그 특성이 이 구절에 확실히 강조되고 있다. "또 무엇을 하든지 말에나 일에나 다 주 예수의 이름으로 하고 그를 힘입어 하나님 아버지께 감사하라.

7.
그리스도 안의 영성 형성
그 정체와 방법에 관한 고찰

> 너희 속에 그리스도의 형상이 이루기까지.
> 갈 4:19

"영성 형성"은 최근에 갑자기 개신교 그리스도인들의 입과 귀에 오르게 된 말이다. 워낙 갑작스럽다 보니 생각이 있는 사람이 우려를 느끼는 것은 당연하다. 그것이 정말로 그토록 중요하다 못해 본질적이기까지 하다면 이처럼 최근에야 나온 까닭이 무엇인가? 그러니 이것은, "사람들의 필요를 채워 주지 못한다"고 위협받으며 점점 더 자의식에 빠져들고 있는 개신교 신앙의 또 다른 일시적인 유행이 아니겠는가? 게다가 사실 영성 형성은 개신교인들이 편안하게 느끼기에는 약간 너무 "천주교적"이지 않은가?

"영성 형성"이라는 표현은 제쳐 둔다손 치더라도 그 실제와 필요만은 그대로 남아 해결을 기다리고 있다. 그리스도인과 비그리스도인 할 것 없이 인간의 영적인 면은 좋은 쪽으로든 나쁜 쪽으로든 **형성되어** 어떤 실체가 되어 간다. 누구나 교육을 받듯이 영성 형성도 누구나 받는 것이다. 좋은 쪽으로냐 나쁜 쪽으로냐 하는 것이 문제일 뿐이다. 우리는 형성 과정에 의식적이고 계획적으로 개입할 필요가 있다. 인간 영혼의 형성이란 무엇이며 어떻게 하면 그리스도께서 하셨을 것처럼 최선으로 할 수 있는지 우리는 알 필요가 있다. 이는 인간의 삶에 알맞은 심리학을 형성하는 데 없어서는 안 되는 일면이다.

최근에 갑자기 종교 생활에 영성 형성이라는 용어가 출현한 이유는, 내가 보기에, 그간 우리가 그 실체와 욕구에 잘 부응해 오지 못했다는 의혹 내지 인식이 커진 탓이다. 우리는 설교와 교육과 지식 내지 정보만 있으면 듣는 사람들 안에 믿음이 형성될 줄로 믿었고, 믿음만 있으면 그리스도인의 내면 생활과 외부 행동이 형성될 줄로 믿었다. 그러나 이유야 어찌되었든 이 전략은 성과가 없었다. 그 결과, 죽을 준비는 되었을지 모르지만 살 준비는 전혀 되어 있지 않고, 다른 사람들과는 말할 것도 없이 자기 자신과도 사이좋게 지낼 줄 모르는 그리스도인들만 허다해졌다.

그리스도인들 전반은 말할 것도 없고 복음주의 그리스도인들에 관한 대부분의 통계 수치와 사례를 보면, 그리스도인들과 비그리스도인들의 삶의 모습이 놀랍도록 닮은꼴임을 알 수 있다. 심지어 성직자들 사이에서도, 단순히 그리스도 안에서 쉬고 그분께 순종하는 삶은 특별한 조치가 아니고는 누리지 못할 것이 되었다. 그래서 우리는 영성 형성이라는 이슈 전체를 신중히 살펴보아야 한다. 특히 복음의 본질과 거기에 상응하는 영원한 삶의 본질을 파악하기 위해서 말이다.

우리는 영성 형성을 넓게 뭉뚱그려서 볼 때가 너무 많다. 그 안에 구체적인 정보는 거의 없다. 예컨대 제럴드 메이$^{Gerald\ G.\ May}$는 이렇게 썼다. "영성 형성은 신앙을 심화시키고 영적 성장을 촉진시키기 위한 모든 노력, 수단, 교육, 훈련을 총칭하는 말이다. 좀 더 친밀하고 심층적인 신앙 지도의 과정은 물론 교육적인 노력도 포함된다."[1]

그러므로 영성 형성을 논할 때 세 가지 다른 의미 내지 국면을 구별하여 말하면 도움이 된다. 첫째, 특정한 활동들을 영적인 작업 내지 연습으로 보고, **그런 특별한 영적 활동들을 수련하는 것을 영성 형성**로 볼 수 있다. 분명히 이것은 많은 경우에 천주교 문서에 나오는 "성직자 형성" 곧 사제들의 영성 형성이 의미하는 바의 큰 부분이다. 거기에는 이런 형성이 외적인 행동을 넘어서서 개인의 내면 생활 내지 영적인 삶에까지 깊숙이 들어간다는 인식이 수반된다. 마셜 마시엘$^{Marcial\ Maciel}$의 『천주교 사제의 온전한 형성』$^{Integral\ Formation\ of\ Catholic\ Priests}$은 사제직의 소명과 관련하여 영성 형성을 탁월하게 논한 책이다.[2]

개신교 쪽에서 여기에 상응하는 것은 성공적인 성직자, 목사, 지도자, 전임 사역자의 외적인 행동이다. 개인들을 이런 직분에 성공하게 만들어 주는 훈련이 곧 영성 형성로 간주되는 것이다. 외적인 면에서 충분히 성공하려면 마음도 옳아야 한다는 인식이 어느 정도 있기는 하지만, 그 이상의 심사(審査)는 여간해서 없다. 기독교 지도자들 사이에 그런 경우가 흔히 있듯이, 혹시 사역자의 내면이나 사생활에 뭔가 결함이 밝혀져도, 당연히 "사역을 위해" 못 본 척하거나 정당화된다.

영성 형성을 영적 훈련을 실행한다는 관점에서 보는 사람들도 오늘날 간혹 있다. 이는 복음주의자들 사이에 비교적 최근에 생겨난 현상이다. 훈련은 영성 형성 과정의 일부로 간주되거나—완전히 틀린 생각은 아니다—또는 영성의 실천으로 간주된다. 그리고 우리를 영적 훈련의 삶에 바르게 임할 수 있는 자리로 데려다주는 것이면 무엇이든, 그것이 영성 형성로 간주된다. 어쨌든, 영성 형성을 생각하는 한 가지 방법은 그것을 명확히 종교적인, 일정한 실천들과 관련시켜서 보는 것이다. 요즘은 그런 실천들 자체를 "영성"으로 보는 경우도 자주 있다.

둘째, **인간의 내면 생활, 심령, 영적인 면을 형성하는 것**을 영성 형성로 볼 수 있다. 그러므로 감정과 지성과 아울러, 개인의 마음 내지 의지(내가 믿기로 이것을 심령으로 보면 가장 좋다)의 형성이 주된 초점이 되며, 외적인 실천들이 개입되든지 그렇지 않든지 그것은 상관없다. 여기서 형성되는 것은 명백히 자아의 영적인 차원이다. 이 경우 우리가 영성 형성을 논하는 이유는 바로, 형성되는 것(형성되는 내용)이 인격의 영적인 면이기 때문이다. 물론 외적인 실행의 영역에도 파장이 미칠 것으로 가정한다.

셋째, **형성의 주체가 심령 내지 영적인 차원 그리고 성령과 기타 영적인 매개물일 때** 그것을 영성 형성로 볼 수 있다. 하나님 나라에 관여하는 영적인 매개물로는 특히 하나님의 말씀이 있다. 이 경우 우리가 영성 형성을 논하는 이유는, 인간의 인격과 삶을 형성해 주는 **매체**(또는 매개물)가 영적이기 때문이다.

이제 우리는 이 모든 의미의 영성 형성이 반드시 기독교 영성 형성은 아님을 인식할 필요가 있다. 사방에 영성들이 넘쳐나고 있고, 우리는 사실상 모든 것에 영성이 존재하는 지경으로 빠르게 달려가고 있다. 최근에 텔레비전 광고에서 어떤 트럭을 선전하는데, 처음부터 어떤 남자가 트럭이 "영적인 것"이라고 말한다. 이어서 그는 트럭이 인생에 주는 특별한 의미를 설명한다.

내가 보기에 영성은, 특히 기독교 신앙과 실천이 순수성을 지키기 위해 앞으로 필사적으로 싸워야 할 영역이다. 다른 모든 "영성들"이 "종교간 대화"니 "에큐메니즘" 같은 기치 아래 저마다 대등함을 내세우고 있는데, 이런 용어들은 기독교의 다양한 분파들뿐 아니라 갈수록 모든 종교 문화들에 적용되고 있다.

12단계 프로그램은 인간의 절실한 필요의 관점에서 볼 때 종종 큰 유익을 끼치고 있다. 그런데 최근에 그것은, 기독교에 반대하거나 최소한 기독교와 무관한 영성들을 그리스도인 회중들과 삶의 한복판에 확실히 심으려고 무척 애쓰고 있다. 아울러 그 강경한 포용주의 밑에는 모든 문화가 동등하다는 전제가 깔려 있는데, 그에 상응하여 종교들도 동등하지 않고서야 어찌 그것이 가능하겠는가? 뿐만 아니라, 생의 방식이 동등하다면, **도덕적**으로 동등해야 하는 것 아닌가? 그리고 생의 방식이 도덕적으로 동등하다면, 그 안에서 어떤 종교를 택해 행하든 어찌 탓할 수 있는가?

그렇다면 우리는 어떻게 영성 형성을, 복음에 충실한 방식으로 그리고 그리스도 안에 현존하며 그분과 함께 우리에게 주어진 그 영생의 본질에 충실한 방식으로 생각할 것인가?

우선 실천들, 외적인 행동에서부터 시작해 보자. **그리스도 안의** 영성 형성은 그리스도께 명백히 순종하는 삶을 지향한다. 마태복음 28장의 지상명령에 분명히 명기되어 있듯이, 그리스도의 사람들로서 우리의 목표와 직무 내역은 **제자들**을 "내가 너희에게 분부한 모든 것"(마 28:20)에 순종하는 자리에까지 데려가는 것이다. 물론 우리 자신부터 그리스도께 순종하는 **방법**을 이미 배워서 순종의 삶을 살고 있음이 전제된다. 내적인 역동은 그리스도를 사랑하는 마음일지라도 그 결과는 그분의 계명들을 지키는 것이라는 데 그분은 의심의 여지를 남기시지 않았다. "나의 계명을 가지고 지키는 자라야 나를 사랑하는 자니 나를 사랑하는 자는 내 아버지께 사랑을 받을 것이요 나도 그를 사랑하여 그에게 나를 나타내리라"(요 14:21).

그리스도의 사람들로서 우리의 소명을 다하는 방법에 관한 서구 기독교의 작금의 고뇌는 다분히, 방금 말한 이런 의미의 기독교 영성 형성의 목표와 방법을 수용하여 시행하지 않고 있다는 사실에 기인한다. 물론 이것은 오래된 문제이며, 여러 세기 전으로 거슬러 올라간다. 그러나 교회가 탄생한 이후로 교회를 향한 세상의 도전이 현대처럼 컸던 적은 없다는 것이 문제일 수 있다.

이런 도전 앞에서, 내가 아는 현존하는 교단이나 지역 교회 중에 "내가 너희에게 분부한 모든 것"을 사람들에게 가르쳐 지키게 하려는 구체적인 계획과 실행이 있는 곳은 하나도 없다. 이 일을 우리가 정말로 힘써야 할 일로 생각하는 사람들조차 극소수이며, 아예 불가능하게 여기는 사람들도 많다. 그러니 그리스도인들과 기독교 기관들 가운데서 기독교 고유의 영성 형성을 찾아내기가 어려운 것도 무리가 아니다. 우리가 지상명령이 정한 기준을 떠나면, 비그리스도인들이나 아예 기독교에 반대하는 사람들과 우리 자신들을 **삶으로** 구별하기가 점점 더 어려워진다.

물론 이런 의미의 영성 형성은 행동이나 실천에만 치중해서는 이루어질 수 없다. 예수께서 "산상수훈"에 아주 분명히 이르신 것처럼(마 5:20), 그 방법은 율법주의와 실패와 죽음으로 이어진다. 하지만 그렇다고 해서 그리스도께서 친히 정해 주신 행동상의 목표를 우리가 버려야 한다는 뜻은 아니다. 우리는 사람들에게 "내가 너희에게 분부한 모든 것"을 행하도록 가르친다. 그 방법은 그리스도와 그분의 계명들을 사랑하도록 그들의 마음을 빚는 것, 그리고 그들의 인격 전체가(영혼과 생각과 몸 그리고 어느 정도는 환경까지도) 자아의 창의적인 요소이자 의지라고도 하는 그들의 새 마음 내지 심령과 한편이 되도록 전인격을 훈련하는 것이다. **의지**('텔레인'*thelein*, 롬 7:18의 "원함")는 중요한 정도가 아니라 불가피한 것이다. 그러나 **인격**은 행동해야 하며, 행동에는 의지 이상의 것들이 개입된다.

사실 심령 또는 마음은 간절히 원하기까지 할 수 있으나(마 26:41), 인격 전체의 화신인 육신이 훈련되어 그 원함을 따라가고 지지하지 않는 한, 후속 행동은 벌어지지 않거나 벌어져도 확실하지 않거나 아예 심령 또는 의지와 정면충돌할 수도 있다. "도리어 미워하는 그것을 함이라"(롬 7:15). 심령 또는 마음이 생명의 궁극적인 근원이기는 하지만(잠 4:23) 우리가 **사는** 곳은 거기가 아니다. 우리는 몸과, 몸을 둘러싼 세상 속에 산다. 기독교 영성 형성이 **시작되는** 곳은 심령 내지 의지와 "위에서 난" 새 생명이다. 그러나 우리가 옛 사람을 벗고 새 사람을 입기까지는(엡 4장, 골 3장) 그 일은 이루어지지 않는다.

이것은 수동적인 과정이 아니라 우리의 냉철한 사고와 불요 불굴의 참여를 요하는 능동적인 과정이다. 이것은 저절로 되는 일이 아니다. 그러나 우리는 직접적인 노력으로는 그리스도께 순종할 수 없고, 그분을 신뢰할 수조차 없다. 그렇다면 우리로 하여금 인격―감정, 사고, 정신 과정과 이미지, 깊이 준비된 영혼과 몸―의 재형성에 협력할 수 있게 해 주는 간접적인 매체들은 무엇인가? 성령의 지도와 능력 아래 복음의 영향력으로 말미암아 우리 안에는 중생한 마음이 있는데, 인격이 다시 빚어지면 우리의 전 존재가 그 중생한 마음의 움직임을 따라다니게 된다.

이런 매체들은 주로 성령 안의 삶을 위한 훈련으로서 고독과 침묵, 기도와 금식, 예배와 학습, 교제와 고백 등이다. 이런 훈련은 그 자체로 공로가 되는 것도 아니고, 딱히 필요한 경우가 아니고는 의무 사항도 아니다. 그러나 이런 훈련에 힘입어 심령 또는 의지―그 자체로는 무한히 작은 힘이라서, 우리의 의도를 확고하고 유효한 의(義)로 전환시켜 주리라고 믿을 수 없다―는 몸을 경험의 정황들 속으로 데려갈 수 있다. 그리고 그 안에서 자아 전체는 심령의 열망을 따라가도록 속에서부터 다시 빚어져, 점점 더 온전한 순종에 이르게 된다. 이것이 기독교 영성 형성의 두 번째 의미 내지 국면이다.

영성 형성을 이렇게 이해하려면 인간의 자아에 대한 정확하고 철저하고 시험 가능한 지식이 요구된다. 영적인 삶을 보는 심리학적인 이해와 신학적인 이해는 나란히 병행되어야 한다. 그중 어느 하나도 다른 것 없이는 온전하지 못하다. 기독교적 심리학이란 영적인 삶과 영적인 성장의 사실들을 종합적으로 이해한다는 의미가 있는데, 그런 심리학이 예수의 제자들에게, 특히 심리학의 다양한 분야에 종사하며 심리학을 지성적이고 실제적인 분야로 여기는 사람들에게, 최고의 우선순위가 되어야 한다. 인간의 자아에 대한 지식에 영적인 삶이 빠져 있다면, 그 어떤 지식도 이론적으로나 실제적으로나 충분할 수 없다.

물론 두 번째 국면의 영성 형성은 세 번째이자 마지막 국면이 있기 때문에 효력이 있다. 마지막 국면이란 바로 영성 형성의 **주체**가 그리스도 안에서 하나님의 성령이라는 사실이다. 처음에 그리고 주로 이것은, 그리스도의 **말씀**과 그분의 복음에, 그리고 그분의 인격과 임재와 불가분의 관계인 그분의 명령에, 푹 적셔지고 그것을 끊임없이 적용하는 데서 온다(요 8:31, 15:7). 그분은 "내가 너희에게 이른 말이 영이요 생명이라"고 하셨다(요 6:63). 그리고 신자들의 영혼과 몸을 통해 행동의 뿌리를 변화시키는 것은 개인의 인격 안에 영성 형성을 이루시는 성령의 역사다. 이것은 단순히 말씀을 듣고 받는 차원을 넘어서는 일이다. 그래서 우리는 새 사람을 입으면—이는 저절로 되는 일이 아니므로 우리가 그렇게 되려고 행동해야만 한다—우리에게서 흘러나오는 그리스도의 성품이 결국은 성령의 열매임을 알게 된다.

몸을 입은 인격 안에서 일어나는 그리스도의 영의 역사는 대개 식별 가능하고 가시적인 사건이다. 그것은 그리스도께서 하나님 나라의 삶에 임하고 있는 그분의 도제들에게 개인적으로 주시는 "말씀"의 형태로 올 때가 많다. 그분은 우리의 살아 계신 스승이며, 우리는 잠든 상태로 그분과 동행하는 것이 아니다. 그리스도 안의 영성 형성은 한낱 무의식의 과정이 아니다. 우리 안에서 역사하시는 분은 숨어 계시고 **결과**만 혹시 보일 수 있는, 그런 분이 아니다. 우리는 실제로 그분의 일하심을 경험한다. 우리는 그것을 **찾고**, 기대하고, 그것을 인해 감사한다. 우리는 우리의 실존과 영적인 변화의 세부 과정에 그분과 함께 의식적으로 임한다.

그러나 우리를 빚고 계신 분이 그리스도 안에서 하나님의 성령임을 일러 주는 것은 그런 직접적인 경험들이 아니다. 오히려 그 증거는 우리의 되어 가는 모습과 우리에게서 흘러나오는 행위에 있다. 아직은 그것이 위안이 못 될지라도 말이다. 나무는 열매를 보아 아는 법이다. 우리를 빚으시는 성령께서 우리로 하여금 무엇보다도 예수 그리스도를 사랑하게 하시고 그분의 모본과 행위를 따라 살게 하실 때(벧전 2:21-23), 그리고 그것이 우리의 **순종**을 떠받쳐 줄 때, 그때 우리는 우리를 빚으시는 분이 성령이심을 알게 된다(고후 3:17). 그리고 이 지식에 기초하여 우리는, 우리의 인격과 삶과 환경 속에서 일하시는 성령의 역사를 직접 느끼면서 위안도 얻을 수 있다.

중생한 영혼이 그리스도의 계명대로 사는 것을 최고의 목표로 품고 그에 따라 충분한 노선의 영적 훈련으로 그 목표를 이룰 현실적인 계획을 세울 때, 그리스도 안의 영성 형성은 이루어지고 지상명령은 성취된다. 물론 아무도 이 목표를 스스로 이룰 수 없으며, 아무도 그럴 필요가 없다. 하나님은 순례길에 동행할 사람들을 우리에게 보내 주시고, 그 길의 걸음걸음마다 그리스도께서 우리를 만나 주신다. 그분은 "볼지어다. 내가 너희와 매 순간 함께 있으리라"고 하셨고 실제로 그렇게 하고 계신다.

은혜를 **얻어 낼** 수 없다는(칭의에서나 성화에서나) 사실을 핑계로 은혜를 **받고자** 열심히 힘쓰지 않는 것을 우리는 이제 그만두어야 한다. 하나님은 우리를 찾아 주셨고 그래서 우리는 그분 안에서 점점 더 풍성한 삶을 구하는 사람이 된다. 은혜의 반대는 노력이 아니라 공로다. 기독교 영성 형성의 실체는, 우리가 더 많은 정보로 혹은 주입이나 감화나 봉사만으로 "저와 같은 형상으로" 화할 수 없다는 것이다. 그것도 다 중요한 자리가 있지만 그것으로는 절대 충분하지 못하다. 그런데도 그것만 의존했기 때문에, 헌신된 그리스도인들이 일정 수준의 점잖음을 크게 벗어나지 못하는 현상이 지금처럼 흔해진 것이다.

인간의 핵에 의지, 심령, 마음이 있다. 이 핵은 다시 빚어지고, 그것이 확장되어 삶 전체가 다시 빚어진다. 단, 그것은 노력으로만 가능하다. 첫째로, 노력이란 그리스도의 모본과 명령을 따라 그분과 함께 행동하는 것이다. 그분은 "너희가 나를 사랑하면 나의 계명을 지키리라. 내가 아버지께 구하겠으니 그가 또 다른 보혜사를 너희에게 주사 영원토록 너희와 함께 있게 하시리니 저는 진리의 영이라"고 말씀하셨다(요 14:15-17). 순종에 관한 한, 노력이 먼저 와야 하고 돕는 자는 그 다음이다. 우리는 시도하고 실패하고 배우면서 영적 훈련에 임한다. 우리는 삶 전체의 훈련을 그런 시행착오에 붙인다. 종교적인 "평소 상태", 곧 "좋은" 교인의 조건으로 권장되는 일과(日課)로는 인간 영혼의 필요를 채워 주기에 역부족임을 우리는 인식한다. 그것이 해답이 되기에는 삶의 문제는 너무 근본적이다. 우리가 들어서는 활동들은 우리의 실생활의 조건에 더 맞는 것들이며, 은혜 아래서 자아 전체를 변화시키기에 충분한 것들이다. 그리하여 그리스도의 계명대로 살려는 목표는 의지에서 행위로 전환될 수 있다.

기독교 영성 형성을 이렇게 이해하면 에큐메니즘과 포용주의는 자동으로 그 안에 포함된다. 그렇게 형성된 사람들, 곧 그리스도께 순종하며 사는 사람들은, 그로써 연합되어 똑같이 순종하는 모습으로 드러나기 때문이다. 교리와 의식(儀式)과 전통의 외면적인 차이 때문에 생겨난 분열을 극복할 수 있는 길은 오직 순종의 실체뿐이다. 순종하는 삶 속에 타오르는 등불은 빛을 비추게 **되어 있다**. 산 위에 있는 동네가 숨겨질 수 **없다**. 성령에 힘입어 마음에서부터 그리스도께 순종하는 삶은 너무도 근본적인 실체라서, 그 안에 사는 사람들은 직접적인 노력으로는 절대로 얻을 수 없는 연합을 자동으로 이루게 된다. 연합은 연합하려고 애쓴다고 되는 것이 아니라 우리의 됨됨이로 이루어진다. "나는 주를 경외하는 모든 자와 주의 법도를 지키는 자의 동무라"(시 119:63).

여러 해 전에 에큐메니즘은 그리스도를 주님으로 고백하는 그 고백을 연합의 중심으로 삼고자 했었다. 그러나 성과가 별로 없었다. 고백은 그렇게 해도 현실 생활의 태도와 행동들은 그대로 있었기 때문인데, 역사를 통해서 우리는 거기에 익숙해져 있다. 그러나 주님 되신 그리스도께 실제로 순종하면 일상 생활이 완전히 변화되고, 그리스도와 동행하는 제자들은 그들의 삶이 닿는 곳 어디에서나 순종을 통해 하나가 된다. 삶의 현실적인 정황들 속에서 하나가 되는 그리스도인들은 즉시 서로 동화된다. 그들 속에 명백하게 흐르고 있는 근본적으로 다른 종류의 삶, 영원한 종류의 삶 때문이다. 주변의 악에 협력하지 않는 그 한 가지만으로도 그들은 자석과 쇠붙이처럼 서로 끌린다. 자신의 사람들 안에 현존하시는 그리스도께 순종하면 연합이 이루어지고, 그 연합 안에서 다른 모든 차이는 의미를 잃는다.

그런데 불행히도, 그나마 그리스도인으로 자처하는 사람들의 괴리를 그 다른 차이(문화적, 사회적, 교파적, 심지어 개인적 차이)가 지배하고 있다. 다른 그룹 출신의 믿는다는 그리스도인들이 함께 모이면, 대개 이런 차이의 위력이 눈에 띄게 작용한다. 모두가 실제로 그리스도께 순종하는 데 중점을 둔다면 결코 이런 괴리가 계속될 수 없다고 나는 생각한다. 그 목표에 분명히 뜻을 두고 힘써 행하라. 그러면 나머지는 다 따라오게 되어 있다. 그것이 없다면 정말 중요한 것이 무엇인가? 물론 천국은 중요하고, 그리스도 안에서 성숙을 얻어야만 천국을 얻는 것은 분명히 아니다. 하지만 그것을 행동 노선으로 계획하거나 기독교의 표준 규범으로 가르치는 것은 다른 문제다. 그리스도를 진정으로 믿는 사람이라면 아무도 권하지 않을 길이다.

기독교 본연의 **배타성**도, 내가 믿기로, 변화된 인격으로 그리스도께 순종하는 데 중점을 두는 기독교 영성 형성로 대부분 보장된다. 여기 "불로 응답하시는 하나님"의 배타성이 있다. 다른 영성들도 그리스도께 순종하는 삶으로 피어나는 이 영성과 대등해질 수 있거든 그리하게 하라. 그리고 다른 영성들 스스로 판단하게 하라. "대적의 반석이 우리의 반석과 같지 못하니 대적도 스스로 판단하도다"(신 32:31).

배타성과 관련된 진정한 관건은 비그리스도인들에게 없는 하나님과의 관계, 하나님의 임재가 그리스도인들에게 정말로 있느냐 하는 것이다. 앞서 말한 기독교 영성 형성을 떠나서는 기독교의 배타성을 주장하는 것이 별 가치가 없다고 나는 본다.

오늘날 서구 그리스도인들은 기독교의 배타성을 마구잡이로 버리고 있고 특히 학문의 요람에서 더하거니와, 위 사실을 인식하면 그런 현상이 설명될 것이다. 기독교가 또 하나의 문화 형태에 지나지 않는다면 기독교의 배타성을 고집할 까닭이 무엇인가? 그러나 기독교 영성 형성의 실체가 그 진가를 십분 발휘하게 되면 배타성은 저절로 지켜진다. 무당과 주술사, 불교인과 이슬람교인이 예수 그리스도와 그분의 헌신된 추종자들의 수준과 대등하게 진정 거룩하고 능력 있게 행할 수 있다면, 더 이상 할 말이 없다. 그러나 "우리"뿐 아니라 "그들"에게도 평가의 기준은 인간 문화의 한 형태로서의 기독교가 아니라 그리스도 자신이다(행 17:31).

복음주의의 한 주도적인 교육기관에서 이렇게 상서로운 행사를 열게 된 것은 어쩌면 우리가 스스로 자문해야 할 기회일 것이다. 기독교 영성 형성은 예수 그리스도를 향한 조건 없는 사랑으로 측정되고 지상명령의 "직무 내역"에 명기되어 있는데, 우리는 이 일에 진지하고도 현실성 있게 임하고 있는가? 우리의 일, 우리가 **정말로** 하고 있는 일은 그분이 남기신 도전과 실제로 어떤 상관이 있는가? 우리 자신과 우리의 지역 교회들과 우리의 교단들과 우리의 학교들이 하고 있는 일 중에 그저

"[우리] 조상의 유전한 망령된 행실"(벧전 1:18)이 시키는 대로 하고 있는 것들이 얼마나 될까?

우리가 처음부터 다시 계획한다고 생각해 보자. 이 계획은 최고의 신학적·심리학적 이해를 갖춘 것이며, 이전의 노력을 통해서 이미 자리 잡은 것들을 건지거나 정당화하려고 하지 않고 오직 한 목표만을 생각하는 계획이다. 우리 자신에게나 다른 사람들에게나 "내가 너희에게 분부한 모든 것을 가르쳐 지키게" 하는 것이 우리가 하려는 일의 전부가 된다면, 현재 우리가 하고 있는 일 중에 누락될 부분은 얼마나 될까? 현재 누락된 일 중에 새로 하게 될 부분은 얼마나 될까? 우리의 모든 기관과 프로그램뿐만 아니라 정녕 우리 개개인도 각자 이 질문 앞에 서 있다. 그리고 그렇게 물으시는 분은 바로 "너희는 나를 불러 주여 주여 하면서도 어찌하여 나의 말하는 것을 행치 아니하느냐"(눅 6:46)고 말씀하신 그분이다.[3]

8.
마음은 원이로되
영적 성장의 도구인 몸

 영성 형성이란 예수 그리스도를 제대로 사랑하고 신뢰하는 사람들이 그분의 성품을 입어 가는 과정이다. 이 과정이 제대로 이루어지면, 그들은 그분이 그들의 자리에 계시다면 사실 법한 삶을 점점 더 살게 된다. 그들 행동의 내적인 근원이 그분과 똑같은 성품을 입게 되면서, 그분의 모본과 지시에 따르는 외적인 일치도 최고조를 향해 나아간다. 그들은 갈수록 더 그분의 비전과 사랑과 소망과 감정과 습관을 공유하게 된다.

 "그리스도와 일치된다"는 표현이 더 적합할지도 모르는 이 과정을 끊임없이 떠받치는 것은 은혜다. 그렇지 않고는 불가능한 일이다. 하지만 그렇다고 해서 이것이 수동적인 과정은 아니다. 은혜의 반대는 공로이지 노력이 아니다. 사실 은혜의 체험만큼 노력을 고취시키고 강화해 주는 것은 없다.

 그러나 오늘날 담대히 자주자주 역설해야만 할 것이 있다. **우리 쪽에서 지식을 바탕으로 적극 행동에 나서지 않는 한 그리**

스도를 닮는 일은 절대로 불가능하다. 나아가 그것은 뜻을 같이 하는 교제권 바깥에서는 제대로 지속될 수 없다. 우리의 교회들은 그리스도를 닮는다는 것이 무엇인지 이해하고, 가르침과 모본을 통해 그것을 설득력 있고 지지적인 방식으로 개인들에게 전달할 때만 영성 형성의 중심지가 될 수 있다.

몸과 영적인 삶

그리스도를 닮는 과정에서 가장 이해가 부족한 부분은 아마도 **영적인 삶에서 몸이 차지하는 역할**일 것이다.

우리들 대다수가 통감하는 대로, 몸의 끊임없는 아우성은 "영적으로" 살려는 우리의 의도를 무참히 짓밟는다. 사도 바울은 "육체의 소욕은 성령을 거스리고 성령의 소욕은 육체를 거스르나니 이 둘이 서로 대적함으로 너희의 원하는 것을 하지 못하게 하려 함이니라"고 설명한다(갈 5:17). 게다가 "마음에는 원이로되 육신이 약하도다"(마 26:41) 하신 예수의 말씀을 대체로 우리는, 죽어서 몸을 벗기까지는 인생이 그럴 수밖에 없다는 **최종** 선고로 받아들인다.

하지만 몸이 단순히 구속(救贖)을 **벗어나** 있다면 우리의 일상생활도 그렇다. 선뜻 그렇게 받아들이는 것 같은—적어도 실천면에서—그리스도인들이 많이 있다. 하지만 그렇다면 영성 형성은 정말 불가능해진다. 그것은 그리스도의 대의의 중요한 부분들을 수포로 돌아가게 하며, 경건하게 **살라는** 소명과도 절대로 화합되지 않는다. 그 소명은 성경을 처음부터 끝까지 관통하고 있을 뿐 아니라 마땅히 살아야 할 삶에 대한 인간의 뿌리 깊은 욕구와도 공명하는 것이다.

다행히도 몸과 육체에 관한 성경의 가르침은 이런 "절망적인" 입장과는 정반대다. 예수는 하나님 앞에서 육체와 심령의 연합을 증언하시는 일차 증인이시다. 그러나 그분이 역사에 들어오시기 오래전부터 시편 기자는 자신의 육체가 하나님을 앙모한다고 말했고(시 63:1), "내 마음과 육체가 생존하시는 하나님께 부르짖나이다"라고 했고(시 84:2), 모든 육체에게 "그의 성호를 영영히 송축"하자고 촉구했다(시 145:21).

선지자 요엘은 모든 육체에게 하나님의 성령이 부어질 때를 내다보았다(욜 2:28-29). 그 예언은 오순절 날에 성취되기 시작했다(행 2:16-21). 이처럼 바울의 글에 나타나는 몸과 육체에 대한 시각은 몸을 절망적으로 보는 견해와는 아주 극명한 대조를 이룬다. 몸은 성령께서 거하시는 성전으로 표현된다. 몸은 죄 짓는 데 쓰라고 있는 것이 아니라 주를 위한 것이며 "주는 몸을 위하"신다(고전 6:13).

그리스도를 죽은 자 가운데서 살리신 하나님의 능력으로 말미암아 "너희 몸이 그리스도의 지체"라고 바울은 말한다(고전 6:15). 우리의 몸은 우리의 것이 아니며 그리스도께서 사신 것이다. 그분은 우리의 몸에 "위에서 난" 생명을 주시며, "[우리] 몸으로 하나님께 영광을 돌"릴 길을 열어 주신다(고전 6:20). 그래서 우리는 "[우리] 몸을 하나님이 기뻐하시는 거룩한 산 제사로 드"릴 수 있으며, 그것이 우리의 "영적 예배"다(롬 12:1).

인간의 본성

영적인 삶과 삶 전체에서 몸이 차지하는 역할—부정적인 역할과 긍정적인 역할 모두—을 이해하려면 인간의 인격과 성품과 행동의 본성을 더 깊이 들여다보아야 한다.

우리는 저마다 주변 환경 속에서 자라나는데, 그 환경은 우리를 주변 사람들처럼 말하고 생각하고 느끼고 행동하도록 숙련시킨다. "본 대로 따라 한다"는 속담이 있다. 인간의 인격은 바로 그런 식으로 형성되며, 대체로 그것은 좋은 일이다. 그러나 인간의 삶 전체에 배어든 악한 습관들도 같은 방식으로 우리 안에 심겨진다. 사도 요한은 "세상"을 구성하는 것이 "육신의 정욕과 안목의 정욕과 이생의 자랑"이라고 했는데(요일 2:16), 그런 것에 반응하는 인간적인 관성들이 어린아이들을 움켜잡는다. 이는 어린아이들이 주변 사람들의 삶에 동참하는 과정에서 벌어지는 일이다. 죄의 행동들은 그들의 습관이 되고 **점차** 선택이 되어 급기야 그들의 성품이 된다.

그들이 배우는 언어 자체에 하나님과 이웃을 욕하는 말이 들어 있다. 그들의 자아 정체는 이런 행동들을 통해 생겨나게 되고, 다른 사람들도 그들을 그렇게 본다. 잘못되고 해로운 행동은 생각 없이 저절로 된다. 잘못된 행동은 아주 "자연스러워" 보이는 반면, 옳은 행동은 기껏해야 부자연스러운 억지가 된다. 옳기 때문에 하는 경우라면 특히 그렇다. 친구들과 어울려 자유로이 행동하거나 가족들과 함께 사는 열 살 난 아이를 보면 거의 누구한테서나 이런 모습을 관찰할 수 있다.

신약성경 본문에서 흔히 "육체"라는 말은 하나님을 대적하여 악한 쪽으로 빚어진 인간의 몸을 가리켜 사용된다. 인간의 몸 자체나 나아가 욕망 자체가 악하다는 말이 아니다. 그것은 하나님의 선한 피조물이며, 앞에서 이미 살펴본 것처럼, 능히 그분을 섬기고 영화롭게 할 수 있다. 그러나 하나님을 인정하지 않거나 반대하는 가정, 동네, 학교, 직장이라는 삶의 정황에서 형성되면, 그것은 편만한 악의 구조를 이루게 된다. 그렇게 되면 욕망은 "우리 지체 중에 역사"하는 "죄의 정욕"이 된다(롬 7:5). 우리의 몸 자체는 죄지을 자세를 취하고는 기회만 노리게 된다. 옛날에 하나님이 가인에게 말씀하신 것과 같다. "죄가 문에 엎드리느니라. 죄의 소원은 네게 있으나 너는 죄를 다스릴지니라"(창 4:7). 바울이 "내 속 곧 내 육신에 선한 것이 거하지 아니"한다고 했을 정도로(롬 7:18) 상황은 아주 나빠졌다.

우리가 그리스도 안에서 새 생명에 이를 때, 우리의 몸과 그 일그러진 욕망 체계는 자동으로 그리스도의 편으로 넘어오는 것이 아니라 계속 그분께 대항한다. 중독을 단칼에 끊는다든지 하는 식으로 간혹 기이한 변화가 일어날 수 있으나, 그것은 아주 드문 일이다. 중생으로 말미암아 우리의 신체 부위와 성격에서 죄의 습관들이 대폭 없어진다는 것은 **절대로** 사실이 아니다.

야고보는 "오직 각 사람이 시험을 받는 것은 자기 욕심에 끌려 미혹됨이니 욕심이 잉태한즉 죄를 낳고 죄가 장성한즉 사망을 낳느니라"고 우리를 일깨운다(약 1:14-15). 베드로는 "나그네와 행인 같은" 우리에게 "영혼을 거슬러 싸우는 육체의 정욕을 제어하라"고 권한다(벧전 2:11). 바울은 우리가 육신을 좇아서 살면 죽을 것이지만 "영으로써 몸의 행실을 죽이면 살리"라고 했다(롬 8:13). 다른 곳에서 그는 자신을 "내가 내 몸을 쳐 복종하게 함은 내가 남에게 전파한 후에 자기가 도리어 버림이 될까 두려워"하는 사람으로 표현했다(고전 9:27). 이 모두가 관록이 깊은 그리스도인들에게서 나온 말들이다.

그리스도를 닮으려면 계획이 필요하다

오늘의 종교 상황에서는 필시 이런 말들이 전부 이상하게 들릴 것이다. 그리스도를 닮는다는 과제를 신중히 계획할 만한 진지한 목표로 보거나 또는 몸을 입은 우리 인격의 실체를 그에 준하여 다루는 모습은 요즈음 찾아보기 어렵다. 단순한 사실이다. 나는 교회와 선교 단체의 많은 그룹들 앞에서 "땅에 있는 지체" 곧 육체를 죽이기 위한 금욕의 계획이 있느냐고 물어 보았다(예컨대 골 3:5 참조). 이 질문에 긍정적인 대답이 나온 적이 단 한 번도 없었다. 사실, 금욕 내지 죽이는 일은 오늘의 그리스도인들에게서 볼 수 있는 행동이 아닌 것 같다. 그러나 그것은 이렇게 신약의 가르침의 한복판에 버젓이 서 있다.

이와 반대로 예수께서는 제자도를 가르치실 때, 사람이 몸과 그 요구에 종노릇하면서 동시에 그분의 훈련 과정에 성공할 수는 없음을 아주 분명히 하셨다. 자기를 부인하고 자기 십자가를 지고, 그분과 복음을 위해 "제 목숨을 잃고"(마 10:39, 16:24-26), "모든 소유를 버리고" 그분을 좇아야 한다는(눅 14:25-35) 말씀이 바로 그런 뜻이다. 바울도 동일한 주제를 역설하고 있다. "예수의 사람들은 육체와 함께 그 정과 욕심을 십자가에 못 박았느니라"(갈 5:24). 그는 이것을 자기의 배를 신으로 삼는 사람들과 대비시키고 있는데(롬 16:18, 빌 3:19), "배"는 육체적인 욕망의 중추다.

욕망의 고질화된 습관들을 의지력 하나만으로 극복할 수 없음은 물론이다. 그보다, 우리가 몸의 지체들 안에 새로운 임재를 경험하게 되는 것은 믿음으로 우리 몸을 그리스도께 복종시킬 때다. 곧, 몸의 지체들을 하나님의 선한 일들 쪽으로 옮기고, 몸의 낡은 세력들은 본연의 자리인 삶의 후면으로 물러나게 하는 것이다. 이렇듯 우리가 "몸의 행실을 죽이는" 것은 정녕 "영으로써" 되는 일이다. 타고난 욕망들과 내 몸 자체는 물론 여전히 나에게 남아 있지만, 그러나 이제는 내 상전이 아니라 하나님과 내 의지의 종으로 남아서 그분을 섬기게 된다.

이 변화를 이루기 위해 우리가 해야 할 몫은, 그리스도를 향한 일관된 믿음과 소망 외에도, 몸을 목적에 맞게 전략적으로 사용하는 것이다. 곧, 몸을 재훈련하고, "우리 지체 안에 있는 죄의 동작들"을 그리스도의 동작들로 대체하는 것이다. 이것이 바로 우리가 날마다 십자가를 지는 방식이다. 그렇게 우리는 우리 몸을 산 제사로 드리는 것이며, 우리 몸의 지체를 "의의 병기로"(롬 6:13) 그분께 드리는 것이다.

직접적인 노력으로 안 될 때

물론 하나님께 복종한다는 것이 단순히 그분을 기쁘시게 하는 일을 한다는 뜻일 때도 있다. 궁극적으로는 언제나 그것이 우리의 목표다. 그러나 **직접적인** 노력으로는 그렇게 할 수 없을 때가 많다. 옳은 일을 하려다 보면 이미 **잘못된** 일을 한 후일 때가 많다. 잘못된 일이 우리 몸 안에 "대기 상태로" 앉아 있기 때문이다. 우리가 처하는 대부분의 상황에서 의도만으로는 충분할 수 없다. 우리는 힘을 길러 두어야 한다. 그렇지 않으면, 막상 시도하려고 해도 대개는 너무 늦었거나 아예 그런 시도마저 없어지고 만다. 그보다, 우리의 의도와 노력은 **연단**을 통해 실행에 옮겨져야 한다. 연단된 몸은 상황이 발생하기 전부터 이미 그리스도처럼 행동할 **자세**가 되어 있다. 이런 연단은 **성령 안의 삶을 위한 훈련**에서 온다.

훈련이란 우리 힘으로 할 수 있는 활동으로서, 이를 통해 우리는 직접적인 노력으로는 안 되는 일들을 할 수 있게 된다. 훈련은 삶의 모든 부분에 필요하며 영적인 부분도 마찬가지다. 그래서 예수는 제자들에게 금식, 기도, 고독, 침묵, 봉사, 학습, 교제 등 영적인 삶을 위한 훈련을 지도하셨고 그 안으로 인도하셨다.

예컨대 예수는 절친한 친구들에게 말씀하시기를, 적들이 그분을 잡으러 올 때 그들이 겁난 토끼마냥 달아날 것이라고 하셨다. 그들은 그것을 극구 힘주어 부인했다. 그러나 몸은 자체적인 생명이 있고, 그것은 우리가 자신에 대해 알고 있는 정도를 훨씬 넘어선다. 실제로 그들의 준비된 몸은 그들의 의도를 따라 주지 않을 것이었다. 물론 예수께서는 그것을 알고 계셨다.

그분은 힘드실 때 도움이 될까 하여 베드로와 야고보와 요한을 겟세마네 동산에 데리고 가셨으나 그들은 잠들었다. 그분은 그들을 깨우시고는, 선한 의도가 있을 때 승리할 수 있는 법을 일러 주셨다. 그들의 선한 의도 자체는 그분도 의심하신 적이 없다. 그분과 함께 단 한 시간도 깨어 있을 수 없는 그들이라면 어떻게 그분을 위해서 죽을 것인가? 그래서 그분은 말씀하셨다. "시험에 들지 않게 깨어 있어 기도하라. 마음에는 원이로되 육신이 약하도다"(마 26:41). 그분은 몸이 어떻게 그들에게 영향력을 행사하고 있으며 어떻게 하면 몸을 마음에 일치시킬 수 있는지를 그들에게 깨우쳐 주려고 하셨다. 그들은 "깨어 있어" 곧 벌어지는 사태를 예의 주시하면서 그분과 함께 기도할 수도 있었다. 겟세마네 동산의 장엄한 사건에 예수와 함께 동참했더라면, 틀림없이 그들은 강건해져서 나중에 실족하지 않고 그분 곁을 지켰을 것이다. 그러나 알고 보니, 그들의 몸과 영혼 안에 있는 것—죽음과 수치를 두려워하는 마음—은 달라지지 않은 채로 있었고, 그래서 "유혹"이 그들을 삼키고 말았다.

흔히들 예수의 가르침을 너무 "어렵게" 보는 이유는 다만 몸을 입은 우리의 인격이 그 가르침에 반대되게 형성되어 있기 때문이다. 마태복음 5:22에 나오는 그분의 가르침을 예로 들어 보자. 우리는 다른 사람들을 "미련한 놈"("꼴통"이나 그 이상)이라고 부르며 면전에서나 뒤에서 욕을 해서는 안 된다. 그런데 내가 아는 "신실한 그리스도인들" 중에는 운전 중에나 직장에서나 심지어 집에서 잘못 행동하는 사람들에게 경멸조로 상소리를 하는 이들이 많이 있다. 그러면서 그들은 "나는 원래 이런 사람이야"라든지 "나도 어쩔 수 없다"고 말한다.

예수께서 마태복음 5:28에 말씀하신 고의적인 음욕의 눈초리, 같은 장 뒷부분에 나오는 말이나 주먹으로 되받아치는 행위, 다음 장에 언급하신 인간에게 인정받으려는 종교 행위 등도 같은 맥락으로 볼 수 있다. 이들 각 상황에서 "쉬운" 불순종의 반응을 강요하는 자연 법칙은 없다. 그것은 우리 몸에 밴 습관일 따름이며, 물론 습관은 언제나 막강한 자기 합리화를 낳는다.

이제 우리가 이들 각 경우에 예수께서 명하신 대로 행동하는 법을 배우기로 한다고 해 보자. 예컨대 우리가 운전 중에 내게 위험하거나 불쾌한 짓을 하는 사람을 축복하고 그를 위해서 기도하도록 스스로 훈련하기 원한다고 하자. 그런 사람을 미련한 놈이니 멍청한 얼간이니 그보다 더 심하게 부르는 대신에 우리는 축복의 말들을 사용할 것이고, 사람들에게 마음을 담아서 너그러이 호의를 베풀 것이다. 우리가 그렇게 할 수 있을까? 물론 할 수 있다. 적절한 조치를 취한다면 말이다. 우리를 시켜 다른 사람들의 인간성을 말살하게 하는 것은 자연 법칙이 아니다.

어떻게 변화될 수 있나

그렇다면 우리는 **어떻게** 해야 하나? 첫째, 우선 우리가 하려는 일이 좋은 일임을 인정하고 하나님의 도움을 구한다. 둘째, 우리의 혀를 다스리는 연습에 착수한다. 사람들이 속을 뒤집어 놓으면 **그때** 욕하지 않으려고 하는 것이 아니다. 아니, 해당 상황이 발생하기 훨씬 전부터 미리 시작하는 것이다. 우리는 24시간 동안 말하지 않는 방법으로 말의 세계를 벗어날 수 있다. 텔레비전과 라디오를 끄고 침묵 속에 거할 수도 있다. 아마도 그러려면 한동안 고독 속에 들어가야 할 것이다.

이 모두가 우리 몸으로 하는 일임에 주목하라. 우리는 주어진 삶 속에서 몸을 재배치하고 재교육한다. 우리 몸과의―특히 귀와 혀와의―새로운 관계를 배운다. 이것은 우리의 생각과 마음과 영혼에 광범위하게 영향을 미친다. 그것이 침묵 속에서 세상을 탐색하고 그 안에서 나의 제자리를 찾는 기회가 되기 때문이다. 나아가 이에 힘입어 우리는 더럽고 무례한 말이 우리 입에 붙은 이유도 통찰할 수 있다.

물론 그 이유란, 그런 말을 쓰면 그 "얼간이"보다 내가 더 강하다는 느낌이 들기 때문이다. 그것은 그에게 총을 쏘는 것과 연속선상에 있다. 이것을 통찰하고 나면, 운전 중에나 다른 데서―삶 속에서―벌어지는 일들을 보는 더 나은 시각이 열린다. 갑자기 우리는 나의 "폭발"이 얼마나 딱한 행동인지 보게 되고, 매력 있는 대안을 발견하게 된다. 이제부터 우리는 축복하는 습관까지 기를 수 있다. 그것이 좋은 일이며 내게 침묵할 능력이 있음을 알기 때문이다. 침묵 속에서 우리는 하나님의 임재를 경험한다. 야고보의 말이 아주 의미심장해진다. 사람은 누구나 "듣기는 속히 하고 말하기는 더디 하며 성내기도 더디" 해야 한다(약 1:19).

우리는 적절한 다른 행동들을 선택하고, 삶 속에 자리를 내서―조건을 갖추어서―그것들을 실천하고, 그리고 하나님이 포함된 새로운 행동 공간에서 상황을 다시 본다. 이런 방법으로 우리는 예수의 가르침 **하나하나** 속으로 들어간다. 몸의 용도를 바꾸는 것과 상황을 대하는 내면의 자세를 고치는 것, 이 둘 사이의 상호 작용이 아주 중요하다. 가르침대로 행하기를 배우는 일은 몸의 용도 변경이라는 지원이 필요 없는, 그저 정신적인 변화가 아니다. 행동과 삶은 정신적인 것이 아니기 때문이다.

음욕의 눈초리도 몸의 행동이며 몸의 행동에 바탕을 둔 것이다. 우리는 그런 눈초리를 보낼 만한 위치와 자세를 스스로 선택한다. 그런데도 자기는 어쩔 수 없다고 말하는 사람들이 부지기수다. 다른 사람들을 욕하면서 그것을 합리화하는 사람들처럼 말이다. 하지만 사실 그것은 방종의 습관일 따름이다. 본인이 진정으로 원하면 얼마든지 쉽게 그것을 끊을 수 있다. 당신은 다른 사람들의 신체 부위를 굳이 볼 필요가 없으며, 음욕을 품지 않도록 자신의 생각을 연단할 수 있다. 생각과 태도에 순결한 습관을 기른다면 말이다. 음욕을 품고 쳐다보는 행동은 예컨대 학습, 묵상, 봉사 같은 적절한 훈련을 통해 깨어질 수 있다. 많은 사람들의 경험으로 확증된 바다. 여기서도 몸의 사용과 연단은, 그리스도와 일치되기 위해 믿음과 은혜가 만나는 장이다.

그렇다면 우리는 몸이 우리의 **직접적인** 힘을 구사하는 장임을 알게 된다. 몸은 하나님이 우리에게 자유와 형성의 장으로 맡겨 주신 작은 "전원함"이다. 우리의 삶은 자신의 몸을 지배하고 관리하는 데 달려 있다. 그러나 몸은 "자체적인 생명"을 얻을 수 있다. 이는 우리의 의식적인 뜻과 무관하게 행동하는 성향을 말한다. 타락한 세상에서 이생을 선점하고 있는 것은 악이다. 그래서 우리는 잘못을 저지를 때는 생각이 필요 없지만, 옳은 일을 제대로 해내려면 **반드시** 생각과 계획과 연습이 필요하고 거기에 은혜까지 받아야 한다.

그러나 그리스도는 몸을, 그분이 우리에게 주시는 새 생명을 대항하던 자리에서 오히려 그것을 지지하는 자리로 데려오는 법을 우리에게 일러 주신다. 새 생명이란 지금 우리 안에 계신 "**성령**"이다. 여러 **행동들**을 통해 아버지와의 관계를 지속하신 그분이 이제 우리도 거기에 동참하도록 부르신다. 사실 이런 행동들—고독, 침묵, 학습, 봉사, 기도, 예배 등—은 이제 우리가 그분과 그분의 아버지를 꾸준히 만나고자 마련하는 장이다. 그분의 학생 내지 제자로서 하나님 나라의 삶을 살아가기 위해서 말이다.

이런 행동들 곧 성령 안의 삶을 위한 훈련이 모두 몸의 행위인 것을 이상하게 생각할 사람들도 있을 것이다. 그러나 그럴 수밖에 없다. 그리스도를 닮아 가는 배움은 수동적인 것이 아니라 하나님과 함께 하나님 안에서 적극 노력하는 것이다. 그런데 행동이란 몸으로 하는 것이다. 뿐만 아니라 이러한 몸의 노력은 우리 몸의 지체들이 거룩함에 익숙해지는 기초를 다져 주며, 반대로 죄에 익숙해 있던 습성은 점점 없애 준다. 그리하여 "살든지 죽든지 내 몸에서 그리스도가 존귀히 되게 하려 하나니 이는 내게 사는 것이 그리스도니 죽는 것도 유익"하게 된다(빌 1:20-21).

9.
하나님을 보는 비전 안에 살아가는 삶

> 사람이 나를 섬기려면 나를 따르라.
> 나 있는 곳에 나를 섬기는 자도 거기 있으리니
> 사람이 나를 섬기면 내 아버지께서 저를
> 귀히 여기시리라. _예수 요 12:26

아시시에 가면 많은 사람들 입에서 성 프란체스코^{St. Francis} 이야기가 떠나지 않는다. 그를 기념하는 기념물도 많고, 기념품을 팔아서 한몫 보는 상점들도 많다. 그러나 프란체스코가 품었던 불을 품고 있는 사람은 없다. 좋은 사람들이 많은 것은 분명하지만, 그들에게는 프란체스코의 성품도 없고 프란체스코의 행위도 없고 그에게 나타났던 결과도 없다.

비단 이 경우만이 아니다. 이것은 인간의 삶—영적인 삶도 함께—의 일반적인 성향을 좀 더 확실히 보여 주는 한 예일 뿐이다. 직업의 세계, 사업과 정부와 교육과 예술의 세계에도 똑같은 일이 벌어진다. 영감과 실력이 출중한 사람이 나타나서 자신의 태생이나 환경을 훌쩍 넘어 큰 인물이 된다. 이스라엘의 다윗 왕, 소크라테스, 성 안토니우스^{St. Anthony}, 성 프란체스코, 마르틴 루터^{Martin Luther}, 조지 폭스^{George Fox}, 존 웨슬리^{John Wesley} 같은 사람들일 수 있다. 이들 각 사람에게는, "뭔가"가 있다.

그들은 **정말** 다르다. 그들이 그토록 큰 결과를 낸 것도, 그들을 중심으로 여러 운동과 기관들이 생겨난 것도, 바로 그들이 다르기 때문이다. 마치 그들은 딴 세상에 있으면서 거기서부터 이 세상에 비범한 결과를 내는 것만 같다. 하나님께서 그들과 함께 행하시는 가운데 말이다. 그들의 활동을 잇는 기구가 생겨나고, 그들 때문에 부수적으로 다른 기관들도 생겨난다. 많은 유능한 인재들이 그들에게 끌려서 그들의 자취를 따르는 것이다. 그러나 이들에게는—항상은 아니더라도 대개 취지는 아주 선하지만—그 안에 그 "불", 그 "뭔가"가 없다. 이들이 시작한 직무 내지 사역은 처음에 창시자를 사로잡았던 비전에서 조금씩 이탈하기 시작하고, 머지않아 기관과 그 직무가 곧 비전이 되어 버린다.

이런 일은 종교 바깥의 환경에서도 벌어진다. 아서 앤더슨은 회계사로서 비전이 분명하고 청렴하기가 이를 데 없는 사람이었다. 그는 탄탄한 도덕적인 원리들을 바탕으로 훌륭한 회계 회사를 세웠다. 그러나 나중에 회사를 운영한 사람들은 돈벌이와 성공에 급급해졌다. 그리고 모두들 말로는 공익을 위한다면서 고객들로 하여금 그 공익에 책임을 다하게 하기보다는 오히려 고객들의 돈벌이와 성공을 거드는 데 혈안이 되었다. 이 사람들—아서 앤더슨의 훌륭한 이름을 빙자하여 행동했으나 그의 비전은 없었던—은 자신들에게 그리고 그들을 의지한 수많은 무고한 사람들에게 재앙을 불러왔다. 아서 앤더슨 안에 타오르던 도덕의 불이 그들 안에도 타올랐더라면 그런 일은 없었을 것이다. 그러나 그 자리에 타오른 것은 탐욕과 야심이라는 잘못된 불이었다. "성공"이라는 부정한 새가 공익 봉사라는 엉뚱한 둥지에 알을 낳았고, 거기서 괴물이 부화하여 둥지와 그 안의 모든 것을 망쳐 놓은 것이다.

냉엄한 현실을 보여 주는 아주 거창하고 유명한 사례는 성 프란체스코와 아서 앤더슨 외에도 많이 있다. 대부분의 경우에, 본래의 불이 소멸되면 관련 기관과 개인들은 한동안 명맥을 이어가다가 점점 더 성공과 생존에 급급하게 되고, 그리하여 마침내는 그 기본 정신이 바뀌거나 아예 존재 자체가 없어진다. 찰스 피니Charles Finney와 그가 설립한 오벌린 대학Oberlin College이나 원래 기독교 학교로 출발했던 다른 숱한 대학들을 생각해 보라.

이런 과정이 종교 운동에만 국한된 것은 아니지만, 종교의 경우에 특히 눈에 띌 뿐만 아니라 차마 보기에도 괴롭다. 종교적인 일에 있어서 **성공 같은 실패는 없다**는 말은 정말 뼈가 있는 말이다. 종교 분야의 운동들은 인간의 마음에 아주 깊이 가닿고, 인간의 절실한 필요들을 채워 준다. 그렇기 때문에 그 운동들은 창시자의 불을 **원하지** 않는 사람들까지도 금방 많이 끌어들인다. 그들은 그 불을 잘 모르지만 그래도 그 불이 주는 빛과 온기가 필요하고 그것을 좋아한다. 그러나 그들은 고의로 그러려는 뜻이 없어도 결국 빛과 온기를 주는 그 불을 꺼 버린다. 잘 간수하지 않아서 불이 저절로 꺼질 때도 있다. 여전히 기관은 명맥을 유지하면서 기념품을 판매할 수는 있지만, 그 속은 이미 이전의 기관이 아니다. 솔직히 그 결과도 같지 않다.

사실 이런 "배교"(떨어져 선다는 뜻)는 삶의 자연스럽고 아주 정상적인 과정이다. 이는 의당 그러려니 할 일이지 깜짝 놀랄 일이 못된다. 그런 일이 일어나지 않는다면 오히려 그것이 신기하고 비정상일 것이다. 신앙이나 바른 교리나 의식적인 결정 등의 실패가 주원인이 되는 경우는 없다. 오히려 이것은 비전, 느낌과 의지—사람들이 사물 특히 자기 자신과 자신의 일을 보고 느끼는 방식—의 미묘한 변질에서 비롯된다. 신앙과 의식적인 결정의 변질은 "영혼의 지진"의 **외곽**일 뿐이다. 그것은 삶의 표면에 있다. 반면에 진원지는 당사자들의 영혼 깊숙한 곳에 있다.

영혼의 지진은 본인들의 **당대**에 발생할 수도 있다. 사울, 아마샤, 웃시야 같은 성경의 왕들이나 최근 몇 년 사이에 세간의 이목을 끈 많은 사람들이 그런 경우다. 그런가 하면 그것은 몇 세대—그 이상인 경우는 드물다—를 타고 내려가면서 발생할 수도 있다. 다윗, 솔로몬, 르호보암으로 이어지면서 이스라엘의 왕권이 쇠퇴한 것이 그런 경우다.

사역자들의 스승인 우리 시대의 어느 유명 인사는 **끝이 좋은 사역자가 별로 없다**고 말했다. 사역자보다는 사역기관에 더 잘 맞는 말이다. 전반적으로 사역자들은 겉보기보다는 더 잘하고 있다는 것이 내 생각이다. 그러나 불행히도, 우리가 거명할 수 있는 거의 모든 교단이 지금 여기서 논하고 있는 과정의 생생한 사례이며, 많은 교육기관들과 구호기관들도 마찬가지다.

그렇다면 비전이라는 내적인 불은 잃어버리고 직무 내지 사역이라는 외적인 부가물만 남는 이 근원적인 변화의 미세 구조는 무엇인가? 헨리 나우웬 Henri Nouwen이 지적한 사실에 핵심 요지가 들어 있다. "그리스도를 위한 봉사만큼 그리스도를 향한 사랑과

충돌하는 것은 없다." 얼마나 이상한 말인가! 어쩌면 과장일 수도 있다. 하지만 하나님을 위한 선의의 봉사가 하나님을 보는 비전을 방해하는 성향이 아주 강한 것은 사실이다. 인류의 무대에 하나님을 위한 위대한 일을 발동시키는 것이 그분을 보는 비전인데도 말이다. 어쩌면 정말 끝이 좋았던 다윗만 예외로 하고는 유다와 이스라엘 여러 왕들에게서 그런 모습을 일관되게 볼 수 있다.

웃시야의 경우는 특히 교훈적이다. "저가 강성하여지매 그 마음이 교만하여 악을 행하여 그 하나님 여호와께 범죄하되 곧 여호와의 전에 들어가서 향단에 분향하려 한지라"(대하 26:16). 웃시야가 강성해진 것은 여호와께 헌신했기 때문이다. 거의 한 평생을 그는 친밀한 관계 속에서 하나님을 알아 가는 데 힘썼다. "웃시야가…… 여호와 보시기에 정직히 행하며 하나님의 묵시를 밝히 아는 스가랴의 사는 날에 하나님을 구하였고 저가 여호와를 구할 동안에는 하나님이 형통케 하셨더라"(대하 26:4-5). 그러나 역사하시는 하나님과 연합하여 이룬 바로 그 업적 때문에 웃시야는 본래의 비전에서 이탈했고 초점이 자기 자신과 자신의 일로 바뀌었다. "그 마음이 교만하여." 성경에서 이 표현은 유다와 이스라엘 열왕의 실패를 진단하는 표준 방법이 되었다. 그 결과는 언제나 그들의 **월권 행위**로 나타났다. 웃시야의 경우, 자기에게 허용되지 않은 성전 의식을 단독 결정으로 수행했다. 그러나 대부분의 경우, 그런 왕들은 인간적인 동맹을 맺거나 또는 인력으로 이룰 수 있는 일을 너무 크게 보고는 무리한 관행을 세우려 했다. 그들은 자신을 영화롭게 했고 하나님을 의지하지 않았다.

초점이 비뚤어지다 보니 그들은 선지자 야하시엘의 교훈대로 살 수 없었다. "이 큰 무리로 인하여 두려워하거나 놀라지 말라. 이 전쟁이 너희에게 속한 것이 아니요 하나님께 속한 것이니라……이 전쟁에는 너희가 싸울 것이 없나니 항오를 이루고 서서 너희와 함께한 여호와가 구원하는 것을 보라……너희는 두려워하며 놀라지 말고……여호와가 너희와 함께하리라"(대하 20:15-17).

그렇다면 전체적인 패턴은 무엇인가? 하나님을 향한 개인이나 단체의 뜨거운 헌신이 상당한 외적인 성공을 낳는다. 외적인 성공은 성취감을 낳고, 이미 성취한 일에 대한—나아가 **그 이상의** 성취에 대한—책임감을 낳는다. 옆에서 보는 사람들에게는 외적인 성공이 전부다. 성취감과 책임감은 비전의 방향을 하나님에게서 우리가 하고 있고 해야 할 일—대개는 호의적인 사람들의 박수와 지지—쪽으로 튼다. 갈수록 직무가 비전이 **된다**. 그것이 우리의 초점이 된다. 우리의 생각과 감정과 힘은 직무와 사역에 들어간다. 내면 생활에 있어서 목표가 하나님을 보는 비전의 자리를 대신 차지하고, 우리는 비전도 없이 이런저런 목표의 추구에 갇히고 만다. 단조롭게 그 일만 되풀이한다.

그리스도를 향한 사랑이 그리스도를 위한 봉사에 밀려나는 것이 바로 이 시점이다. 하나님을 사랑하는 내면의 실체와 **그분이** 하시는 일에 몰입하는 태도는 더 이상 삶의 중심이 아니다. 우리는 그것을 경멸하기까지 하거나 적어도 무시할 수 있다. 말은 이렇게 저렇게 해도, "그럴 시간 없다"가 지배적인 태도가 된다. 불의 결과는 좋아하지만 그 결과가 어디서 비롯되는지는 모르는 사람들에게, 인간의 영혼 안에 있는 하나님의 불은 언제나 미련해 보이는 법이다.

이 시점에서, 자신의 권리와 특권을 챙기는 마음이 전체적으로 스며들 수 있다. 그런대로 선한 왕이었던 유다의 아마샤는 에돔 사람들을 도륙하고는 그들의 신들을 예루살렘으로 가져다가 숭배했다! 선지자가 책망하자 그는 "우리가 너로 왕의 모사를 삼았느냐? 그치라! 어찌하여 맞으려 하느냐"고 말했다(대하 25:16).

권리와 특권을 주장하는 사람들은 창시자들이 아니라 그들 주변에 모여드는 사람들일 때가 아주 많다. 대개 그들은 그런 권리와 특권을 자기들이 존경하는 창시자를 모시는 하나의 수단으로 본다. 어쩌면 그들은 창시자가 보통 인물이 아니라고 믿고 있는지도 모른다. 전쟁터에서 목이 말랐던 다윗은 베들레헴 성문 곁에 있는 깊은 우물의 물을 마시고 싶다고 무심코 말했다. 그의 세 "용사"가 그 말을 듣고는 적진을 뚫고 지나가 물을 길어 왔다. 그러나 다윗은 그 물을 차마 마시지 못했다. 그들의 헌신으로 말미암아 자기가 마시기에는 너무나 고귀한 물이 되었기에 그는 그것을 "여호와께 부어 드렸다(삼하 23:16). 다윗의 선하고 겸손한 마음을 확실히 알 수 있는 대목이다. 이런 모습은 그의 삶의 다른 많은 사건 속에서도 나타난다. 이것을 보면, 그가 하나님의 세상 속에서 자신을 어떻게 보았는지 알 수 있다.

이런 몸에 밴 겸손의 사례를 성 프란체스코에게서도 많이 볼 수 있다. 단, 그의 경우에 그것은 그의 "수도회"가 따르기에는 너무 벅찬 것이었다. 그가 제시한 규정들("종규")이 그들로서는 지나친 겸손이었기에 몇 년도 안 되어 그와 추종자들 사이에 마찰이 생겼다. 그가 졌다. 그는 초창기의 일부 동료들 사이에서 조롱거리가 되기까지 했다. 그의 내면에 타오르던 불 때문이었다.

앞서 말한 것처럼, 이렇게 창시자에게서 이탈하는 데는 다음과 같은 취지의 가정들이 수반될 수 있다. 곧, 창시자는 어떤 의미에서 "정상"이 아니고 "혈육을 지닌" 인간이 아니라는 것이다. 그러나 사실, 창시자들이 늘 하나님 중심으로 살고자—비전을 바르고 밝게 유지하고자—특정한 조치들을 취하게 되는 것은 바로 그들이 지극히 "정상"이며 본인도 그것을 통감하기 때문이다. 싸워야 할 내면의 싸움을 알고 있는 쪽은 그들이지 그들의 추종자들이 아니다. 추종자들은 창시자 곧 지도자가 "비상하다"든지 "예외적으로 뛰어나다"는 가정에 기대어, 자신도 진정으로 창시자처럼 되어야 한다는 그 짐을 스스로 벗어 버리기 일쑤다. 대개 이런 태도가 굳어지는 것은, 지도자들이 어떻게 하나님을 보는 비전을 갖게 되었는지를 추종자들이 전혀 모르기 때문이다. 때로 지도자들 자신도 그것을 확실히 모를 때가 있다.

그래서 우리는 관련자들의 궁극적인 기준점이 본래의 비전에서 직무와 그 목표들로 대체되는 과정을 다음과 같이 요약할 수 있다. 하나님을 보는 비전과 하나님 안에서 자신을 보는 비전은 겸손한 마음과 하나님을 위한 큰 포부를 동시에 조화롭게 고취시킨다. 그 둘이 잘 조화된 사람은 하나님을 의지하는 가운데 각고의 노력을 하게 된다. 그분을 의지하고, 그분을 위하는 노력이니 하나님이 함께 일하시고, 그래서 큰 결과가 나온다. **결과는 자체적인 생명을 얻는다.** 주변 사람들에게 보이는 것은 결과뿐이다. 과연 결과는 아주 대단해서 지지받을 가치가 있다. 때로 사람들의 지지도 하나님에게서 나올 수 있다. 그러나 이 모든 것의 결과를 우리는 신중하게 살펴야 한다. 결과 때문에 마음이 변질되어 하나님을 보는 고유의 비전과 거기서 흘러나오는 겸손한 용기에서 벗어나지 않도록 말이다.

솔로몬 왕은 시작은 좋았다. 그는 아버지 다윗과의 연분을 통해 적어도 하나님에 대해서 알았고, 자신의 소임을 혼자 힘으로 감당해 낼 수 없다는 것도 알았다. 그는 지혜와 명철을 달라고 기도했고, 하나님은 구한 대로 주셨다. 그는 아주 크게 되었다(대하 9장). 그러나 자신의 입지를 굳히려고 그는 많은 나라의 왕가와 혼인으로 동맹을 맺었다. 칠백 명의 처들이 그의 마음을 돌려 여호와를 떠나서 자기네 신들을 숭배하게 만들었다(왕상 11:1-6). 그가 죽을 무렵, 그의 정부는 지독한 압제를 일삼았고, 백성들은 언제라도 반란을 일으킬 기세였으며, 왕위를 뒤이을 그의 아들은 미련했다. 솔로몬의 진짜 인생은 건축 사업이었다고 해도 무리는 아니다.

하지만 꼭 그렇게 되어야 할까? 그것은 정말 불가피한 일일까? 답은 대개 "아니오"다. 비록 많지는 않아도 용케 그것을 피하는 개인들이 있다. 그것을 오래오래 지연시키는 단체와 기관도 있다. 초대 그리스도인들은 "창시자들"의 비전이라는 내면의 불을 장기간 지속시킨 기록을 보유하고 있다. 예수 그리스도를 주님으로 보는 비전은 2-3세기 동안 그들의 마음속에 활활 타올랐던 것으로 보인다. 그 운동이 굉장히 성공하여 외적인 "그릇"을 만들어 내고 그 그릇이 그리스도라는 보배를 밀어내고 그들의 삶 속에서 관심과 헌신의 구심점을 차지하게 된 것은 아주 천천히 진행된 일이다.

처음 여러 세대의 그리스도인들은, 자기들에게 제자리를 찾아 주고 삶 속에서 자기들을 지켜 준 신성한 비전을 다음 세대로 전수하는 데 괄목할 만한 성공을 거두었다. 그것은 전혀 새로운 현상은 아니었다. 구약에서 여호수아(출 33:11)와 엘리사(왕하 2:9)는 제자가 스승(각각 모세와 엘리야)처럼 여호와를 구하고, 그리하여 한평생을 동일한 마음으로 살아간 두 인물이다.

이후의 기독교 역사에서도 우리는 세대가 바뀌어서도 본래의 불을 공유한 분명한 예를 예수회, 퀘이커교, 모라비아 형제교회, 감리교 등에서 볼 수 있다. 잘 알려지지 않은 다른 사례들도 틀림없이 많이 있다. 그러니까 이것은 가능한 일이다. 그리고 끝이 좋았던 개인들의 사례도 각 세대마다 많이 있다. 가장 중요하게 작용한 요인들은 무엇일까?

답은 개념상으로는 간단하지만 실행 면에서는 분명히 쉽지 않다. 세대가 바뀌는 경우에는 특히 그렇다. 관건은 창시자들을 고무하고 지배했던 하나님과 자아와 세상을 보는 비전 내지 시각을 파악하여 그대로 지속하는 것이다. 이것은 극히 사적인 문제이며 개인마다 변화와 자유가 대폭 허용되기 때문에 딱히 처방전을 쓸 수는 없다. 이것은 또한 은혜에 달린 문제다. 곧, 우리의 삶 속에서 활동하시어 우리 힘으로 할 수 없는 일을 이루시는 하나님께 달려 있는 것이다.

이 모든 것을 인정한 상태에서, 내면의 영적인 불을 전수받고 지속하기 위해 누구라도 할 수 있는—그리고 해야 하는—일들이 있다. 그러면 우리는 직무와 사역을 제자리에 묶어 둘 수 있다. 그것들이 편협한 비전이 되어서 우리를 강박하고 결국은 우리의 목을 조르지 못하도록 말이다.

첫째로 할 일은 비전의 상실이 사실상 불가피함을 진심으로 인정하는 것이다. 이런 인정은 명백해야 하고 지속적이어야 한다. 그렇다고 편집증 증세를 보일 필요는 없고 다만 솔직하면 된다. 우리는 따분한 사람이 되지 않으면서도 자신과 동료들 앞에 그것을 항상 두는 방법을 찾아내야 한다. 창의성과 좋은 안목을 살리면 좋다.

둘째로, 우리는 설립 비전을 파악하고 이해하고 고수해야 한다. 쉽지 않은 일이다. 자기들을 그렇게 감화시킨 것이 무엇이며 어떻게 자기들이 지금의 모습이 되었는지 창시자들 자신도 확실치 않을 수 있다. 흔히 훌륭한 겸양과 겸손 때문에 그들은 자신의 삶을 아주 깊이 탐색하지 않으며, 자신의 그러한 삶을 다른 사람들에게 "강요하지" 않는 것은 물론이다. 그러나 그런 태도가 훌륭하기는 하지만 약점도 따른다. 본인도 다른 사람들도 비전을 지속하기가 아주 어려워진다는 것이다. 그래서 우리는 비전이 무엇이었나에 대해서—그리고 지금 무엇이어야 하는가에 대해서—솔직하고 철저하고 명확해야 한다. 초점은 비전을 가진 사람들이 아니라 비전 자체에 있어야 한다. 비전을 품고 직무를 수행하는 것은 개인들이어야 하지만 말이다.

셋째로, 비전의 중심 내용대로 살아갈 조치를 취해야 한다. 잠언의 지혜는 우리에게 이렇게 일러 준다. "너는 마음을 다하여 여호와를 의뢰하고 네 명철을 의지하지 말라. 너는 범사에 그를 인정하라. 그리하면 네 길을 지도하시리라. 스스로 지혜롭게 여기지 말지어다"(잠 3:5-7). 또 이렇게 말한다. "무릇 지킬 만한 것보다 더욱 네 마음을 지키라. 생명의 근원이 이에서 남이니라"(잠 4:23).

마음을 지키는 일의 핵심은 하나님을 사랑하는 것이다. 이것이 우리 삶의 즐거운 목표가 되어야 한다. 그래서 예수께서는 유대인들이 체험으로 터득한 깊은 인생관을 강조하시면서 "네 마음을 다하고 목숨을 다하고 뜻을 다하고 힘을 다하여 주 너의 하나님을 사랑하라 하신 것"이 첫째 되는 계명이라고 말씀하셨다(막 12:30). 이것은 명령이다. 우리가 해야 할 일이며 **할 수 있는** 일이다. 그럴 **의향만 있다면** 우리는 **반드시** 그 방법을 배울 것이다. 하나님이 도우실 것이고, 우리는 길을 찾아낼 것이다.

하나님을 사랑하는 것, 오직 그것을 통해서만 우리는 하나님을 보는 비전을 지킬 수 있고, 항상 하나님을 우리의 생각 앞에 둘 수 있다. 토머스 왓슨 Thomas Watson 은 이렇게 말했다. "사랑의 첫 열매는 **마음으로 하나님을 묵상하는** 것이다. 사랑 안에 있는 자는 언제나 생각이 사랑의 대상에 가 있다. 하나님을 사랑하는 자는 하나님 생각에 황홀히 취해 있다.…… 하나님은 보배다. 보배가 있는 곳에 마음도 있다." 다윗 왕은 우리에게 자기 삶의 비밀을 들려준다. "내가 여호와를 항상 내 앞에 모심이여. 그가 내 우편에 계시므로 내가 요동치 아니하리로다"(시 16:8).

하나님을 보는 비전은 우리의 겸손을 지켜 준다. 하나님을 그분의 모습대로 보면 우리 자신도 우리의 모습대로 볼 수 있다. 그러면 우리는 담대해진다. 얼마나 큰 선과 악이 걸려 있는지 분명히 보이고, 일을 이루는 것이 우리에게 있지 않고 하나님께, 넘치도록 능하신 그분께 있음도 보이기 때문이다. 이제 우리는 더 이상 가식을 부리지 않게 되고, 자신에 대해 주제넘지 않게 되고, 마치 결과가 나한테 달려 있는 양 매달리지 않게 된다. 우리는 끝까지 힘쓰되 좌절하지 않는다. 어떤 모양의 악에도 동조하지 않으며 평온하고 즐겁게 나아간다.

하나님은 겸손하고 심령에 통회하며 그분이 말씀하실 때 떠는 사람들을 돌아보신다(사 66:2). 그분은 교만한 자들을 대적하시고 겸손한 자들에게 은혜를 주신다(벧전 5:5). 잊지 말라. 은혜란 그분이 그들의 삶 속에서 행동하고 계시다는 뜻이다.

이렇듯 겸손한 사람들은 자신을 의지하고 않고 하나님을 의지한다. 그들은 "하나님의 능하신 손 아래서" 자신을 낮춘다(벧전 5:6). 곧, 행동하실 하나님을 의지하는 것이다. 그들은 결과를 전적으로 그분께 맡긴다. 그들은 자신의 염려를 다 주께 맡겨 버리는데, 그분이 그들을 권고하시기 때문이다(벧전 5:7). 그 결과 그들은 직무와 사역이 하나님의 때에 하나님의 방법으로 이루어지리라는 확신을 얻는다. **그것들**이 비전이 될 필요가 없으며, 우리가 그것들을 위해 세우는 목표는 하나님의 일이지 우리의 일이 아니다. 우리는 아는 만큼 최선을 다하고, 열심히 일하고, 자신을 희생하기까지 한다. 그러나 **짐은 지지 않는다**. 그리고 직무와 사역에 어떤 식으로든 **우리의 자존심을 개입시키**

지 않는다. 예수와 그분의 아버지를 사랑하기에 우리는 진정으로 우리의 삶을 그분께 맡겼다. 우리의 삶은 깊은 시름의 대상이 아니다.

이렇게 사랑으로 하나님께 맡기는 삶을 지속하고 형성하려면, 속사람을 돌보는 구체적인 행동이 들어간 종합적인 인생 계획이 필요하다. 그것은 익히 알려진 영적인 삶의 훈련이다. 여기서 그것을 다룰 수는 없지만, 마음과 목숨과 뜻과 힘을 다하여 하나님을 사랑하기로 작정한 사람들이 그 다음 단계로 할 일은, 그 사랑을 가능하게 해 줄 그런 행동들을 규칙적으로 시행하는 것이다. 시간이 좀 걸릴 것이고, 공부와 실험과 성령의 인도하심이 필요할 것이다. 그러나 이는 가능한 일이며, 일단 그렇게 되면 삶은 이루 말할 수 없이 더 쉬워지고 즐거워지고 강해진다. 직무와 사역이 비록 제법 힘들고 고될 수 있을지라도 더 이상 짐이 되지 않는다. 역시 그분의 멍에는 쉽고 그분의 짐은 가벼우며, 그리하여 마음에 쉼이 있다(마 11:29-30).

과거에 이것을 알았던 사람들의 사명은, 처음 사랑으로 돌아가서 처음에 하던 일을 하는 것이다. 그리고 그 처음 자세를 현재 내가 살고 있는 삶 속으로 끌어들이는 방법을 배우는 것이다. 이것을 전혀 모르는 사람들의 사명은, 우리의 마음과 영혼과 뜻과 힘에 보답의 사랑이 흘러넘칠 때까지 우리를 향한 하나님의 사랑에 집중하는 것이다. "우리가 사랑함은 그가 먼저 우리를 사랑하셨음이라"(요일 4:19).

그리고 이미 하나님을 사랑하고 살면서 주변의 차세대를 걱정하는, 곧 차세대도 사랑의 하나님을 보는 충만한 비전에 들어

가기를 열망하는 사람들이 있다. 이들의 사명은, 미래를 이어갈 사람들과 함께 이런 문제들을 길고 진지한 토론과 기도의 주제로 삼는 것이다. 말할 때는 허심탄회하게, 규칙적으로, 솔직하게, 사랑으로 하라.

결국 각 기관의 장래를 누구에게 맡겨야 할지 판단해야 할 때가 온다. 이런 판단은 "하나님의 능하신 손 아래서" 사랑으로 그러나 단호히 이루어져야 한다. 우리가 할 수 있는 일은 성경적이고 지식을 바탕으로 한 부단한 가르침과 실천으로, 말과 모본으로, 그때를 미리 준비하는 것이다. 이 일에서도 역시 우리는 우리 가운데서 일하시는 하나님의 행동(은혜)에 의지해야 한다. 하나님은 우리가 사랑하는 분이며 또 우리가 다른 사람들에게 끊임없이 그 사랑을 전하는 분이다.

모든 것은 우리의 마음과 목숨과 뜻과 힘을 다하여 실제로 하나님을 사랑하는 것으로 귀결된다. 그리고 하나님의 능동적인 은혜를 맞이할 그런 활동을 우리 계획의 최우선에 두어서, 그 사랑이 우리의 삶이 되게 하는 것으로 귀결된다.

10.
기독교 영성 형성에 관한 논의

1999년 가을, 적은 무리의 그리스도인 교사들이 콜로라도 주 아이다호 스프링스 근처에 수련회로 모여서 오늘의 기독교 영성 형성의 의미와 전망을 기도하는 마음으로 고찰하는 시간을 가졌다. 주관하는 기관은 따로 없었지만, 지금 예수 그리스도의 사람들 속에 현존하는 그분의 생명에 대한 그리고 그분의 복음을 이해하는 전 세계의 시각에 대한 깊은 관심을 가지고 우리는 현재 우리가 당면한 영성 형성의 몇 가지 질문에 대해 분명하고 유익한 응답을 모색했다. 그 질문들에 대한 다음의 응답 내용은 내가 정리한 것으로, 그룹 내의 다른 사람들의 말과 정확히 일치하지 않을 수도 있다. 다만 나는 이 내용이 두 가지 면에서 우리에게 좋은 지침이 되기를 바란다. 하나는 존재와 삶에서 그리스도를 깊이 닮고자 하는 우리 시대의 도전에 부응하는 것이고, 또 하나는 20세기 말과 21세기 초에 유난히 관심이 급증하고 있는 영성 형성로부터 교회가 최대의 유익을 얻는 것이다.

영성 형성이란 무엇인가?
그것을 현대 생활의 언어로 어떻게 기술할 것인가?

모든 인간의 삶에는 숨은 차원이 있다. 다른 사람들에게 보이지 않거나 우리 자신조차 다 파악할 수 없는 차원이다. 이것은 하나님이 창조 시로부터 우리에게 주신 선물로, 우리가 스스로 원하는 사람이 될 수 있는 공간이다. 바로 거기서 우리는 가능한 지식과 감정과 환경의 자원들을 모두 활용하여 자신의 삶을 최대한 잘 관리한다. 바로 거기서 우리는 하나님 앞과 자신의 양심 앞에 선다. 자아의 이 숨은 차원을 흔히들 인격 내지 자아의 "내면, 속, 심연" 따위의 공간적인 표현을 써서 생각한다. 그것이 숨어 있고 기초가 된다는 사실이 이런 말들 속에 표현되어 있다. 마음과 영혼과 사고와 감정과 의지는 바로 이 영역에 있으며, 그것들이 한 인격의 참된 특성을 이룬다. 그가 어떤 사람이고 확실히 해낼 수 있는 일이 무엇인지가 거기서 결정되는 것이다.

인격의 보이지 않는 차원에 그리고 그 의식의 바로 한가운데에 인간의 **심령**spirit이 있다. "하나님은 영이시니", 곧 우주를 창조하시고 다스리시는 창조적인 의지다. 인간의 심령은 인간의 본성 안에 있는 창조적인 요소, "인간 안에 있는 하나님의 형상"이다. 심령이란 주로 오늘날 우리가 말하는 "의지", 선택과 결단의 역량, 성경과 전통에서 말하는 "마음"이다. 이는 우리의 생명의 근본적인 근원이다. 우리가 공동의 가시적인 세상과 그 역사에 내놓는 행동과 영향력과 기여의 수원(水源)이다.

특정한 종교 정황이나 전통과 상관없이, 영성 형성이란 **인간**

의 심령 내지 의지가 어떤 확실한 형태 또는 성격을 입는 과정이다. 이것이 **모든 인간**에게 벌어지는 과정임을 우리는 분명히 알아야 한다. 가장 훌륭한 사람 못지않게 가장 비열한 사람에게도 영성 형성은 이루어져 왔다. 그들의 심령 내지 마음은 형성되어 왔다. 우리는 다 특정한 성격을 얻어 특정한 종류의 사람이 된다. 그리고 그것은 이렇게 인간 전반의 의미에서 본 영성 형성의 결과다. 심령과 내면세계가 정말 강하고 선한 쪽으로 형성되는 길을 찾을 줄 알거나 그런 길이 주어진 사람은 운이 좋거나 복된 사람이다.

반면에, 기독교 영성 형성은 인간의 **내면세계가 형성되되 그리스도 자신의 내적 성품을 입는** 구속(救贖)**의** 과정이다. 그것이 성공적으로 이루어지는 정도만큼만 개인의 외적인 삶은 예수의 성품과 가르침의 자연스러운 표현 내지 표출이 된다. 그러나 그리스도를 닮은 모습이 외적으로 표현되는 것은 과정의 초점이 아니다. 그것이 주안점이 되면 과정은 무산되어 잔인한 율법주의와 분파주의에 빠지게 된다. "너희 속에 그리스도의 형상이 이루기까지"(갈 4:19)—이것이 기독교 영성 형성의 영원한 표어다. 그리고 "의문(儀文)은 죽이는 것이요 [율법의] 영은 살리는 것"(고후 3:6)이라는 확신이 그것을 굳건히 해 준다.

그래서 예컨대 예수의 산상수훈의 가르침(마 5-7장)에는 행동화된 분노, 음욕의 시선, 무자비한 이혼, 조종하는 말, 악을 악으로 갚는 것 등 여러 가지 행동이 언급된다. 그러나 숱한 경험으로 이미 알 수 있듯이, 여기 예시된 하나님 나라의 삶에 **행동**으로만 동조하려고 하는 것은 불가능한 일을 시도하는 것이며,

뻔히 잘못되고 우스꽝스럽기까지 한 행동들을 낳게 된다. "서기관과 바리새인의 의"만 늘어날 뿐이지, "그보다 더 낫게" 되어 그분의 나라 안에 있는 그리스도의 사람으로서 내 모습의 진정한 변화에는 이르지 못한다(마 5:20).

기독교 영성 형성(지금부터는 "영성 형성"이라고만 해도 대개는 그 뜻이다)의 방편에는 인간의 노력 훨씬 이상의 것이 들어간다. 영성 형성은 수동적인 과정이 아니므로 지식을 바탕으로 한 인간의 노력도 필요하다. 그러나 내적 존재가 그리스도를 닮아 가는 일은 단지 인간이 이루는 일이 아니다. 결국 그것은 은혜의 선물이다. 그 자원들은 인간에게서 난 것이 아니라 그리스도를 신뢰하는 사람들의 삶 속에 거하시는 성령의 상호 작용하시는 임재에서, 그리고 지상에 있는 그리스도의 백성들의 몸(교회)에 쌓인 영적인 보화에서 온다. 그러므로 지금 우리가 생각하는 것은 개인의 심령 내지 내적 존재의 형성만이 아니라 그 형성의 **주체**가 하나님의 성령이고 과거에나 현재에나 그 백성 속에 계속 성육신하시는 그리스도의 영적인 부요라는 것이다. 그중에서도 가장 두드러진 보화는 그분의 기록된 말씀과 구두의 말씀이다.

기독교 영성 형성의 효과적인 과정에 개입되는 주된 요소는 무엇인가?

무엇보다 "허물과 죄로 죽었던" 자들을 깨우는 성령의 역사와 복음의 말씀이 있다. 그것은 우리를 하나님의 사랑에 눈뜨게 하고, 예수 그리스도를 믿는 믿음으로 말미암아 가능해진 하나님 나라의 삶에 눈뜨게 한다. 그래서 우리는 그리스도를 구주로 받아들일 수 있고, 그리하여 부어 주시는 신령한 삶에 영혼이 열린다. 이제 우리는 "신의 성품에 참예하는 자"(벧후 1:4)가 되고 그런 의미에서 하나님의 자녀가 된다. 성령과 말씀의 주도권, 그리고 다양한 방식으로 성령과 말씀을 섬기는 사람들의 주도권은 영성 형성의 과정에 절대 중단되지 않는다.

그러나 제자 개개인이나 제자들의 단체 쪽에서도 끊임없이 찾아야 한다. 예언의 말씀에 "너희가 전심으로 나를 찾고 찾으면 나를 만나리라"고 했고(렘 29:13), 또 "그가 자기를 찾는 자들에게 상 주시는 이"시라고 했다(히 11:6). 이렇게 찾는 마음은 하나님 앞에서 내적으로 순결해지고픈 갈망, 그분을 위해 온전해지고픈 갈망, 마음과 목숨과 뜻과 힘을 다해 그분을 사랑하고픈 갈망에서 비롯된다. 그 갈망과 불가분의 관계로 그리스도 자신이 선하신 것처럼 우리도 선해지고픈 갈망이 있는데, 이는 곧 친척들과 친구들과 이웃들을 그분이 사랑하시는 것처럼 사랑하고 하나님 나라의 능력으로 그들을 섬기고자 하는 갈망이다.

이렇게 찾는 마음이 실제로 시행되려면 학습, 묵상, 기도, 조언을 통해 우리 자신의 마음과 내면세계의 상태를 파악해야 한다. 그리고 적절한 조치를 취해 내면의 옳지 못한 것들은 물론, 우리가 속해 있는 가시적이고 사회적인 세상의 옳지 못한 것들을 변화시켜 나가야 한다. 우리는 우리 안에서 그리고 가시적인 세계 속에서 행동하시는 하나님을 보고 우리의 행동을 그분의 행동에 맞춘다. 바로 이것이 예수의 말씀대로 늘 "먼저 그[하나님]의 나라와 그의 의"를 구하는 것이다(마 6:33).

흔히 "종교적인" 활동으로 통하는 대다수의 활동들이 영성 형성 과정의 일부가 될 수 있고 마땅히 되어야 한다. 공예배와 개인 예배, 성경공부, 자연, 인간 역사에 나타나는 하나님의 행동, 기도, 경건한 일을 위한 헌금, 남을 섬기는 일은 모두 영성 형성의 대단히 효과적인 요소들이 될 수 있다. 단, 그런 일들을 하되 사려 깊고 단호하게 하나님의 나라와 의를 위한 목적으로 해야 한다. 그렇지 않으면 영성 형성을 북돋는 효과를 거의 혹은 전혀 내지 못하게 된다.

그만큼 널리 시행되지는 않는 다른 행동들도 있다. 금식, 고독, 침묵, 경청 기도, 성경 암송, 검소한 삶, 고백, 일기 쓰기, 적절한 경우에 다른 사람들의 뜻에 복종하는 일, 적절한 신앙 지도 등인데, 사실은 잘 알려진 종교적인 활동보다 이것들이 그리스도를 닮아 가는 영성 형성에 더 기초가 된다. 그리고 전자의 활동들이 유익하게 쓰이려면 이것들이 꼭 필요하다.

이 모든 활동을 우리는 항상 우리의 구주와 스승이 되시는 예수 자신과의 친밀하고 인격적인 동행이라는 정황 안에서 보아야 한다. 영성 형성은 역동적인 관계이고 개인마다 크게 다르기 때문에 어떤 공식을 쓸 수는 없다. 그러나 하나님이 복 주시는 영성 형성의 시행이라면 어느 경우든, 방금 말한 것들이 대부분 포함된다는 것만은 확실하다.

성경의 언어로는 영성 형성이 어떻게 표현되는가?
이것은 성경적인 개념인가?
현재 쓰이는 어법에 뭔가 진짜 새로운 것이 있는가,

아니면 늘 해 오던 일을 그냥 새롭게 표현한 것뿐인가?

이것은 성경에 여러 모양으로—경고로, 기도로, 가르침으로, 모본으로—표현되어 있는 성경적인 개념이다. 잠언에 보면 "[내 말을] 네 마음속에 지키라. 그것은 얻는 자에게 생명이 되며 그 온 육체의 건강이 됨이니라. 무릇 지킬 만한 것보다 더욱 네 마음을 지키라. 생명의 근원이 이에서 남이니라"고 했다(잠 4:21-23). 시편 기자는 "하나님이여, 내 속에 정한 마음을 창조하시고 내 안에 정직한 영을 새롭게 하소서…… 자원하는 심령을 주사 나를 붙드소서…… 하나님의 구하시는 제사는 상한 심령이라. 하나님이여 상하고 통회하는 마음을 주께서 멸시치 아니하시리이다"라고 부르짖는다(시 51:10-17, 사 66:2-6 참조). 뒷부분에 가면 영성 형성의 한 전략이 이렇게 표현된다. "내가 주께 범죄치 아니하려 하여 주의 말씀을 내 마음에 두었나이다"(시 119:11, 수 1:8, 시 1편 참조).

하나님은 중심에 있는 것을 보시고(삼상 16:7), 신령과 진정으로 그분을 예배하는 자들을 찾으시며, 그런 사람들의 예배만 받으실 수 있다(요 4:23-24). 그분이 하시는 말씀은 인간의 영혼에 있는 것과 심령에 있는 것을 능히 가려내실 만큼 모든 것을 꿰뚫으신다(히 4:12). 입술로는 그분을 존경하나 마음은 그분에게서 멀리 떠난 사람들을 그분은 알아보시고 물리치신다(사 29:13, 마 15:8-9, 18 참조).

성경적인 신앙이란 무엇보다도 마음의 신앙이요 마음을 지키는 신앙이다. 그래서 예수께서는 못된 열매를 맺는 좋은 나무가 없고 좋은 열매를 맺는 못된 나무가 없으며(눅 6:43), 사람에게서 나오는 선과 악은 그 마음에서 비롯된다고(눅 6:45, 막 7:21-23) 친히 강조하신다.

사도 바울의 일관된 교훈은 "옛 사람을 벗고 새 사람을 입어" 우리의 내적 존재를 혁신해야 한다는 것이고, 새 사람의 특징은 "긍휼과 자비와 겸손과 온유와 오래 참음을 옷 입고……주께서 너희를 용서하신 것과 같이 너희도 그리하고 이 모든 것 위에 사랑을 더하라. 이는 온전하게 매는 띠"라는 말씀에 드러난다(골 3:12-14). 그는 에베소 교인들을 위해 기도하기를 "그 영광의 풍성을 따라 그의 성령으로 말미암아 너희 속사람을 능력으로 강건하게 하옵시며 믿음으로 말미암아 그리스도께서 너희 마음에 계시게 하옵시고…… 하나님의 모든 충만하신 것으로 너희에게 충만하게 하시기를 구하노라"고 했다(엡 3:16-19). 그리고 우리의 "속은 날로 새롭도다…… 우리의 돌아보는 것은 보이는 것이 아니요 보이지 않는 것이니"라고 증거하고 있다(고후 4:16-18).

이렇듯 영성 형성이 그리스도의 사람들의 역사(歷史)에서 새로운 것이 아님은 분명하다. 동방과 서방의 고대 기독교 종파들을 보면, 영성 형성의 행동들이 그들 자신만큼이나 오래된 것임을 알 수 있다. 영성 형성이라는 언어 자체는 천주교의 많은 세부 계파들 사이에 예전부터 두루 사용된 것이고 지금도 계속되고 있다. 좀 더 옛날의 그리스도인들은 영적인 삶의 **제도들**을 말했다. 뿐만 아니라 개신교 쪽에도 영성 형성의 언어까지는 몰라도 그 실체는 실질적으로 존재한다. 재세례파, 감리교, 이후의 많은 세부 계파들은 물론 개혁파와 청교도 분파에서 그것을 볼 수 있다.

그러나 20세기 후반의 미국과 서구의 개신교에 관한 한, 영성 형성은 분명히 새로운 현상이다. 우리 시대에 기독교 신앙의 추이는 중대한 고비에 서 있다. 지금 열려 있는 기회의 문을 우리는 놓쳐서는 안 된다.

지난 두 세기 동안 그리스도인의 삶을 어둡게 한 사건은 정통과 모더니즘 사이의 싸움이었다. 이 싸움의 주요 쟁점은 사실 그리스도의 제자도가 **아니었다**. "내가 너희에게 분부한 모든 것"에 일상적으로 편만하게 순종하는 삶으로 나타나는 영혼의 변화도 아니었다. 대신 논쟁의 양 진영 모두, 기독교의 본질적인 교리로 명백히 주장하거나 혹은 거부해야 할 것이 무엇인가에 완전히 매달리다시피 했다. 구주이신 그리스도를 보는 입장들을 놓고 싸우는 사이에 **스승이신 그리스도는 어디서나 실종되고 말았다**.

본질적인 이슈인 제자도는 교회에서 사라졌고, 그와 함께 내면의 자아가 변화되어 그리스도를 닮아 갈 수 있는 현실적인 계획과 프로그램도 사라졌다. 이제 우리는 마음과 삶이 실제로 변화되지 않고도 영원히 그리스도인이 될 수 있다. 긍정적인 내용이든 부정적인 내용이든 바른 **고백**만 있으면 되게 되었다. 그리하여 믿음을 고백하는 그리스도인들이 세대와 세대를 타고 양산되었거니와, 전반적으로 그들은 믿지 않는 이웃들과 성품상으로는 하등 다를 바 없고 그저 의식(儀式)만 다를 뿐이다. 아울러 현재 미국에는 하나님은 믿고 심지어 영적인 사람으로까지

자처하지만, 교회와는 전혀 무관한—대개 자존심의 문제로—인구 집단이 대량으로 생겨났다. 한때 "명목상의" 기독교로 통하던 것이 지금은 "정상" 기독교가 되었고, 심지어 전통상 명목상의 그리스도인들이 아니라고 자부하던 사람들마저도 다를 바 없게 되었다.

요즘 이렇게 영성 형성에 대한 관심이 되살아나고 있는 데에 새로운 면이 있다면, 인간 내면 생활의 진정하고 편만하고 철저한 변화를 도외시하는 것이 바람직한 일도 아니고 필요한 일도 아니며 어쩌면 이대로 허용해서도 안 되는 일이라는 인식이 확산되고 있다는 점이다. 지금 우리는 인간의 영혼은 변화와 온전함과 거룩함에 갈급해 있고, 그것이 없어 병들어 죽어 가고 있으며, 어디로든 반드시 그것을 찾아 나서는 것—그러다가 자기가 죽는 한이 있더라도—을 보고 있다. 지금 우리는 교회가 그리스도로 말미암는 철저한 내적 변화의 길을 확실히 제시하고 열어 주지 않는다면 그것은 교회 자신과 세상을 배신하는 것임을 보고 있다.

영성 형성과 구원은 어떤 관계인가?
은혜는 영성 형성에 어떻게 관여되는가?

오늘날 "구원"을 말할 때는 거의 언제나 사람이 죽어서 천국에 간다는 의미다. 그나마 구원을 말하는 곳이 있다면 말이다. 죽음이나 사후의 어느 시점에 하나님이 그분의 임재 안에 들어갈 사람으로 쳐 주시는 사람은 "구원받은" 것이다. 성경 전반에서 구원이라는 단어에는 "해방"의 의미가 들어 있는데, "구원"과 "구원받다"라는 말을 위와 같은 용법으로 쓰면 그런 전체적인 의미를 상실하고 만다.

이런 상실은 예로부터 죄 용서에 집착하고 용서만을 정말 중요한 것으로 관리해 온 결과이기도 하지만, 또한 최근 몇 세기 동안 복음주의자들이 용서의 근본적인 중요성을 성공리에 강조한 결과이기도 하다.

이제 우리가, 용서란 엄밀히 말해서 무엇을 믿느냐(고백)의 문제라고 덧붙인다면, 그것은 제자도 없는 소비주의 기독교를 내는 처방전이다. 현 시점의 우리에게 전수된 것이 바로 그것이다.

그러나 만일 우리가―바른 믿음과 죄 용서의 중요성을 절대로 부인하지 않으면서―"구원의 믿음"을 예수 그리스도를 믿되 그분의 말이나 행동의 일부만이 아니라 전인격을 믿는 것으로 이해한다면, 구원은 제자들의 전인격을 해방시켜 하나님 나라의 풍성한 삶에 들어가게 하는 것이 된다. 여기에는 신자들의 점진적인 내적 변화도 포함되는데, 이는 천국에 들어가는 조건―통상적인 의미의 구원―이 아니라 전체의 자연스러운 일부다. 이 전체에는 새 생명, 끊임없는 영적인 성장, 천국에 들어가는 것도 함께 포함되며, 이제 천국에 가는 것은 중심적인 초점이 아니라 자연스러운 결과다. 이 구원은 정말 "내게 효험 되어서 정결하게 하는" 구원이다.

이런 구원은 모든 면에서 은혜다. 그것은 살아 계신 주님, 구주, 스승과 끊임없이 상호 작용하는 관계 속에서 누리는 생명의 선물이다. 예수께서 친히 이르시기를 "영생은 곧 유일하신 참

하나님과 그의 보내신 자 예수 그리스도를 아는 것"이라고 하셨다(요 17:3). 성경에서 말하는 "지식"은 상호 작용하는 관계다. 그것은 제자와 스승의 구속(救贖)의 관계다. 그 관계 안에서 우리는 초기 단계의 회개와 용서에서부터 가장 진보된 선물인 비전과 성품과 봉사와 능력(행 6:8)에 이르기까지 모든 것을 공로 없이 은혜로 받는다. 영성 형성이란 단순히 우리가 "우리 주 곧 구주 예수 그리스도의 은혜[절대로 용서가 아니다!]와 저를 아는 지식에서 자라" 가는 과정이다(벧후 3:18).

영성 형성은 영성과 요즘 넘쳐나는 많은 "영성들"과 어떤 관계인가? 기독교 영성 형성이 포용적이기보다 배타적이라면 그 이유는 무엇인가?

기독교의 정황에서, 우리는 살아 계신 주 예수 그리스도에게서 우리 삶의 방향과 힘을 얻는 정도만큼만 영적이다. 성령을 통해서 그리고 하나님이 그분의 나라 안에 정해 두신 다른 매개물들을 통해서 말이다. 그분의 나라 자체도 영적인 실체다. 물론 그 정황 바깥에는 다른 영들이 있다(고전 10:20, 12:2).

영이란 몸이 아닌 인격체의 힘이다. 그것은 단지 세력이나 에너지가 아니며, 흔히들 알고 있는 대로 물질계의 바깥에 존재하는 세력이나 에너지도 아니다. 그것은 타고난 신체적인 세력들과 긴밀하게 얽힐 수 있음에도 불구하고 그것들과 별도로 움직이는 힘이다. 그것은 아이디어, 태도, 감정, 판단, 결정, 행동의 형태를 취한다. 그러므로 그것은 인격적이다. 앞서 말했듯이 인간은 영이 있으며 기본적으로 영적인 존재다. 다만 그 영을 영원히 조건 짓는 것은 몸의 이력이다. 천사들도 영적인 존재다. 선한 천사뿐 아니라 악한 천사도 그렇다. 그리고 무엇보다도 "하나님은 영이시다."

인간은 그 실제의 삶이 하나님과의 상호 작용에 의존하고 있는 정도만큼만 영적인 사람이다. 영성이란 그런 사람 특유의 삶의 질이다. 반면, 인간은 그러한 삶의 질이 없이 단순히 인간적이거나 자연적인 자원에 의존하고 있는 정도만큼 육체적 또는 육신적이다. 영성 형성의 과정에 더 진도가 나가 있을수록 그 사람의 영성은 그만큼 크고 삶 전체에 배어 있다.

오늘날 "영성들"이 넘쳐나고 있다. 대개 그것들은 "종교 생활"의 외적인 형태 내지는 단지 삶의 방식에 지나지 않는다. 그러나 보다 큰 문화적 정황에서, 다양한 영성들은 모두 세상에서 정체감과 힘을 얻으려는 시도다. 자아 인식의 결핍과 스스로 보잘것없고 무력하다는 느낌이 인간의 영혼과 심령을 짓누르는 세상에서 말이다. 이 모든 영성들에는 우리를 특별한 존재로 구분해 주고 "자연계" 바깥의 에너지와 연결시켜 주겠다고 약속하는 명백한 행동들―혹 의식(儀式)들, 복장과 외모의 방식들, 식생활이나 운동이나 사회적 상호 작용의 특별한 기계적 절차들 등―이 있다. 이것들은 여러 명백한 기독교 전통이나 또는 다른 전통에서 사용하는 영적인 훈련과 교차될 때가 많다.

무엇이든 선한 것은 선한 것이며, 누구보다도 먼저 예수께서 그리 말씀하실 것이다. 그러나 대체로 말해서 모든 "영성들"은 나머지 모든 것에 대해 어느 정도 배타적이다. 아무거나 다 좋다고 말하는 영성은 하나도 없다. 모두가 하나같이 자기네의 영적인 삶에 임하는 데 옳은 길과 잘못된 길이 있다고 주장한다. 각자의 신념과 행동으로 일부—사실은 대부분의—다른 영성들의 신념과 행동을 배제하지 않는 영성은 하나도 없다(가장 포용적이라고 말하는 영성들도 마찬가지다). 기독교의 방식만 유독 비판적이고 배타적이라든지 전체적으로 다른 방식들보다 더 배타적이라는 주장은 현대의 환상이다.

    기독교 영성과 기독교 영성 형성의 배타성은 단순히 그것 자체인 그리고 그것이 가져다주는 생명에 있다. 그것은 그것으로 단순히 놓아 두라. 그리고 다른 모든 것들이 직접 보고 비교하게 하라. 그리스도인들은 마음을 닫고 적대적이 되어서는 안 되지만, 어디까지나 예수 그리스도께 온전하게 배우고 따라야만 한다. 영성 형성의 목표는 내면이 그리스도께 일치되고 그분께 순종하는 것이다. 이런 일치는 뚜렷이 배타적인데, 그것은 다른 영성들에 대한 교만 때문이 아니라, 차별 없이 모든 사람을 진심으로 사랑하고 실제로 돌아보는 정도가 남다르기 때문이다. 포용성은 삶의 은혜다. 그것을 솔직하게 충분히 잘 이해한다면, 그 뿌리는 그리스도 안의 영성 형성에 있을 수밖에 없다. 그것은 그저 아무나 뜻대로 받아들이거나 거부할 수 있는 윤리적·정치적 입장이 아니다. 자원이 있어야만 포용할 수 있다. 그런데 대체로 그 자원은 아무데서나 구할 수 없다.

영성 형성에서 영적 훈련의 역할은 무엇인가?

여기서 말하는 "훈련"이란 우리가 의식적으로 선택하거나 시행하는 활동으로서, 직접적인 노력으로는 안 되는 일들이 그것을 통해 가능해진다. 영적 훈련도 그런 활동이되 특히 영적인 삶의 성장과 발전에 해당되는 것이다. 이것은 자신의 영성 형성에 기여하기 위해 우리가 할 수 있는 일의 주요한 부분이다.

예를 들어서, 대부분의 사람들처럼 나도 "나를 저주하는 자를 축복"하거나 "쉬지 않고 기도"하거나 분노를 버리거나 탐심이나 음욕의 눈초리를 보내지 않는 일이 **직접적인** 노력으로는 잘 안 된다면, 이제 **나는 스스로 훈련할 길을 찾아야 할 책임이 있다**(언제나 은혜와 하나님의 인도로 되는 일임을 한시도 잊어서는 안 된다). 그래야, 막상 당해서 하려고 하면 안 되는 일들을, 능히 할 수 있게 된다.

"시험에 들지 않게 깨어 있어 기도하라." 이는 예수께서 지쳐 있던 친구들에게 주신 좋은 권고다. 진정 원하는 마음으로 자연적인 능력의 연약함("육신")을 물리치도록 그들을 돕고자 하신 말씀이다(마 26:41). 그리고 예전의 명령도 있다. "이 율법책을 네 입에서 떠나지 말게 하며 주야로 그것을 묵상하여 그 가운데 기록한 대로 다 지켜 행하라. 그리하면 네 길이 평탄하게 될 것이라. 네가 형통하리라"(수 1:8). 성경의 지혜가 녹아든 구절들이다. 곧, 필요한 영적인 도움을 받으려면 우리는 조치를 취해야 하며, 그런 도움은 대체로 우리에게 수동적으로 주어지거나 우리 안에 주입되지 않는다는 것이다.

그러므로 고독과 침묵, 금식과 검소함, 학습과 예배, 봉사와 복종—그리고 같은 방식으로 소용되는 다른 활동들(완전한 목록은 없다)—은 영성 형성의 모든 확실한 프로그램에 꼭 필요한 부분들이다. 우리의 사생활에, 그리고 그리스도의 몸 안에서 다른 사람들과의 교제에 이런 활동들이 본질적인 부분이 되어야 한다. 이것들로 공로를 쌓는 것은 아니고, 다만 그에 힘입어 수동적으로 주어지지 않은 것들을 하나님께 받을 수 있는 것이다. 이것들은 의(義)가 아니라 지혜다.

성령의 은사와 성령의 열매는 영성 형성에 어떻게 관여되는가?

"오직 성령의 열매는 사랑과 희락과 화평과 오래 참음과 자비와 양선과 충성과 온유와 절제니"(갈 5:22-23). 이것은 바울이 다른 데서 말한 "빛의 열매" 곧 "모든 착함과 의로움과 진실함"(엡 5:9)과 동일하거나 밀접하게 연관된 것이다. 분명히 이것은 바울이 고린도전서 13장과 골로새서 3:14에 자세히 말했고 예수께서 가르침의 일관된 주제로 삼으셨던 사랑과 넓은 의미에서 동일하다.

성령의 열매란 단순히 기독교 영성 형성의 과정을 통해 우리 안에 생겨난 예수 자신의 내적 성품이다. 그것은 영성 형성의 결과다. 그것은 "우리 속에 이루어지는 그리스도의 형상"이다. 이것을 "열매"라 함은 과목(果木)이나 덩굴의 열매처럼 이것도 우리의 되어진 모습의 파생물이지 일부러 열매를 맺으려고 노력한 결과가 아니기 때문이다. 그리고 우리가 이렇게 "열매를 많이 맺게" 된 것은 영성 형성의 과정을 통해 그리스도의 영의 임재를 받았고 그래서 이제 성령께서 우리와 상호 작용하시며 우리를 사랑과 희락과 화평 등으로 채우시기 때문이다.

성령의 열매가 우리 안에 점점 많아지면 분명히 그것은 영성 형성의 지속적인 과정에서 그 자체로 하나의 역동적인 요소가 된다. 사랑과 희락과 화평 등에 지배당한다는 것은 그만큼 자원들이 풍부하다는 뜻이다. 그 자원들로 우리는 믿음 충만한 생활을 유지하고 강화하며, 안팎 모든 차원의 은혜에서 자라 간다. 심령의 열매와 영성 형성은 개인 안에 영성 형성이 진행되는 동안 상호 지지의 역할을 한다.

방식은 다르지만 성령의 은사와 영성 형성도 그렇다. 성령의 은사는 이 땅의 그리스도의 몸을 구성하는 사람들에게 나누어 주시는 특정한 초자연적인 능력이다. 이는 각 지체들이 필요에 따라 그 모든 은사의 유익을 누릴 수 있게 하심이다. "또 역사는 여러 가지나 모든 것을 모든 사람 가운데서 역사하시는 하나님은 같으니 각 사람에게 성령의 나타남을 주심은 유익하게 하려 하심이라"(고전 12:6-7). 개인이 신자들의 몸에 속하여 다른 사람들에게 있는 은사의 유익을 받지 않는 한, 영성 형성은 절대로 하나님이 의도하신 대로 진행될 수 없다. 은사가 없으면 열매가 맺히거나 보존되지 않는다.

거꾸로 성령의 은사는, 은사를 받고 그것으로 다른 사람들을 섬기는 사람의 내면에 그리스도의 형상이 잘 이루어져야만 제대로 사용될 수 있다. 성령의 은사를 받고 그것으로 섬기는 것은 수동적인 일이 아니다. 우리는 은사를 적극 추구하고 받고 형성해야 한다. 그리고 이 모든 것은 내적 존재의 지속적인 변화가 있어야 가능하다. 영성 형성은 개인과 단체가 성령의 은사들을 구사할 수 있는 기초를 다져 주고 적절한 틀이 되어 준다. 반대로, 영성 형성이 제대로 진행되려면 개인들이 단체를 위해 그리고 단체 내에서 개인들을 위해 반드시 은사를 적절히 구사해야 한다. 은사 자체는 그것을 구사하는 사람들의 심령과 성품을 빚는 데 별 구실을 하지 못한다. 가장 중요한 것으로, 성령의 은사는 영성 형성에 관여되어야 하지만 영성 형성의 대용품은 아니다.

영성 형성은 기독교 이외의 많은 전통에도 똑같이 잘 표현되어 있는 인간의 과업이 아닌가?

영성 형성은 과연 인간의 과업이다. 이것은 인간 조건의 본성적인 부분이며 필수 요건이다. 일찍이 이것 없이 존재한 사회는 없었다. 인간은 실존에 필요한 것들을 저절로 형성하는 본능적인 동물이 아니다. 우리는 그것을 배워야만 하며, 기본으로 배워야 (그래서 체득해야) 하는 것은 삶의 내적인 조건들(생각, 감정, 의지 등)이다. 그것들을 통해서 사회적인 실존이 가능해지고 개인들은 행복한 삶을 소망할 수 있다.

　　모든 훌륭한 인간 전통의 영성 형성에서도 좋은 것들을 많이 찾을 수 있으며, 어디에서 찾든 그리스도인들은 좋은 것들을 기꺼이 존중한다. 우리는 "각양 좋은 은사와 [후히 베푸시는] 온전한 선물이 다 위로부터 빛들의 아버지께로서 내려"옴을 믿는다 (약 1:17, 행 14:15-17 참조). 후히 베풀 여유가 없다면 우리는 가진 것이 별로 없는 것이다.

그러나 인간의 영성 형성이 "기독교 이외의 많은 전통에도 똑같이 잘 표현되어" 있는지 여부는 단순히 사실적인 문제이지, 그저 후히 베푸는 태도로 또는 판단이나 우월감을 삼가려는 태도로 답할 문제가 아니다. 많은 경우에—예컨대, 인간 심령의 바른 형성을 나름대로 이해하고 지식을 바탕으로 거기에 깊은 관심을 두었던 고대 그리스와 로마 문화의 경우에—위의 여부에 대한 답은 "아니오"다. 기독교 시대의 첫 몇 세기 동안에 그리스도인의 삶과 가르침이 그런 영성들—요즘의 표현으로—의 자리에 대신 들어앉은 것은 그만한 이유가 있었다. 인간의 그런 영성들은 농간이나 정치적·물리적 세력의 "괴롭힘" 때문에 퇴출된 것이 아니다.

현대의 영성들—뉴에이지에서부터 이교도 풍의 복고와 세속주의에 이르기까지—이 심령을 감찰하시는 하나님을 기쁘시게 하는 삶은 고사하고 인간들 사이에 높이 평가될 만한 삶이라도 촉진하는 최선책이 되어, 역사적인 전성기 때의 기독교 영성 형성에 성공적인 도전을 꿈꿀 수 있을 것 같은 진지한 가망성은 없어 보인다. 그러나 이것은 우리가 서둘러 마무리 지을 문제는 아니다. 지식을 바탕으로 공정하게—특히 각자의 역사적인 전성기 때의 다른 유수한 종교들을 상대로—비교할 것은 모두 비교해야 한다. 그리고 판단은 사안의 사실들에 맡겨야 한다. "뭇사람을 공경하며"(벧전 2:17) "범사에 헤아려 좋은 것을 취하"라 한(살전 5:21) 사도들의 명령에 따르려면 그것은 필수적인 부분이다. 그리스도의 도는 사실을 피하거나 부인하지 않는다. 오히려 정반대로 그리스도의 도는 사실에 호소하며 모든 사람에게도 똑같이 할 것을 촉구한다.

심리학과 영성 형성은 어떤 관계인가?

영혼을 이해하고 그 필요들을 채워 보려고 심리학을 찾는 것은 당연하다. 어쨌거나 심리학은 인간의 영혼—혹은 삶—을 이해하는 책임을 면할 수 없다. 심리학 분야 내의 한 가지 주된 동향은 "심층 심리학"이다. "다른 종류는 무엇인가?"라고 순진하게 물을 수도 있다. "얕은 심리학?" 학문의 주제 자체에 있어서 심리학의 사명은 인간의 **심층**이다.

거꾸로, 영성 형성도 영혼의 실체들을 다루어야만 한다. 인간의 영적인 삶은 아무리 고상하고 황홀한 상태라 할지라도 역시 심리적인 실체다. 그것이 다는 아니지만 말이다. 따라서 성경공부, 기도, 말씀의 대중적인 교육과 설교, 종교 의식—최소한 현재 시행되고 있는 대로의 그것들—이 믿는다는 그리스도인들의 다급한 필요들을 뻔히 채워 주지 못하고 있음이 20세기 초에 분명해지면서, "기독교 심리학" 운동이 출현한 것은 당연하고도 타당한 일이었다. 당시만 해도 목회 심리학의 일부 산발적인 단편들 외에는 그 분야에 문서나 연구가 전혀 없었고, 심리학 분야의 유명한 이론가들의 태반이 기독교와 종교 일반을 적대시하거나 우습게보았다.

현대 심리학과 종교의 관계는 처음부터 껄끄러웠고 지금까지도 그렇다. 그럼에도 불구하고 그리스도인 심리학자들이 대거 출현하여 임상 심리학에 중요하고도 영향력 있는 존재가 되었다. 훌륭한 그리스도인 심리학자들이 많지만 안타깝게도 진정한 기독교 심리학은 아직 출현하지 않았다. 영적인 삶과 영성 형성을 포함하여 우리의 심리적 실존의 제반 사실을 모두 정당하게 취급하는, 인간 영혼에 대한 이론적인 이해가 없는 것이다. 그리스도인 심리학자들은 어쩔 수 없이 여러 출처의 이론적·실제적 통찰들을 서로 짜깁기하고 있는데, 그중에는 인간의 본성과 운명에 대한 기독교의 이해와 반대되는 것들도 있다.

물론 심리학 자체는 방법론에 있어서 아주 분파가 많은 분야다. 이것은 얼핏 심리학과 영성 형성이 생산적인 관계를 맺는 데 방해물처럼 보일 수도 있다. 그러나 사실 그것은, 영적인 삶―본래 인간의 자아에 꼭 맞는 삶―의 관점에서 인간의 자아를 진정으로 충분히 이해하는 기회가 될 수도 있다. 그렇게 되면 이런 이해 곧 심리학이 영성 형성 과정을 비추어 주고 방향을 제시하게 될 것이다.

꼭 짚어 둘 것이 있다. 현재, 진정한 기독교 영성 형성을 위협하는 커다란 위험 중의 하나는, 기독교 영성 형성의 실체들을 단순히 빠뜨리거나 아니면 그것들을 하나님 나라의 삶을 정당하게 취급하지 않는 다른 과정들로 대체하는 심리학 이론과 실천에만 우리가 **전적으로 의존하는** 데서 기인한다. 내적인 자아가 그리스도를 닮아 가는 변화는 영혼 안에 있는 하나님의 생명이 아니고는 그 무엇으로도 될 수 없는 일이다. 거기에 못 미치는 것이라면 무엇이든, 비록 그 자체로 아무리 좋고 타당한 것일지라도, 인간 영혼의 가장 깊은 필요들을 채우거나 사고와 정서를 만족시키기에는 역부족이다. 삶은 표류할 수밖에 없다.

**기독교 영성 형성은 정말 중요한가?
그것 없이도 잘 지낼 수 있지 않은가?**

이 질문에 대한 답은, 우선 첫째로, 우리가 그것 없이 잘 지내고 있지 못하다는 것이다. 우리가 그것이 없는 상태인 것은 분명하며, 우리는 잘 지내고 있지 못하다. 헨리 데이비드 소로의 표현으로 대다수의 사람들이 항상 살고 있다는 "조용한 절망의 삶"이 요즘은 눈에 띄게 더 절망스럽고 덜 조용해지고 있다. 바울이 로마서 1장과 3장, 갈라디아서 5:19-21, 디모데후서 3:2-7 같은 구절에 열거한 악행과 타락한 성품의 서글픈 목록은 최신판 신문과 주간지와 저녁 뉴스만큼이나 그대로 우리 시대의 초상이다.

허다한 사람들의 사생활은 물론 교육, 정부, 기업, 전문 분야, 예술과 오락도 다른 사람들이 야기하고 우리 자신이 초래하는 인간의 악과 실패의 짐 아래서 허덕이고 있다. 이 모두는 너무 흔하고 팽배해져서 보통 사람들이 거의 알아보지도 못한 채 그냥 "다 그런 거지"라고 받아들일 정도다. 현대 세계를 지배하고 있는 심령 형성의 과정들은 그 결과의 관점에서 보면 재앙이다. 그 결과란 곧 터진 환부와 낫지 않는 상처다(사 1:2-9).

아울러, 예수의 선함과 아름다움을 얼마라도 아는 사람들은 그분처럼 되기를 갈망하거나 적어도 그분처럼 되어야 할 책임을 느낀다. 그러나 내면이 변화될 길을 찾을 수 없는 한 그들은 무력하게 방치된다. 그들의 가장 깊은 마음과 성품과 정체와 존재 자체에서 그리스도가 흘러나오게 해 줄 그런 영성 형성 과정을, 이 세상에서 그리스도의 일을 한다는 사람들이 가르치고 본을 보일 준비가 되어 있지 않다면, 도대체 누가 그들에게 길을 보일 수 있겠는가?

그래서 모든 민족 집단에서 학생들을 삼아 그들을 삼위일체의 이름의 실체 속에 푹 적시고 그분이 분부하신 모든 것을 가르쳐 지키게 하는 이 그리스도의 프로그램(마 28:19-20)을 이끌어 갈 책임이 있는 사람들의 관점에서 볼 때, 기독교 영성 형성은 한마디로 필요불가결한 것이다. 이것을 이해하지 못하고 시행하지 않기 때문에 오늘날 믿는다는 그리스도인들과 비그리스도인들 사이에 실질적인 차이가 대체로 이토록 미미한 것이다. 오늘날 자기네 단체의 사람들에게 예수께서 말씀하신 모든 것을 가르쳐 지키게 하려는 계획이 실제로 서 있는 그리스도인 단체를 어디서 찾을 수 있을까? 그런 계획의 가능성을 확신하는 사람이 과연 누가 있을까? 교회와 세상이 언제라도 이용할 수 있도록 그리스도를 닮아 가는 영성 형성이 마련되어 있는지 여부에서 엄청난 차이가 생겨난다.

오늘 우리 그리스도인들은 절호의 기회의 순간에 서 있다. 바울이 고린도 교인들에게 쓴 것처럼 "내게 광대하고 공효를 이루는 문이 열리고 대적하는 자가 많으니라"(고전 16:9). 많은 막다른 골목들이 손짓하고 있고, 그리스도께서 우리를 부르시는 길에 대해 오해도 많고 적대감도 깊다. 중요한 것은, 영성 형성에 대한 작금의 관심을 우리는 그저 늘 하던 일을 계속하자는—다만 이번에는 "정말 진심으로"—권유로만 보아서는 안 된다. 보통 그리스도인들과 나아가 우리 중에 좀 더 열심 있는 사람들에게 으레 주어지는 통상적인 조언으로는 마음과 영혼과 몸의 필요들을 채우기에 대책 없이 부족하다. 이제 우리는 우리의 현재의 정황 속에서 속사람의 혁신에 솔직하고 철저하게 성공할 수 있는 길들을 모색해야 한다. 그럴 때 속사람은 예수 그리스도의 비전과 감정과 성품을 똑같이 품게 된다. "그러므로 너희는 가서……."

11.
개인의 영혼 관리
사역자들과 모든 사람을 위해

> 무릇 지킬 만한 것보다 더욱 네 마음을 지키라.
> 생명의 근원이 이에서 남이니라. 잠 4:23

복음의 일꾼이 되라는 하나님의 부르심은 높은 영예이자 고결한 도전이다. 거기에는 독특한 기회도 따르지만 또한 성직자들과 그 가족들이 져야 할 특별한 짐과 위험도 따른다. 우리는 그런 짐을 잘 져서 열매를 맺을 수 있고, 그런 위험을 극복하여 승리할 수 있다. 그러나 사역자의 "속사람"(고후 4:16)이 끊임없이 새롭게 되지 않는 한 그런 일은 없다. 속사람이 끊임없이 새롭게 되려면 속사람 안에 있는 하나님과 하나님 나라의 풍성한 자원을 가져다 써야 한다.

영혼과 가장 큰 계명

여기서 말하는 "영혼"이란 흔히 쓰이는 용법대로 인간의 숨은 면 내지 영적인 면을 지칭한다. 따라서 여기에는 개인의 생각과 감정, 마음 내지 뜻, 의향과 선택이 다 포함된다. 개인의 신체적인 삶과 사회적인 관계도 포함되는데, 이것들도 내면의 의미와 본질을 보면 생각과 감정만큼이나 숨어 있는 것이다. "영혼"을 이렇게 포괄적으로 이해하는 시각은 흔히들 세간에서 말하는 의미와는 가깝지만, 분석적인 목적에는 충분하지 못하다. 그러나 여기서 우리의 취지에는 충분히 잘 맞는다.

사역자의 견고하고 건강하고 열매 맺는 삶의 비밀은 우리가 어떻게 자아의 이 모든 숨은 차원들에서 하나님과 **함께** 일하느냐에 있다. 그 차원들이 한데 모여 진정 인간다운 삶을 이룬다. 그것들은 우리의 외적인 삶의 불가피한 근원이며, 사역자의 활동들이 끼치는 좋고 나쁜 영향을 거의 전적으로 결정짓는 것도 그것들이다. 타고난 재능, 외적인 상황, 특별한 기회들은 별로 중요하지 않다. 예수께서는 좋은 나무가 "아름다운 열매를 맺"는다고 하셨다(마 7:17). 나무를 잘 돌보면 열매는 저절로 맺히게 되어 있다.

큰 계명도 삶의 내적인 차원들을 두고 하신 말씀이다. "네 마음을 다하며 목숨을 다하며 힘을 다하며 뜻을 다하여 주 너의 하나님을 사랑하고 또한 네 이웃을 네 몸과 같이 사랑하라"(눅 10:27). 이 계명은 우리가 무엇을 행해야 하는지를 말해 주기보다는 무엇을 가꾸어 영혼을 관리해야 하는지를 말해 주는 것이다. 이것은 모든 신자들에게 해당되며 복음의 사역자들에게는 더 말할 것도 없다.[1] 하나님 차원의 사랑인 아가페에 흠뻑 젖은 인격만이 우리의 높은 소명과 희생적인 봉사를 충분히 감당할 수 있다(고전 13장 참조).

그러나 아주 똑똑히 알아야 할 것이 있다. 사랑에 관한 성경의 위대한 본문들—앞에 이미 언급한 것들과 또한 요한일서 4장을 비롯한 다른 본문들—이 우리에게 하는 말은, 하나님을 나의 전 존재로 사랑하고 이웃을 내 몸과 같이 사랑하는 **것처럼 행동하라**는 것이 **아니다**. 하나님을 사랑하는 마음이 우리 안에 거하지도 않는데 그렇게 시도하는 것은 불가능한 짐이다. 우리는 분노하고 절망하게 된다. 사실, 많은 사역자들과 그 가족들이 사람들에게 **"잘해 주려고" 하다가** 그런 상태에 빠지고 있다.

성품과 성령의 열매

일부 사역자들과 그 밖의 사람들의 삶에 나타나는 "돌연한" 실패는 절대로 정말 돌연한 것이 아니라 "마음에 숨은 사람"(벧전 3:4)의 고질적인 결함들이 겉으로 표출된 것이다. 반면, 우리 삶의 모든 부분에 속속들이 배어드는 하나님의 사랑은 고린도전서 13장에 보장된 대로 생과 사의 모든 조건을 감당하기에 충분한 자원이다. 예수께서는 이 사랑을 "영생하도록 솟아나는 샘물"이라고 하셨다(요 4:14). 바로 이렇게 하나님의 사랑에 사로잡힌 사람들**에게서** "생수의 강"(요 7:38)이 정말로 흘러서 목마른 세상으로 나간다.

우리의 사역과 설교의 대상들은 우리가 하는 말의 99%는 기억하지 못할 것이다. 그러나 그들은 우리가 어떤 종류의 사람인지는 절대 잊지 않을 것이다. 내 경우에도 과거의 영향력 있는 사역자들은 정말 잊을 수 없다. 우리 영혼의 질(質)은 좋은 쪽으로든 나쁜 쪽으로든 다른 사람들에게 지워지지 않는 흔적을 남길 것이다. 그래서 우리는, 사역의 모든 직무 한복판에서 현 시점에 벌어지고 있는 가장 중요한 일은, 자신이 어떤 사람이 되어 가고 있는가 하는 것임을 절대로 망각해서는 안 된다.

하나님은 우리가 기르고 있는 성품의 질에 지대한 관심이 있으시다. 그분이 계획하신 우리의 미래는 우리가 그분의 은혜로 빚어내는 성품의 강도 위에 세워진다. 지식과 사랑을 바탕으로 그리스도께 헌신하는 인격은 영원토록 그 중요성이 더해 갈 것이며 절대로 폐해지지 않는다.

우리의 삶에 성령의 열매 곧 "사랑과 희락과 화평과 오래 참음과 자비와 양선과 충성과 온유와 절제"(갈 5:22-23)가 끊임없이 맺히는 것이 하나님의 의도다. 지금 여기서 우리의 삶 속에 거하시고자 그분은 필요한 것을 풍성히 장만해 두셨다. 그분의 능력을 받아서 우리 영혼의 관리에 적절히 주의를 기울이면, 이 영적인 열매가 풍성히 맺히고 "육체의 일"의 비참한 목록(갈 5:19-21)에서 건짐을 입게 된다. 우리는 부활하신 그리스도의 은혜의 통로가 될 수 있고, 우리의 사역 활동—설교, 기도, 치유, 행정—을 통해 그분이 다른 사람들을 섬기실 수 있다. 단, 우리는 실제적이고 구체적인 방식으로 그분의 은혜의 방편에 주의를 쏟아야 한다. 그래야 우리의 삶 속에서 그리고 우리의 삶을 통해 그분의 삶을 경험할 수 있다.

하나님의 임재 연습

우리가 할 수 있고 해야 하는 첫째이자 가장 기본적인 일은 항상 하나님을 우리의 생각 앞에 두는 것이다. 다윗은 이 비밀을 알고 이렇게 썼다. "내가 여호와를 항상 내 앞에 모심이여. 그가 내 우편에 계시므로 내가 요동치 아니하리로다. 이러므로 내 마음이 기쁘고 내 영광[영]도 즐거워하며 내 육체도 안전히 거하리니"(시 16:8-9).

우리의 영혼을 관리하는 기본적인 비밀을 딱 하나만 꼽는다면 단연 이것이다. 이렇게 하나님의 임재를 연습할 때 우리가 할 몫은 끊임없이 생각을 그분께로 돌리고 다시 돌리는 것이다. 연습 초기에는 하나님 말고 다른 잡념에 빠지는 성가신 습관 때문에 당연히 힘들 수 있다. 그러나 그것은 습관이며—중력의 법칙이 아니라—따라서 고칠 수 있다. 하나님을 항상 앞에 두고자 계획적으로 자꾸 행동을 취하다 보면 은혜 충만한 새로운 습관이 옛 습관을 대체하게 된다. 나침반을 아무리 흔들어도 바늘이 늘 정북으로 돌아가듯이, 머잖아 우리의 생각도 하나님께로 돌아가게 된다. 우리의 영혼이 하나님을 간절히 사모하면 그분이 우리의 내적 존재의 북극성이 되신다.[2]

물론 예수 그리스도는 문이요 빛이요 길이다. 이 심오한 실체를 설교만 하는 것이 아니라 그 실체 안에서 걸을 수 있다는 것은 우리의 특권이다. 우선 우리는 예수를 받아들여 하나님을 우리의 생각 속에 모셔 들인다. 우리의 의식을 그분께 열어 드리고 우리의 주목을 그분께로 돌린다. 이것이 우리의 "평소 상태"이며, 그것밖에는 없다. 그렇다면 전진하는 길은, 신약성경 복음서를 날마다 정성 들여 읽고 또 읽어서 그 장면들과 말들을 의도적으로 항상 우리의 생각 앞에 두는 것이다. 우리는 그것들을 암송한다. 아침에 일어나서 하루 일과를 보내고 밤에 자리에 누울 때까지 말과 상상력으로 그것들을 되살려 낸다. 이런 식으로 우리는 순간순간 그분과 동행한다. "항상 우리와 함께" 있겠다고 약속하신 그분과 말이다.

이 연습 과정의 시작 단계로 우리는 주어진 하루 동안 끊임없이 우리의 생각을 그리스도 안에서 하나님께로 되돌리는 연습을 하기로 작정할 수 있다. 일단 결단하라. 그러고 나서 최선을 다하되 자신을 닦달하지는 말라. 저녁때가 되면 하루 동안 어떠했는지 검토하고 다음날 더 잘할 수 있는 방법들을 생각해 보라. 서서히 그러나 꾸준히 이 연습을 계속하다 보면 머잖아 우리는, 세상의—그리고 교회의—혼란과 소음 대신 예수의 인격과 그 아름다운 말씀들이 저절로 우리의 생각을 점하고 있음을 알게 될 것이다.

성경의 좋은 문단들(구절들만이 아니라)을 암송하면 예수께 집중하는 데 더 탄력이 붙는다. 마태복음 5-7장, 요한복음 14-17장, 고린도전서 13장, 골로새서 3장 같은 문단들은 영혼의 성장에 더없이 좋은 부분이다. 성경 암송 연습이 매일의 경건의 시간보다 더 중요하다. 이런 좋은 말씀들로 우리의 생각이 가득 차서 언제고 묵상할 수 있게 되면, 우리의 삶 전체가 경건의 시간이 되기 때문이다. "주께서 심지가 견고한 자를 평강에 평강으로 지키시리니 이는 그가 주를 의뢰함이니이다"(사 26:3).

하나님은 큰 과업을 앞둔 여호수아에게 이렇게 이르셨다. "이 율법 책을 네 입에서 떠나지 말게 하며 주야로 그것을 묵상하여 그 가운데 기록한 대로 다 지켜 행하라. 그리하면 네 길이 평탄하게 될 것이라. 네가 형통하리라"(수 1:8). 시편 1편에 보면 이스라엘 백성들이 그것을 영적인 삶의 일부로 인정하고 실천했음을 알 수 있다. 그분과 그분의 말씀을 묵상하는 것은 우리의 삶에도 필수적인 부분이 되어야 한다.

하지만 율법을 어떻게 우리의 입에 둘 것인가? 물론 암송이다. 그렇게 율법에 머물러 있으면, 우리가 다른 모든 것을 생각하는 방식에 율법이 본질적인 한 부분이 된다. 그렇게 되면 하루 중에 우리에게 닥치는 일들은, 우리를 깨우쳐 주는 하나님 말씀의 임재 안으로 들어온다. 우리 안에 빛이 거하여 일상사를 바르게 볼 수 있게 해 준다. "주의 광명 중에 우리가 광명을 보리이다"(시 36:9). 이것이 사역을 위한 그리고 삶을 위한 참된 교육이다.

사랑과 예배

살아 계신 말씀과 기록된 말씀이 우리의 생각을 점하면 우리는 자연히―그리고 초자연적으로―하나님을 점점 더 사랑하게 된다. 그분이 얼마나 사랑스러우신 분인지 항상 확실히 보이기 때문이다. 하나님의 영광스러운 존재는 우리가 믿어서 좋은 진리 정도가 아니다. 그것은 다함이 없는 경이요 기쁨이다.

지혜로운 옛 청교도 토머스 왓슨은 이렇게 썼다.

> 사랑의 첫 열매는 마음으로 하나님을 묵상하는 것이다. 사랑 안에 있는 자는 언제나 생각이 사랑의 대상에 가 있다. 하나님을 사

랑하는 자는 하나님 생각에 황홀히 취해 있다. "내가 깰 때에도 오히려 주와 함께 있나이다"(시 139:18). 생각이란 마음의 여행객과 같다. 다윗의 생각은 늘 천국을 향했다. "주와 함께 있나이다." 하나님은 보배다. 보배가 있는 곳에 마음도 있다. 이것으로 우리는 하나님을 향한 자신의 사랑을 시험해 볼 수 있다. 내가 가장 많이 생각하는 것은 무엇인가? 하나님을 생각할 때면 나는 기쁨에 황홀하다고 고백할 수 있는가? 내 생각에 날개가 달렸는가? 높이 날아오르는가? 나는 그리스도와 그 영광을 묵상하는가?…… 죄인은 하나님을 생각 밖으로 몰아낸다. 판사를 생각하는 죄수처럼 그는 공포 상태에서 말고는 하나님을 생각하지 않는다.[3]

이런 식으로 우리는 예배 시간 속에만 아니라 예배의 삶 속에 들어간다. 천국의 찬송이 우리의 내면 생활에 쉬지 않고 실재한다. "보좌에 앉으신 이와 어린 양에게 찬송과 존귀와 영광과 능력을 세세토록 돌릴지어다"(계 5:13).

예배가 우리 삶의 끊임없는 기저가 된다. 우리의 전 존재를 하나님께로 회복시키는 일을 지속하고 완성함에 있어서 예배는 단연 가장 막강한 힘이다. 편만하고 빛나는 선(善)을 한 인격 안에 가르치고 인도하고 지속시킬 수 있는 것은, 하나님을 보는 참된 비전과 거기서 자생적으로 솟아나는 예배 외에는 아무것도 없다. 그것이 있으면, 내주하시는 그리스도의 능력이 우리에게서 다른 사람들에게로 흘러나간다.

그러나 지금 우리가 예배하려고 **애쓰는** 것이 아님을 잊지 말라. 예배는 우리가 해야 할 또 하나의 일이 아니다. 예배는

"영생하도록" 솟아나는 선물인 "생수"의 한 단면이다(요 4:14, 7:38). 우리가 할 몫은 우리의 생각을 하나님께로 돌리고, 우리 영혼 안에서 일하시는 그분의 은혜로운 행동에 주목하는 것이다. 이것이 우리가 수행해야 하는 근본적인 "영혼 관리"다. 그렇게 하나님과 늘 동행하노라면 우리의 삶 속에 사랑과 예배, 예배와 사랑이 흐르게 마련이다. 그분과 함께 걸을 때―그 은혜의 흐름 속에서―우리는 자연스럽게 우러나는 삶을 살고, 이웃들을 사랑하고, 복음의 말씀과 능력을 전하게 된다.

충만한 기쁨

개인의 영혼을 관리하려면 또한 자신의 감정에 주목해야 한다. 감정은 삶의 실재 요소이며, 그리스도 안에 있는 우리의 삶도 다를 바 없다. 일부 사역자들과 수많은 사람들은 감정이 자기를 이기도록 방치하고 있다.

그러나 우리는 **사랑**이 영적인 삶의 기초이며 **기쁨**이 그리스도 생명의 핵심 요소임을 유념하는 것이 좋다. 기쁨은 단지 감각이나 쾌감이 아니라 편만하고 지속적인 평안함이다. 하나님의 선하심을 바라는 소망은 없어서는 안 될 기쁨의 버팀대다.

예배와 찬양의 순간에 바울의 입에서 로마의 그리스도인들에게 저절로 축도가 터져 나왔다. "소망의 하나님이 모든 기쁨과 평강을 믿음 안에서 너희에게 충만케 하사 성령의 능력으로 소망이 넘치게 하시기를 원하노라"(롬 15:13). 그리스도인의 삶의 정서적인 면의 깊은 필요들이 잘 나타난 구절이다.

그리스도 안에 사는 삶의 위대한 중심 단어는 "믿음, 소망, 사랑, 평안"이다. 이것은 **단지** 감정만이 아니며, 사실상 감정이 아니다. 이것은 몸과 사회적인 정황을 포함해 개인의 삶의 모든 부분을 아우르는 상태이다. 이것에 힘입어 우리는 준비된 모습으로 삶에 임할 수 있게 된다. 그러나 여기에는 감정이 수반되며, 그 긍정적인 감정이 하나님의 임재 안에 사는 사람들의 풍성한 특징이 된다. 이런 감정이 "육신의" 삶―인간의 에너지만으로 살아가는 삶―의 특징인 원한과 분노의 감정을 대체하게 된다. 그리고 그것은, 우리의 주변 세상에―많은 경우 교회 자체에까지도―스며들어서 세상을 지배하는 역겨운 감정 기조를 변화시키기까지 한다.

예수께서는 우리에게 하나님의 사랑 안에 거하라고 가르치셨는데, 이는 "내 기쁨이 너희 안에 있어 너희 기쁨을 충만하게 하려 함"이었다(요 15:10-11). 우리의 기쁨은 더 이상 들어설 자리가 없을 만큼 충만해진다. 하나님의 사랑 안에 거하면 그것이 요동하지 않는 기쁨의 근원이 되고, 그것은 다시 평안의 근원이 된다. 이 모두의 기초는 하나님의 은혜와 선하심의 실체에 있다. **믿음, 소망, 사랑, 기쁨, 평안**―위대한 다섯 가지 덕―은 서로 불가분의 관계이며, 피차 지지하는 역할을 한다. 나머지가 없는 어느 하나만 상상하려 해 보라!

고독과 침묵

기본적인 차원에서 영혼 관리에 주의를 기울이게 해 주는 실천

가운데 **고독**과 **침묵**이 있다. 이것을 실천하려면 대화와 소음을 떠나서 혼자 있을 수 있는 방법을 모색해야 한다. 우리는 휴식하고, 관찰하고, "장미꽃 냄새를 맡고"—굳이 말하자면—**아무것도** 하지 않는다. 하나님은 이 훈련을 은혜의 방편으로 쓰실 수 있다. 그 안에서 우리는 다른 은혜까지도 떠올리게 된다. 곧, 우리가 구원받고 의롭다 하심을 얻은 것은 우리의 수고와 성취가 아니라 그분의 구속의 능력이라는 사실이다.

장시간 동안 옆으로 물러날 때, 우리는 다른 사람들과 주변 세상과의 끝없는 상호 작용에서 누적된 영혼의 더께를 벗고자 하는 것이다. 이 고요한 사귐의 자리에서 우리는 나에게 **과연** 영혼이 있고 양육해야 할 내적 존재가 있음을 다시금 발견하게 된다. 그리고 우리에게 말씀하시고 우리와 상호 작용하시는 하나님의 임재를 내면의 성소에서 다시금 체험하기 시작한다. 평소에 하나님이 우리의 주목을 끌려고 다투시지 않는 분임을 우리는 새삼 깨닫게 된다. 우리 쪽에서 그분과 교제하는 시간을 마련해야 한다. 고독과 침묵 속에서 옆으로 물러나야 한다.

시편 기자는 "너희는 수고를 그치고 내가 하나님 됨을 알지어다"라고 했다(시 46:10, NASB). 그리고 그 말씀 바로 이어서 기자는 하나님의 지상 사명의 성공을 선포한다. "내가 열방과 세계 중에서 높임을 받으리라 하시도다. 만군의 여호와께서 우리와 함께하시니 야곱의 하나님은 우리의 피난처시로다"(시 46:10-11).

이 구절을 이렇게 옮긴 역본들도 있다. "너희는 가만히 있어 내가 하나님 됨을 알지어다"(NIV). "복잡한 일상에서 한 발 물러나라! 지극히 높은 너희 하나님을 사랑의 눈길로 바라보아라"(유진 피터슨, 『메시지』). 우리를 위한, 우리를 통해 하실 그분의 사역을 위한 하나님의 공급은 충분하다. 우리가 "일이 되게 할" 필요가 없다. 우리는 "결과"의 짐을 그만 짊어져야 한다. 그것은 안전하게 그분의 손안에 있다.

누군가 이런 통찰력 있는 말을 했다. "그리스도를 사랑하지 못하게 막는 가장 큰 위협은 그리스도를 위한 봉사다."

얼마나 기막힌 역설인가! 이것은 많은 사역자들에게 아주 다반사로 문제가 된다. 그리스도를 사랑하는 우리의 마음을 그분을 위한 봉사에 그냥 빼앗기는 것은 개인의 영혼 관리의 철저한 실패다. 그러나 고독과 침묵의 시간에 그리스도와 교제하는 것을 연습하면, 그것이 우리를 거기서 건져 줄 것이다.

시간은 나는 것이 아니라 내는 것이다

개인의 영혼 관리에 주의를 기울이자고 하면 "나는 장시간 고독과 침묵에 들일 시간이 없다. 할 일이 너무 많다"는 반응이 심심찮게 나온다. 사실을 말하자면, 우리는 시간이 없기 때문에 고독과 침묵을 연습해야 한다. 하나님과 친밀하게 동행하는 삶의 질을 높이려고 시간을 쓰는 것보다 더 유익한 시간 사용은 없다. 만약 우리의 생각이 이와 다르다면, 우리는 그간 잘못 배운 것이다. 진짜 질문은 이것이다. 나는 풍성한 삶과 풍성한 사역에 필요한 일을 하려고 시간을 낼 것인가, 아니면 그러지 않고 그럭저럭 해 볼 것인가?

그래서 내면 생활에 주목하려는 우리에게 적합한 두어 마디 조언이 있다. 첫째, 하나님은 누구에게도 할 일을 너무 많이 주시는 법이 없다. 우리 스스로 그렇게 만들거나 남들한테 잠자코 끌려가는 것뿐이다. 그것은 우리에게 하나님의 능력과 선하심을 믿는 믿음이 부족하다는 표일 수 있다. 귀감이 되었어야 할 사람들과 교육이 우리를 잘못 가르쳤을 소지도 있다. 둘째, 사역에서 하나님의 능력을 구사하는 것 자체로는 절대로 성품이 고쳐지지 않는다. 우리 자신의 어리석음이 그런 능력으로 만회되는 예도 거의 없다. 우리는 하나님의 능력을 적극적으로 지혜롭게 구하고 받을 수 있으나, 은혜로 말미암아 그리스도를 닮은 모습으로 자라 가기를 구하면서만 그리해야 한다. 능력과 그리스도를 닮은 성품이 **겸비**되면, 그것은 이 땅에서는 물론 영원토록 하나님 나라에서 승리의 삶을 살 수 있는 하나님의 무적의 배합이다. 그러나 그리스도의 성품 없이 능력만 있으면 현대판 삼손들과 사울들이 나온다.

고독과 침묵 속에서 시간을 보내며 그리스도를 알아 가면 우리의 "기쁨이 충만"해진다(요 16:24). 주변에서 무슨 일이 벌어지든 상관없이 편만한 평안함이 우리를 덮는다. 조급증과 리더십의 외로움이 사라진다. 우리는 하나님의 평안이 우리의 삶 속에 깊이 스며들게 할 수 있고, 우리가 맺은 관계들을 통해 다른 사람들에게로 퍼져 나가게 할 수 있다(마 10:12-13 참조).

다음은 외부의 지도를 받아서 고독과 침묵을 충실히 실천하게 된 어느 젊은 그리스도인의 고백이다.

이 훈련을 연습할수록 나는 침묵의 위력을 절감하게 된다. 의심과 판단이 줄어들수록 나는 다른 사람들의 모습 중에 내 마음에 들지 않는 부분을 더 잘 받아들일 줄 알게 되고, 그들을 하나님의 형상대로 독특하게 지음받은 존재로 더 수용하게 된다. 말을 줄일수록 적시에 하는 내 말은 더 충만해진다. 다른 사람들을 귀히 여길수록 나는 작은 일들로 그들을 더 섬기게 되고, 내 삶을 더 누리고 향유하게 된다. 향유할수록 나는 하나님이 내 삶 속에 여태까지 늘 놀라운 것을 주셨음을 더 깨닫게 되고, 내 미래에 대한 걱정이 줄어든다. 하나님이 지속적으로 내게 주시는 것을 나는 받아들이고 누리려고 한다. 내가 정말로 하나님을 즐거워하고 있는 것 같다.[4]

이 훈련을 통해 하나님과의 소통을 연습하면서 그분을 체험하면, 풍성한 보상이 뒤따른다.

충만한 삶의 계획

지금까지 우리의 토의는 설명이라기보다는 예증에 가까웠다. 고독과 침묵은 우리의 영혼 관리라는 책임에 절대적으로 기본이 된다. 그러나 이것들로 말미암아 또한 우리 앞에, 영적인 삶을 위한 **훈련**이라는 전체 영역이 열린다. 우리가 중요하게 늘 새겨 두어야 할 것이 있다. 그리스도 안에서 풍성한 삶을 추구할 수 있는 검증된 방법이 있다는 것이다. 이런 방법을 흔히 "영적 훈련"이라고 한다.[5] 우리는 이것을 개인의 영혼 관리의 확실한 방법으로 우리의 삶 속에 온전히 통합할 수 있고 그래야 한다. 이것을 대체할 수 있는 것은 없다.

그리스도의 백성의 역사에 기초하여 이런 훈련의 긴 목록을 뽑을 수 있다. 목록에는 단연 금식이 들어갈 것이다. 금식을 제대로 시행하면 성품과 사역을 변화시키는 능력을 얻을 수 있다. 이 목록에는 검소한 삶, 봉사, 기쁨, (훈련으로서의) 기도, 일기 쓰기, 교제, 감시 관계, 복종, 고백, 기타 많은 것들도 들어갈 것이다.

훈련의 완전한 목록 같은 것은 없다. 직접적인 노력으로는 안 되는 일을 은혜로 성취할 수 있게 해 주는 활동으로서 우리 힘으로 할 수 있는 것이라면 무엇이든 영적인 삶을 위한 훈련이다.[6]

적절한 훈련을 삶 속에 통합하여 그리스도를 알아 가고자 할 때 우리가 염두에 두어야 할 것이 있다. 훈련은 공로를 얻는 수단이 아니라는 것이다. 그것은 고생이나 고행의 길도 아니다. 그것은 영웅적인 것이 아니다. 의가 아니다. 다만 그것은 없어서는 안 되는 지혜다.

은혜의 반대가 노력(행동)이 아님을—은혜의 반대는 공로(태도)다—일단 알고 나면, 우리의 구원과 관계된 모든 것을 "이루어" 갈 길이 우리에게 열린다. "두렵고 떨림으로"만 아니라 그분의 선하신 뜻을 모두 이루시고자 우리 안에서 일하고 계신 분이 하나님이라는 잔잔한 확신을 품고서 말이다(빌 2:12-13 참조).

늘 함께하시는 스승과 더불어 우리가 지각 있는 훈련의 삶에 터를 굳히면, 우리의 믿음에 덕을, 덕에 지식 내지 이해를, 지식에 절제를, 절제에 인내를, 인내에 경건을, 경건에 형제 우애를, 형제 우애에 하나님의 사랑(아가페)을 더하라고 한 베드로의 권면(벧후 1:5-7)이 삶의 현명한 계획임이 입증된다. 우리의 사역을 통해 다른 사람들을 도우실 때도 하나님은 이 행동 노선을 사용하신다.

베드로는 계속해서 "너희가 이것을 행한즉 언제든지 실족지 아니하리라"고 말한다(벧후 1:10). 우리가 그리스도 안에서 하나님과 동행하는 동안, 아름답고 강건한 성품, 깊은 통찰과 이해, 삶과 사역에서 하나님의 영광을 나타낼 풍성한 능력이 "영광 가운데 그 풍성한 대로"(빌 4:19) — 상황을 초월하여! — 우리에게 공급된다. 또 그분은 당신에게 "우리 주 곧 구주 예수 그리스도의 영원한 나라에 들어감을 넉넉히"(벧후 1:11) 주신다 — 당신이 죽기 훨씬 전에.

영혼과 지성의 제자도

—12.
영적 훈련, 영성 형성, 영혼의 회복

> 여호와의 율법은 완전하여
> 영혼을 소성[회복]케 하고. 시 19:7
>
> 내 영혼을 소생[회복]시키시고 자기 이름을 위하
> 여 의의 길로 인도하시는도다. 시 23:3

영성에 대한 새로운 관심

요즘 영적 훈련과 영성 형성 과정에 대한 관심이 대단하다. 이는 정신적·정서적인 건강은 물론 영적인 깊이에 대한 우리의 절박한 필요를 인식한 데서 비롯된 것이며, 동시에 작금의 미국 기독교의 관행으로는 그런 필요가 채워지지 않고 있다는 인식에서 비롯된 것이다.[1] 생각이 깊고 진지한 많은 그리스도인들이 지식을 바탕으로 능력 있게 그리스도를 닮아 가는 길을 찾고 있다. 그저 특별한 종교적인 분위기만 만들어 내는 것이 아니라 그들의 전 존재를 깨이게 할 수 있는 길을 찾고 있다. 과거에 기독교에서 장수했던 개념들과 훈련을 위한 실천들이 새롭게 경험되며 탐색되고 있고, 심리학 분야에 몸담고 있는 많은 사람들이 그것들 및 영혼에 전문적인 관심을 보이고 있다.[2]

이는 매우 희망적인 현상이다. 그러나 영성—요즘 간혹 쓰이는 말로—에 대한 관심이 인간 성품의 본질에 있지 않은 한, 하나님과의 구속의 상호 작용에서 기초를 찾지 못하는 한, 이것은 기껏해야 지나가는 유행이 될 것이다. 나아가 자칫 사람들이 이 부분에서 실망할 뿐만 아니라 심각한 피해를 입을 수도 있다. 영적 훈련과 영성 형성에 관해서, 그리고 특히 그것과 인간 성품의 가장 깊은 차원인 영혼과의 관계에 관해서, 우리는 깊고 명료하게 생각할 필요가 있다.

논의의 가정들

이 글에서 내가 다루고자 하는 것은 엄밀한 의미에서 영혼에 관한 철학적인 문제가 아니다. 그런 문제도 다수 건드려야 하기는 하겠지만 말이다. 다행히 모어랜드$^{J.\ P.\ Moreland}$ 박사가 『심리학과 신학 저널』$^{Journal\ of\ Psychology\ and\ Theology}$에 실린 논문 '영혼에 실체를 되찾아 주는 심리학'에서 철학적인 이슈들을 탁월하게 논하고 있다. 이 글의 예비 단계로 그 논문을 숙독하면 좋을 것이다.

그가 신중하게 설명하고 있듯이, 인간의 영혼은 자체의 고유한 본질과 관계들을 지닌 별개의 실체로 취급되어야 한다. 영혼은 인간의 인격과 삶의 유일한 요소는 아니지만 근본 요소다. 이것이 흄 이전까지 서구 전통이 한결같이 견지했던 입장이며, 많은 진영에서 그 후로도 오랫동안 유지한 입장이다.[3] 모어랜드 교수가 지적한 것처럼, 영혼은 실체다. 이는 영혼이 자기 특유의 속성과 성향을 지닌 개체적인 존재이고, 시간과 변화를 견디어 내며, 다른 것들—그중에서 가장 두드러진 것은 영혼이 가장 근본적인 부분이 되는 그 **인격**이다—과 더불어 인과적인 영향력을 주고받는다는 뜻이다.

공간적인 요소를 지니고 있지 않다는 의미만 빼고는 영혼은 단순한 또는 복잡하지 않은 존재가 아니다. 사실 많은 사람들이 여기서 혼란에 빠지는데, 그들은 공간적인 요소밖에 생각할 줄 모른다. 물론 공간적인 요소를 지녔다면 무엇이든 엄밀히 말해서 영혼일 수 없다. 공간적인 요소를 전혀 지니지 않은 것들이 그밖에도 많이 있음을 우리는 곧잘 망각한다. 음악의 화음이나 수프의 향이 그런 것들이다. 인간을 논할 때 우리는 구성 요소, 속성, 복잡성 등의 개념을 극히 조심해서 취급해야 한다. 모어랜드 교수가 그 일을 모범적으로 하고 있다.

영혼은 본질상 인격의 한 요소이며—인격의 본질적인 부분에 드는 사고와 의지가 그렇듯이—인격 없이는 존재하지 않는다. 영혼이나 그 부분은 자동차나 컴퓨터의 예비 부품처럼 한가히 나뒹굴 수 없다. 한편, 인격이 영혼 없이 존재하지 않는 것도 똑같이 사실이다. 인격이란 특정한 종류의 생명을 지닌 살아 있는 존재다. 기본적으로 이 생명은 가치관의 수용을 스스로 결정하며, 예배의 가능성을 (그리고 절박한 필요성을) 지니고 있다. 영혼은 인격 안의 존재다. 한 인격의 삶의 제반 요소들을 **하나의** 삶으로 통합하는 존재인 것이다.

영혼을 거부하는 "현대" 지식계의 반론을 보면 대부분 그 밑에 영혼을 **물리적인** 존재로 보려는 노력이 깔려 있지만, 영혼은 물론 물리적인 존재가 아니다. 그래서 감각의 지각이나 물리적인 이론에 기초해서는 영혼을 아는 지식을 얻을 수 없다. 하지만 그것이 영혼을 거부할 이유는 못된다. 감각의 지각으로는 인간의 중대한 관심사 중 거의 어떤 것에 대한 지식도 얻을 수 없고, 지식 자체에 대한 지식은 더 말할 것도 없기 때문이다.

경험주의(후에 종종 "실증주의"라고도 한다)는 대략 18세기부터 보편화된 서구 문화의 실패한 관념 놀음에 지나지 않는다. 역사의 교훈적인, 어쩌면 약간 불운한 에피소드 정도로 보면 된다. 경험주의는 감각 내지 느낌을 지식과 실체의 경계표로 임의적으로 규정한다. 그러나 경험주의는 지식과 실체의 해석에서 길잡이가 될 수 없다. 지식과 실체를 근본적으로 잘못 해석하고 있기 때문이다. 경험주의의 주요 기능은 종교적인 정통을 세속적이고 인식론적인 정통으로 대체한 것이다. 근대 서구 사회에서 문화적인 권위가 종교 기관에서 단순한 지식 기관 쪽으로 넘어가고 있을 당시에 말이다. 정통이다 보니 경험주의는 물론 억압적이며, 무엇보다도, 인간 자체를 아는 지식을 불가능하게 만든다. 현대 사회를—그중에서도 특히 지식 사회 자체를—지배하고 있는 지식과 도덕의 혼돈을 솔직히 들여다보면, 누구라도 경험주의의 대가(代價)를 직접 판단할 수 있다. 경험주의 자체부터 경험적인 이론이 아님은 물론이며, 사안의 본질상 절대로 경험적일 수 없다. 경험주의는 자가당착이다.

그래서 나는 이런 맥락을 따라, 이 글에서 영혼과 인격에 대한 "고전적인" 견해를 전제하려고 한다(이에 대한 자세한 논의는 모어랜드 교수의 글을 참고하기 바란다). 오늘날 우리 지식 문화 가운데 사는 사람들은 전반적으로 고전적인 견해가 잘못되었음을 증명하는 "뭔가가 밝혀졌다"고 막연히 상상한다. 그들은 흄과 니체 같은 사상가들의 자세와 어법을 빌려서 플라톤과 데카르트와 이원론을 멸시하곤 한다. 그러나 **그런 취지로 밝혀진 것은 아무것도 없다.** 역사상 필요하기는 했으나 불운이기도 한 경험주의·실증주의·자연주의의 에피소드와 그것의 처참한 여파가 아니었다면, 그런 것이 밝혀졌다는 상상 따위는 누구도 하지 않았을 것이다.

이 글에서 내가 전제할 것이 또 있다. 성경의 계시도 지식의 출처라는 것이다. **생각과 경험에 적절히 기초하여 어떤 주제를 사실 그대로 나타낼 수 있을 때** 우리는 그 주제를 **아는** 것이다. 권위는 지식의 한 출처다. 그 권위가 실력이 있다면 말이다. 우리가 아는 것의 대부분은 이런저런 권위에 기초한 것이다. 그중 태반은 책을 읽거나 저명한 과학자들과 사상가들의 말을 들어서 얻은 것이다. 물론 모든 권위는 공평 타당한 질문에 열려 있어야 하며, 우리는 가능한 모든 적절한 방법들로 늘 권위를 평가해야 한다. 성경도 이와 마찬가지다. 성경을 적절히 사용할 때 성경은 인생에서 가장 중요한 것들—인간의 본질과 인간과 하나님의 관계—에 대한 지식의 출처다.

인격의 기술적인 구분

인간을 심도 있게 논한다면 결국 우리의 타고난 역량과 그 상호작용의 목록이 나오게 마련이다. 동서양의 철학자들과 심리학자들은 물론 문인들의 작품에서도 그것을 거듭해서 볼 수 있다. 이 목록에는 우리의 상상 내지 사고의 역량, 감정(기분과 정서)

의 역량, 선택 내지 의지의 역량이 반드시 포함된다. 아울러 인간 자아의 신체적인 차원과 사회적인 차원도 있다. 이 둘은 우리처럼 육신을 입은 인격체에게 근본적으로 중요한 차원이다. 인간의 삶, **인간의 역량**은 이 둘과 불가분의 관계다.

그러나 인간의 이런 역량과 차원은 전부 서로 연관되어 상호 작용한다. 곧, 단일한 한 인격의 역량이고 차원인 것이다. 재앙을 생각하면 나는 두려워지고 손에 땀이 난다. 앞 차의 브레이크 등을 지각하면 내 발이 브레이크로 간다. 분노나 음욕 때문에 나는 뻔히 잘못인 줄 아는 일로 치닫는다. 사람들이나 하나님을 존중하는 마음이 있으면 나는 다른 사람들을 따뜻하고 진실하게 대할 수 있다. 이런 식이다.

뿐만 아니라 각 구별된 역량의 범위 **내에서도** 행동과 상태는 본질상 서로 얽혀 있다. 내 분노는 다른 감정에 영향을 미치고, 그 역도 마찬가지다. 내 일련의 생각 속의 상상과 판단은 서로 영향을 미친다. 내가 정해 둔 포괄적인 목표는 개별적인 선택에 영향을 미치고, 그 역도 마찬가지다. 이처럼 인간의 다양한 역량과 차원은 자체 내에서와 서로 간에 풍성한 상호 관계로 얽혀 있는데, 바로 거기서 인간 개개인의 성품과 삶이 나온다.

이 정도까지는 단순한 기술로 보아야 한다는 것이 내 생각이다. 이 중의 어느 하나라도 심각하게 부인할 이론이란 상상하기 어렵다. 그러나 우리는 기술을 넘어서서 그것이 밝혀 주는 의미를 찾아내야 한다. 그럴 때 개념화와 이론은 제자리를 찾게 된다.

영혼은 생명의 근원이고 조정 원리다

영혼을 생각하는 가장 교훈적이고 이성적인 방법은 영혼을 전인(全人)의 한 요소, 곧 인간의 모든 역량과 차원을 조정하고 그 상호 작용을 개발하여 한 개인의 삶을 형성하는 그 요소로 보는 것이다.

흄부터 데릭 파르페^{Derrick Parfait}에 이르기까지 경험주의나 최소한 반(反)실체주의에 경도된 현대 사상가들은 인간 안에 있는 이 독특한 조정의 출처를 외면하려 했다. 그 방법으로 그들은 삶의 기술적인 요소들을 원자로 보고, 인격 전체를 그 원자들 간의 다양한 관계의 관점에서 재구성했다. 흄이 직접 자신의 시도를 실패로 인정했듯이, 그런 시도는 실패한 것이 분명해 보인다. 인격은 "재구성된" 것이 아니라 단순히 상실되었다. 19세기와 20세기 사상은 모든 차원에 있어서 자아의 상실이 그 중심적인 실체다. 이 분야를 잘 아는 사람들이라면 대부분 같은 생각일 것이다.

고전적인 견해

반면에 플라톤과 아리스토텔레스를 위시하여 그리스의 가장 영향력 있는 사상가들과 성경 기자들이 공통으로 취한 길은 영혼을 별개의 실체로 보는 것이다. 그들은 영혼을 개인 안에 있는 생명의 근원이자 동시에 그 생명을 주관하는 원리로 보았다.

그래서 플라톤은 영혼을 자동 동인(自動 動因)으로 보았다.[4] 무생물(돌, 의자)과 달리 생명체에 자발성의 요소가 특징으로 있는 것도 영혼이 있기 때문이었고, 생명체 간에 종류(식물, 동물, 인간, 신)가 다른 것도 영혼의 **종류**가 각기 다르기 때문이었다. 곧, 다른 종류의 자발적인 활동(성장, 영양 섭취, 번식, 감각, 정서, 사고, 의지)을 유발하는 영혼들 그리고 그런 활동을 해당 생명체의 행복에 도움이 되는 다양한 방식으로 조정하고 주관하는 영혼들은 본질상 종류가 서로 다른 영혼들이다. 상이한 활동과 생명이 내적 성품의 차이에서 흘러나오는 것이다.

플라톤에게나 아리스토텔레스에게나 영혼은 우주 전체의 원리이지만, 그들의 압도적인 관심은 **인간의** 영혼을 이해하는 데 있었다. 인간의 삶에서 일이 틀어질 때가 많음을 그들은 익히 잘 알았고, 그 원인을 그들은 정확히 생명의 내적인 근원이 잘못 기능한 데서 찾았다. 영혼 자체의 **무질서**가 그렇게 표출된 것으로 본 것이다. 그들이 보기에 그것은 특히 이성(사고와 이해의 역량)이 신체적인 감정을 포함하여 인간의 정서와 욕구를 제대로 감독하지 못한 탓이었다. 그들이 잘 알았듯이, 이런 감독의 실패는 개인에게도 일어나고 사회적인 차원에도 일어난다.

영혼이 제대로 주관하려면, 플라톤의 경우, 문제의 해결책은 다양한 역량으로, 그중에서도 특히 입법 분야에서 사회를 이끌어 나갈 사람들을 바르게 교육하는 것이다. 아리스토텔레스도 이 점에서 그와 별로 다를 바 없다. 그의 관점에 의하면, 입법자들은 인간의 영혼을 주의 깊게 공부해야 한다. 법 제정의 목적은 전적으로, 선한 영혼을 길러 내기 위함인 까닭이다.[5] 법으로 사회가 제대로 질서 잡히면, 개인도 사회도 만사가 잘된다는 것이 그의 가정이었다. 내적인 근원과 주관하는 원리가 제대로 기능하면, 거기서 흘러나오는 삶은 본연의 모습일 수밖에 없다.

성경의 시각

방금 살펴본 인간 실존에 관한 가정은 성경에 나오는 것과 똑같다. 잠언 기자는 "무릇 지킬 만한 것보다 더욱 네 마음을 지키라. 생명의 근원이 이에서 남이니라"고 했다(잠 4:23). 여기서 마음은 생명의 근원과 중심이다. 그러나 물론, 성경의 경우에 궁극적인 기준점은 인간의 교육과 입법이 아니라 하나님의 그것이다. "내 아들아, 내 말에 주의하며 나의 이르는 것에 네 귀를 기울이라. 그것을 네 눈에서 떠나게 말며 네 마음속에 지키라. 그것은 얻는 자에게 생명이 되며 그 온 육체의 건강이 됨이니라"(잠 4:20-22).

좋은 나무가 나쁜 열매를 맺지 못하고, 인간을 더럽히는 것이 오직 마음에서 나온다는 예수의 가르침에도(막 7:15-21) 동일한 기본 개념이 표현되어 있다. 물론 성경의 가르침의 경우, 인간의 통찰—근원이 내면에, 곧 성품의 깊은 차원에 있고, 삶 전체의 질서와 무질서는 그 더 깊은 차원의 질서와 무질서로 거슬러 올라간다는—에 계시의 힘이 더해진다.

유익한 비유

우리는 영혼을, 이를테면 자동차 공장이나 인쇄소 같은 모종의 전산화된 생산 시스템의 중앙 컴퓨터에 비유할 수 있다. 더 거칠게 말해서, 영혼은 식기 세척기 같은 자동 제품의 타이머 같은 것이다. 컴퓨터나 타이머는 그 자체로 별개의 실체다. 또 고

유한 성질(부품, 속성)이 있어서 전체 시스템의 다양한 활동과 상태를 조정한다. 컴퓨터나 타이머 자체의 기능 능력은 그것이 큰 전체 안에 잘 자리하고 있는 데 달려 있다.

물론 컴퓨터나 타이머는 엄밀히 물리적인 존재이며, 영혼은 그렇지 않다. 하지만 컴퓨터나 타이머가 작동시키는 전체도 역시 물리적인 존재이지만, 인격은 그렇지 않다. 삶의 본질인 물리적인 요소가 인간의 인격 안에 들어 있기는 하지만 말이다. 이런 중요한 차이점을 감안하더라도 영혼을 "컴퓨터"로 생각하면 유익하다. 영혼은 인간 시스템의 모든 차원 안에서 벌어지는 일들을 주관하고 조정하며 그리하여 그것들을 운영한다. 앞서 말한 대로 영혼에는 자체적인 성질, 부품, 속성, 내적인 관계, 외적인 관계가 있다.

인격과 따로 떨어져 있는 영혼

성경과 여러 다른 곳에 특징적으로 나오는 "영혼"이라는 표현도 자아의 더 깊은 차원에 대한 그러한 인식으로 설명된다. 예컨대, 자기 영혼을 **부르거나** 삼인칭으로 지칭하는 경우를 으레 볼 수 있다. 영혼에 얼마간 독자적인 생명이 있는 것처럼 대하는 것이다. 사실이 그렇다. 그래서 이런 말씀들이 나온다. "내 영혼아, 네가 어찌하여 낙망하며…… 너는 하나님을 바라라"(시 42:5). "내 영혼아, 여호와를 송축하라"(시 103:1). "내 심령[영혼]이 주의 증거를 지켰사오며"(시 119:167). "내 마음[영혼]이 하나님 내 구주를 기뻐하였음은"(눅 1:47).

시편이 우리에게 그토록 깊은 감동을 주는 한 가지 이유는 그것이 영혼의 책이기 때문이다. 온 지구상에서 그것은 영혼의 책으로 단연 으뜸이다. 그것은 우리의 의식적인 생각과 노력을 훨씬 지나서 삶의 가장 깊은 차원에서 우리를 만져 준다. 시편에는 삶의 가장 깊은 부분들이 표현되어 있고, 시편은 또 우리도 그것들을 표현하게 해 준다. 깊은 곳에 따로 떨어져 있다는 이 점이야말로 영혼의 기본적인 특징이다. 영혼의 본질 자체가 그렇다. 그래서 토머스 무어Thomas Moore는 『영혼 관리』Care of the Soul에서 영혼의 개념을 말하면서, 영혼은 자아의 "깊은" 부분이라고만 말했다.

이처럼 영혼이 우리 생명의 근원이고 연합체라는 이유만으로 때로 영혼은 사람과 동의어로 사용된다. 성경에도 그런 용법이 흔하고, 일반적으로도 그렇게 말한다. 우리는 "딱한 사람"이라는 뜻으로 "딱한 영혼"이라고 말한다. 극한 조난의 국제 신호인 "SOS"(우리의 영혼을 구하라)를 받고서 우리가 구하려고 나서는 것은 다름 아닌 사람이다. 영혼과 더불어 사람이 구조됨은 물론이다. 시편 기자의 "내 [영]혼이 사자 중에 처하며"(시 57:4)라는 말은 **자기가** 사자(獅子)들 가운데 있다는 뜻이다. 또 히브리서 기자가 말한 "영혼을 구원함"(히 10:39)도 사람의 구원을 뜻한다. 영혼이 있는 곳에 모든 것이 따라온다. 하지만 그래도 사람과 영혼이 동일한 것은 아니다. 사람에게는 영혼 이외의 것도 많이 있다. 망가지고 타락한 영혼을 재구성할 수 있는 희망이 바로 거기에 있다.

죄는 심리적인 실체다

인간의 내적인 자원들은 약해졌거나 죽었고, 인간의 삶의 요소들은 원래의 본질과 기능대로 상호 관계를 보이지 않고 있다. 이것이 인간의 전형적인 삶의 상태다. 이것은 단수(單數)의 죄다. 행위가 아니라 상태다. 우리가 잘못을 범한 것이 아니라 우리 내면의 요소들이 더 이상 제대로 연결되어 있지 않은 것이다. 말하자면 배선이 엉킨 셈이다. 우리는 **뒤틀리고** 꼬였다. 우리의 생각, 우리의 감정, 우리의 신체적인 성향 자체가 결함이 있고, 삶 전체와 잘못 연결되어 있다.

이 모두는 의지(마음 내지 인간 심령과 동일하다)에서 극에 달한다. 의지는, 말하자면, 인간 시스템의 아수라장 속에서 간간이 무력하게 격한 경련을 일으키거나 아예 완전히 꼼짝도 못하게 되었다.

바울은 망가지고 타락한 영혼 앞에 선 우리의 상태를 이렇게 결정적으로 표현했다. 우리는 "허물과 죄로 죽"어 있고(엡 2:1), "원하는 바 선은 하지 아니하고 도리어 원치 아니하는 바 악은 행하는" 자다(롬 7:19). 우리는 바울을 전혀 몰라도 이 현상은 안다. 물론 정도의 문제는 있다. 그러나 병든 의지를 전적으로 모면할 사람은 아무도 없으며, 어떤 사람들에게는 그것이 총체적인 역기능과 화(禍)의 문제가 된다. 더 이상 반역이 아니라 병이다. 사람이 자신의 유익에 사실상 등을 돌린 것이다. 그는 착하고 의롭게 행하고 싶을 수 있으며 대개는 정말 그것을 바라지만, 그러나 그는 악을 행하도록 **준비되어** 있고 **갖추어져** 있다. 생각 없이 언제라도 악을 행할 수 있는 것이다.

이런 상태에서, 사고는 혼란과 무지와 인식 착오에 빠져 있다. 동시에 여러 감정들이 성격을 지배하며 서로 충돌을 일으킨다. 몸과 사회적인 환경은 잘못된 행동의 일정한 틀에 찌들어 있어, 끊임없이 못된 일을 하려는 쪽으로 기운다. 이런 상태에서, 지성은 악이 선이고(또는 적어도 악은 아니고) 선이 악인(또는 적어도 선은 아닌) 이유들을 찾아낸다.

사상이 심원한 사람 바울은 이번에도 상황을 적절히 기술했다. "저희가 이 같은 일을 행하는 자는 사형에 해당하다고 하나님의 정하심을 알고도 자기들만 행할 뿐 아니라 또한 그 일을 행하는 자를 옳다 하느니라"(롬 1:32).

항상 교묘히 정당화하면서 말이다! 뻔한 일이다. 영혼이 망가진 상태에서는 그것이 사고의 주요 기능을 주도하기 때문이다. 고대 그리스 문화에 "신들은 자기가 파멸시키려는 자들을 먼저 미치게 한다"는 속담이 있는데, 이 말의 깊은 근원이 바로 여기에 있다. 이렇게 자기를 정당화하고 합리화하는 행동은, 인간의 순리에 있어서 사고 본연의 역할이 변질되어 표현된 것이다. 본연의 역할이란 바른 행동의 길—공정하고 옳은 길, 선으로 이끄는 길—을 찾는 것이다. 인격 전체가 악하고 잘못된 일을 행하는 데 빠져들면, 사고는 이성에서 합리화로 둔갑한다. 의를 행하고자 의를 정립하는 역할에서, **무엇이든** 이미 한 행동이 "옳고" "선하고" 적어도 "필요한" 일임을 확증하는 역할로 넘어가는 것이다. 이것은 미친 상태다.

복음의 빛

그래서 기독교의 회심 내지 회복의 전통적인 방식은 전체 인간 시스템의 바깥에서 오는 새로운 생각에서부터 시작되어야 한다. 그 생각은 새로운 감정으로 이어지고, 의지의 새로운 행동을 가능하게 한다. 이 새로운 생각은 물론 복음의 정보 내용이다. 이는 내가 실제로 살고 있는 현실 세계에 대한 새로운 그림이다. 알고 보니 그 세계는 한 인격이 지으시고 다스리시는 곳이며, 그분은 자기 아들을 보내어 나를 총체적인 멸망에서 구원하실 만큼 이 세상과 나를 사랑하시는 분이다. 내 힘으로는 그것을 깨달을 수 없다. 특히나 나처럼 그것에 거역하는 생각과 감정과 습관에 켜켜이 에워싸인 상태로는 안 된다. 그리고 **특히나** 내가 그 모든 것을 오래오래 사용하면서 아예 내면화시켰고, **그것이** 곧 참 삶이요 나의 삶인 줄로 알고 있으니 안 된다.

이 새로운 생각 곧 복음은 내 영적인 죽음의 지적(知的)인 수의(壽衣)를 초자연의 힘으로 찢어 놓는다. 그것은 은혜의 역사요 은혜로우신 하나님의 다가오심이다. 그렇게 찢으면서 그것은 새로운 감정을 가져온다. 이 새로운 감정은, 한편으로 새로운 생각이 사실이기를 바라는 갈망과 또 한편으로 내 존재의 가장 깊은 부분에 그것을 대적하는 성향이 있음을 깨닫는 슬픔이 한데 어우러진 복잡한 감정이다. 이것이 고전적인 "죄의 지적"이다. 그와 더불어, 망가진 영혼 안에 하나의 힘이 움직이기 시작한다. 영혼을 회복으로 이끌 수 있는 힘이다. 그러나 이 힘은 아직 "내 것"이 되지 않았다. 인간은 죄를 지적받고도 저항할 수 있으며, 대개는 한동안 저항한다. 그동안은, 자신의 영혼에 임하신 하나님의 손길을 아직 내 것으로 받아들이지 않은 것이다. 새로운 생각과 새로운 감정은 아직 나의 것이 아니라 내가 싫어하여 거부할 수도 있는 외부의 부담, 나의 삶의 이질적인 존재다.

그러나 새로운 생각과 감정은 새로운 선택을 **가능하게** 하고, 그 선택으로 말미암아 새로운 생각과 감정은 나의 것이 된다. 인간 영혼의 기본적인 차원인 의지는, 한편으로 개념 내지 생각이 있고 다른 한편으로 정서 내지 감정이 있어야만 행동할 수 있다. 과연 의지는 스스로 결정하는 능력이며, 인간 영혼의 한 고유한 부분이다. 그러나 의지는 **절대적인** 독립과 자율이 없다. 그것은 하나님께만 해당되는 것이다. 새로운 생각과 새로운 감정이 주어졌고 거기에 은혜까지 수반되니 이제 나는 능히 새로운 선택을 내릴 수 있다. 나는 생각과 한편이 될 수 있고, 감정과 한편이 될 수 있다. 나는 이렇게 말할 수 있다. "그렇다. 나는 이 생각이 사실이기를 바란다. 그리고 거기에 기초하여 하나님과 나 자신을 향해 느끼는 이 반응이 바로 **나의** 마음가짐이다." 이렇게 함으로써 나는 하나님을 믿기로 선택하는 것이다.

이제 나는 내 망가진 영혼과 삶의 어둠 속으로 친히 내미신 하나님의 손을 그나마 내게 있는 작은 힘으로 붙잡는다. 그리고 그분의 손을 붙잡은 내 손을 다시 그분이 붙잡으신다. 이것이 "위에서 난 생명"의 실체다. 마주 잡은 손을 타고 인격적인 관계의 실체가 오간다. 나의 사고, 감정, 의지 그리고 몸을 입은 사회적인 자아는 하나님의 생명의 임재를 두루 느끼기 시작한다. 내 망가지고 타락한 영혼은 자기의 능력을 개혁하기 시작한다. 나는 빛과 온전함을 향해 일어나기 시작한다.

찰스 웨슬리Charles Wesley의 장중한 옛 찬송은 신학적으로 놀랄 만큼 깊을 뿐 아니라 심리학적으로도 정확한 기술이다.

> 옥에 갇힌 내 영혼 긴 세월
> 죄와 어두움에 꽁꽁 묶여 있었네.
> 주 밝은 눈빛 나를 깨우니
> 어두운 감옥이 환히 빛나네.
> 사슬 벗고서 자유 얻은 나
> 일어나 나가 주를 따르네.

영적 성장에 적극적으로 임해야 한다

영혼의 소생과 개혁의 주도권은 본래 우리 바깥에서 오지만, 이 과정의 **어느** 시점에서도 우리는 절대로 **그저** 수동적이지 않다. 그것은 회개하고 믿으라는, 또—이미 그 안에 새 생명이 있는 사람들의 경우—옛 사람을 벗고 새 사람을 입으라는, 그리고 우리에게 주어진 구원을 이루라는 등의 성경의 **명령들**을 보면 분명하다. 예수께서 친구들에게 말씀하신 것처럼 "나를 떠나서는 너희가 아무것도 할 수 없음이라"(요 15:5)는 틀림없는 사실이다. 그러나 "너희가 아무것도 하지 아니하면 나를 떠나는 것이니라"도 똑같이 사실이다. 은혜 아래서 이루어지는 영성 형성의 과정에서 수동성은 능동성을 배제하지 않고 능동성은 수동성을 배제하지 않는다.

그래서 위에서 난 생명이 인격 속에 침투하는 것 자체로는 그리스도를 닮은 인격이 이루어지지 않는다. 그것 자체로는 영혼이 본래 창조된 온전한 모습으로 회복되지 않는다. 그것만으로는 우리는 "내가 원하는 바는 **행하고** 원치 아니하는 바는 **행하지 않는**" 상태, 죄가 주관하지 못하는 상태에 이를 수 없다(롬 6:14 참조). 나의 인격이 변화되려면 나 자신이 하나님과 **함께** 움직여야 할 책임을 배우고 받아들여야 한다. 망가진 영혼의 자가당착을 벗고 쉬운 순종과 실천을 입으려면, 내가 지식을 바탕으로 변화의 계획을 꾸준히 시행해야 한다. 그런 사람은 하나님 나라와 예수의 우정 안에서 날로 더 풍성한 삶을 누리게 된다.

온전함의 일상적인 진보를 위한 계획

그렇다면 질문은 나 자신의 변화 과정에 정확히 **어떻게** 내 몫을 다할 것이냐 하는 것이다. 나의 **계획**은 무엇인가? 이 물음의 답은 대체로 말해서, 영적인 삶을 위한 훈련 곧 영적 훈련이다. 우리가 이 용어를 혹 모르거나 쓰지 않을지 몰라도, 그것이 가리키는 바가 곧 우리가 해야 할 일이다.

훈련이란 무엇인가? 훈련이란 우리 능력의 한계 내에 있는—우리가 할 수 있는—활동으로서, 이를 통해 우리는 아직 직접적인 노력으로는 안 되는 일들을 할 수 있는 상태에 이르게 된다. 사실 훈련은 인간 영혼의 구조에서 자연스러운 한 부분이며, 교육이나 문화나 여타 기예(技藝)에서 조금이라도 중요한 일치고 훈련 없이 성취되는 것은 거의 없다. 언어를 배우는 것부터 역기를 드는 것까지 모든 것이 훈련에 달려 있다. 인간의 구조상 훈련을 이용할 수 있기에, 인간은 자기가 되어 가는 모습에 책임이 있는 것이다. 짐승도 조련은 되지만 인간의 삶에 본질이 되는 그런 의미에서의 훈련은 불가능하다.

훈련의 원리는 영적인 삶에서 한층 더 중요해진다. 한번은 어떤 세미나에서 부유하고 영향력 있는 한 지도자가 내게 말하기를, 자기는 반항하는 아들과 대화하려고 하면 어쩔 수 없이 "폭발한다"고 했다. 나는 "얼마든지 어쩔 수 있습니다"라고 말했다. 그는 말도 안 된다는 듯이 깜짝 놀라서 나를 쳐다보았다. 나는 이렇게 말을 이었다. "당신의 부인에게 이렇게만 말해 보십시오. 다음번에 아들한테 또 폭발하거든 부인이 원하는 자선단체에 당신이 5천 달러를 기부하겠고 그 후로도 매번 그렇게 하겠다고 말입니다." 그는 잠시 멈칫하더니, 알아들었다는 듯이 씩 웃었다.

이런 종류의 사례로 요점은 알 수 있으나 영적인 삶의 훈련 핵심은 제대로 전달되지 않는다. 영적 훈련은 일차적으로 행동 문제를 해결하기 위한 것이 아니다. 그것도 결과의 하나이기는 하지만 말이다. 그래서, 여론과는 반대로, 다양한 12단계 프로그램은 영적 훈련의 프로그램은 아니다. 물론 그것도 훈련은 훈련이다. 아주 정확히 그것은 우리 힘으로 대략 할 수 있는 일들—모임에 참석하고, 공적으로 나의 문제를 인정하고, 필요시에 그룹에서 사람들에게 전화를 거는 등—에 주력하여, 직접적인 노력으로는 안 되는 일—술을 끊는 것—을 할 수 있게 해 준다. 그러나 술을 끊는 것이 알코올 중독자들에게는 몹시 중요한 문제지만, 그것이 영적인 성장의 표지는 아니다. 아들에게 폭발하지 않는 것도 마찬가지다.

영적인 삶에서—특히 그리스도를 따름에 있어서—훈련의 목표는 영혼의 총체적인 상태의 변화다. 안에서부터 전인(全人)이 새롭게 되는 것이다. 여기에는 외적인 행동으로 절대 나타나지 않을 수도 있는 생각, 감정, 성품의 변화까지 모두 포함된다. 바로 이것을 생각하고서 바울은 우리에게 옛 사람을 벗고 새 사람을 입어 "자기를 창조하신 자의 형상을 좇아 지식에까지 새롭게 하심을 받는 자"가 되라고 했던 것이다(골 3:10).

예수와 그분의 첫 학생들의 도덕적인 가르침의 진수는, 율법을 어기지 않으려는 노력으로는 율법을 지킬 수 없다는 그분의 선언이다. 그래서는 당신도 바리새인이 되어 겹겹의 위선에 빠질 뿐이다. 대신, 당신 영혼의 기능이 변화되어야 한다. 그러면 율법의 행위는 당신의 되어진 모습에서 자연히 흘러나온다. 이것이 기독교의 영성 형성이다. 다양한 행동—산상수훈과 그 밖의 가르침에 나오는—에 관한 예수의 가르침을 생각할 때면 우리는 **언제나** 이 점을 명심해야 한다.

다른 뺨을 돌려 대라는 그분의 유명한 가르침을 예로 들어 보자. 당신의 의도가 **그렇게** 행하는 데에만 있다면, 당신은 원한과 복수심이 여전히 부글거리는 마음으로도 그리할 수 있음을 알게 될 것이다. 그러나 당신이 그리스도의 내면의 성품을 지닌 사람이 된다면, 웬만큼 상처를 감수하는 삶은 당연지사가 될 것이다. 그것이 당신에게 큰일로 생각되지 않을 것이다.

지식과 균형과 끈기를 겸비한 다양한 훈련이 기독교 역사와 문헌 자료 전반에 잘 담겨 있다. 그것은 개인에게 요긴한 도움이 될 수 있을 뿐 아니라, 실제로 그리스도와 협력하는 관계를 형성하는 데 꼭 필요한 것이다. 이 훈련만 개입되는 것은 결코 아니지만—훈련이 이 과정의 전부는 아니지만—그것이 없어서는 안 된다. 물론 복음의 말씀과 우리의 삶 속에 일하시는 성령의 역사는 훈련으로 대체되지 못하며, 복음과 성령이 없이는 훈련의 성과도 있을 수 없다. 그러나 훈련 또한 복음과 성령으로 대체되지 않는다. 물론 훈련을 실천할 능력이 안 되는 사람들도 있다. 영적 훈련은 "그들의 힘으로" 할 수 없는 일이다. 적어도 지금은 그렇다. 이런 사람들은 개별적인 사안과 환경에 따라서 다양한 종류의 도움과 사역이 필요하다. 그러나 완전히 결판난 상태가 아니고 위에서 난 생명을 경험한 사람들이라면, 간단한 지침과 격려가 있으면 대개 온전함 쪽으로 제대로 진전을 보일 수 있다. 그 방법은 고독과 침묵, 금식, 성경 암송, 혼자서 그리고 공동으로 드리는 규칙적인 찬양과 예배 등을 적절하고 꾸준하게 실천하는 것이다. 우리의 뒤틀리고 망가진 모습에는 각기 다르고 서로 보완적인 면이 있는데, 그런 면에 도움이 되는 여러 훈련이 있다.[6]

고독과 **침묵**은 육신을 입은 사회적인 존재인 우리의 뒤틀린 모습을 바로잡는 주된 방편이다. 우리의 생각과 의도가 아무리 선해도, 사회적인 정황 안에 있는 우리의 몸이 자동으로 행할 태세가 되어 있는 일들 앞에서는, 그런 생각과 의도도 사실상 속수무책이다. 물론 예수께서는 이것을 아주 잘 아셨다. 그래서 그분은, 절대로 그분을 부인하지 않겠다는 베드로의 단언이 실제로 시련의 순간에 그가 취할 행동과는 무관한 것임을 아셨다. 사실 사회적인 정황과 자신의 깊이 밴 습관 때문에 베드로는 연거푸 세 번이나 예수를 부인했다. 그런 일이 있으리라는 경고를 더할 나위 없이 똑똑히 듣고서도 말이다.

생각과 감정과 몸의 뒤틀린 습관은 사회적인 정황에 아주 일상적으로, 아주 꽉 끼어 있다. 그래서 대다수 사람들의 경우, 몸과 영혼을 죄의 회로에서 끄집어내어 천국의 새로운 습관적인 성향을 찾게 해 주려면 장시간 혼자서 조용히 있는 것만이 유일한 길이다. 그렇게 하기로 선택하는 것과 그렇게 하는 효과적인 방법을 배우는 것이 훈련의 기본 과정이다. 그럴 때 우리는 직접적인 노력으로는―심지어 은혜의 도움으로도―안 되는 일들을 할 수 있게 된다.

사실 고독과 침묵은 은혜의 강력한 방편이다. 기독교 진영에서 가장 흔히 처방되는 활동 가운데 성경공부, 기도, 교회 출석은 대체로 영혼의 변화에 이렇다 할 효과가 거의 없다. 누가 보아도 뻔한 사실이다. 이런 활동을 하는 사람들이 모두 그로 말미암아 건강하고 의롭게 변화된다면 세상은 확 달라질 것이다. 그것이 변화를 가져오지 못하는 이유는 바로 몸과 영혼이 너무 고갈되고 분열되고 상충되어 있어서, 그 처방된 활동에 제대로 임할 수 없고 그래서 대체로 그 활동이 율법적이고 무력한 의식으로 전락하기 때문이다. 휴식을 곁들여 장시간의 고독과 침묵에 들어가면, 그런 활동이 아주 강력한 힘을 발휘할 수 있다.

단, 우리 쪽에서 이런 훈련을 택해야 한다. 대체로 말해서 하나님은 우리의 주목을 끌려고 다투지 않으신다. 우리가 우리를 몰아치고 소진시키는 일에서 물러나 고독과 침묵에 들어가지 않는다면, 그분은 대개 우리 생각대로 하게 내버려 두신다. 그분은 "가만히 있어 알라"고 우리를 부르신다. 그분 앞에서 잠잠히 기다리는 것과 이 연습에 시간을 **아끼지 않는** 것이 훈련된 영혼에게 하나님은 자신을 알리시고, 그리하여 우리의 모든 생각과 감정과 선택은 자연스럽게 방향을 돌리게 된다. 몸 자체도 쉼과 힘의 새로운 세계에 들어간다. 그리고 고독과 침묵의 여파는 우리가 처한 사회적인 상황에도 두루 퍼진다.

금식은 또 하나의 중심적인 훈련으로, 우리를 욕구 충족에 의존하는 상태에서 벗어나도록 재훈련시켜 주고, 우리의 구체적인 실존 속에 하나님 나라가 아주 중요한 요인이 되게 해 준다. 예수께서 말씀하신 **십자가**를 적용하려면 이것을 빼놓을 수 없다. 가장 단순한 의미에서 십자가란 내가 원하는 것을 하거나 얻지 않는다는 뜻이다. 그리고 물론, 순전히 인간적인 관점에서 볼 때, 내가 원하는 것을 얻는 것이야말로 전부다. 분노란 기본적으로 나의 뜻이 꺾인 데 대한 반응이다. 그 뜻한 바가 지극히 사소한 것이었다 해도, 망가진 영혼에게는 하등 다를 바 없다. 소위 운전 중의 분노가 이제 우리 사회에 만연하여 종종 죽음까지 부르거니와, 그것은 비단 한 가지 예일 뿐이다.

금식이란 근본적으로 음식의 전부 혹은 일부를 자원하여 끊는 것이며, 여기에 음료까지 포함될 수도 있다. 금식은 원하는 것을 가져야만 직성이 풀리는 상태에서 우리를 자유케 하는 기능이 있다. 뭔가가 없을 때―그것도 그 정도가 심할 때―우리는 침착하고 평온하고 강인하게 견디는 법을 배운다. 욕심이 채워지지 않을 때 우리는 "그래서 도대체 어떻다는 것인가"를 배운다.

단연코 우리는 하나님이 그분의 방식대로 우리의 필요를 채우심을 배운다. "빵" 내지 물리적인 음식 말고도 "하나님의 말씀"이 있으며, 말씀은 우리의 전 존재와 아울러 우리의 몸을 직접 지탱시켜 주는 능력이 있다(신 8:3-5, 마 4:4, 요 4:32-34). 경험으로 미루어 볼 때, 금식은 우리를 해방시켜 하나님의 풍성함에 들어가게 해 준다. 이것이 우리의 영혼을 재정비하는 데 미치는 영향은 엄청나다.

고금을 막론하고 금식을 실천한 그리스도인들이 알았던 것이지만, 금식을 잘만 하면 비단 음식만 아니라 전반적으로 욕심과 감정의 지배에서 벗어나게 된다.

여기서 마지막으로 언급할 구체적인 훈련은 **성경 암송**이다. 사실 이것은 학습이라는 훈련의 일부분이다. 영적 훈련으로서의 학습은 대체로 하나님의 일하심과 말씀에 생각을 집중하는 것이다. 학습할 때 우리의 생각은 학습 대상 안의 질서를 취한다. 그 질서는 언제나 생각 자체를 빚고, 그리하여 영혼과 거기서 나오는 삶을 빚는다. 이렇게 하나님의 율법을 늘 생각 앞에 두면 하나님의 질서가 우리의 생각과 영혼 속에 스며든다. 율법이 내면 생활과 외부 행동의 일상적인 틀이 되면서 영혼이 회복된다. 말씀이 우리를 영원한 하나님 나라의 움직임에 접붙여 주는 것이다.

우리에게는 생각을 어디에 둘 것인지를 선택할 수 있는 기본적인 자유가 항상 있다. 고독과 침묵과 금식을 실천하면 이 자유가 한층 강화된다. 그럴 때 우리는 성경에 보전된 하나님의 말씀으로 우리의 생각을 제대로 채울 수 있다. 그러기 위해서 성경 암송이 매우 중요하다. 말로는 성경을 귀히 여긴다는 사람들이 정작 외우고 있는 구절은 거의 없으니 놀랄 일이다. 우리가 말씀을 모르는데 말씀이 어떻게 우리에게 도움이 될 수 있겠는가? 도움이 될 수 없다. 그러나 성경을 암송하면 늘 말씀을 우리의 생각 앞에 둘 수 있다. 그리하여 **토라**(율법)이며 **로고스**이신 하나님의 생명의 흐름 안에 우리가 의식적으로 머무는 것이 가능해진다.

성경 전체에서 여호수아 1:8보다 더 훈련과 직결된 구절도 없고(그것이 시편 1편과 마태복음 6:33에 반영되어 확장되어 있다), 영혼의 회복에 관해 그보다 교훈적인 구절도 없다. 바로 이 말씀이다. "이 율법 책을 네 입에서 떠나지 말게 하며 주야로 그것을 묵상하여 그 가운데 기록한대로 다 지켜 행하라. 그리하면 네 길이 평탄하게 될 것이라. 네가 형통하리라." 암송하면 입으로 중얼대며 묵상할 수 있고, 그러면 **행할** 수 있고, 그러면 우리는 다시 형통할 수 있다("형통"의 의미는 그분이 정하실 것이다). 내면에 그분을 닮은 성품을 품고 하나님의 방법대로 걷고 있기 때문이다.

누가 만일 성경을 암송할 수 없다고 말한다면, 필경 그 사람은 고독과 침묵과 금식만이 해답인 상태 속에서 살고 있을 것이다. 영적 훈련은 서로 함께 있어야만 효과가 극대화된다. 거꾸로, 성경을 암송하면 그런 다른 훈련도 더 힘을 받는다. 고금의 그리스도인들이 익히 알던 훈련을 한데 모아서 우리는, 무리가 없고 세월 속에서 검증된 계획을 짤 수 있다. "너희 안에서 행하시는 이는 하나님이시니 자기의 기쁘신 뜻을 위하여 너희로 소원을 두고 행하게 하시"지만, 이런 계획을 가지고 "두렵고 떨림으로 너희 구원을 이루"는 것은 우리의 몫이다(빌 2:12-13).

영성 형성

요즘 흔히들 말하는 영성 형성이란 인간의 망가진 영혼을 하나님에게서 소외된 상태에서 회복시켜 개혁하는 것이다. 정말로 이것은 **영혼의 개혁**이다. 인간의 심령^{spirit}이 영혼^{soul}은 아니지만, 영혼의 중심부이며 스스로 결정하는 힘이다. 그것은 마음 또는 의지이며, 영혼 안에 들어 있는 선택의 힘이다. 인간의 여러 부분 중에서 무엇보다도 먼저 혁신되어야 할 부분이 곧 심령이다. 그러면 거기서부터 하나님의 혁신 작업은 몸을 비롯하여 삶의 나머지 부분들로 퍼져 나갈 수 있다. 왜냐하면 인간의 자아—위에서 난 생명을 받은—는 영적 훈련을 통해 몸은 물론 뒤틀린 영혼의 구조나 프로그램까지 혁신할 수 있는데, 그 자아의 행정 중추가 또한 심령 내지 의지인 까닭이다. 약간 아이러니지만 이 훈련은 전부 **몸을 이용하는** 것이다. 은혜와 진리가 인격 전체에 미치도록 특별한 방식들로 몸을 이용하는 것이다.

이런 활동과 공조하여 하나님은 "내 영혼을 소생"시키신다. 그 결과 나는 그분을 위해 의의 길로 행하게 되는데, 이는 나의 새로워진 내적 본성의 자연스러운 표출이다. 이제 나의 경험과 반응은 모두 바르게 연결되어 있거나 적어도 점점 더 그렇게 되어 간다. 사실적인 연구에 기초해 이 과정과 결과를 철저히 이해해 나가는 작업은 진정한 기독교 심리학 내지 영혼 이론에 도달하기 위한 큰 걸음이 될 것이다.

이것은 기독교나 그도 아니라면 순전히 심리학에 관심이 있는 사람들한테만 중요한 것이 아니다. 지금 우리의 지성은 모든 전공 분야에서 위기 상태에 있다. 인간의 자아를 아는 지식이 사회적으로 용인되는 분야에 들어맞을 수 없기 때문이다. 법학과 교육학, 의학과 경제학은—종교도 넣어야 되지 않을까?—어둠 속을 헤매고 있다. 인간의 영혼에 대한 이해, 인간의 삶을 인간의 삶 되게 하는 것에 대한 이해가 없기 때문이다. 인간의 영혼을 아는 정확한 지식을 형성하는 것이야말로 우리 시대에 우선적으로 필요한 일인데, 이 일을 하기에 그리스도인 심리학자들보다 더 좋은 위치에 있는 사람들이 누구인가? 우리가 영혼의 실체를 받아들이면, 그때부터 우리는 영혼의 본질을 탐색할 수 있고, 영혼의 회복에 도움이 될 방편을 모색할 수 있다.

13.
그리스도 중심의 경건

복음주의의 핵심

여기서 경건이라는 주제를 논함에 있어서 내 접근은 다음 가정에 기초한 것이다. 종교개혁 이후로 개인과 사회 변화의 굵직한 동력 중 하나는 "복음주의적인" 사상과 경험이었다는 것이다. 언제나 그 이름으로는 아니었을지 모르나 적어도 떠받치는 힘으로는 그랬다. 그러나 복음주의에 대한 나의 관심은 그것이 하나의 사회 현상으로서 지니는 능력―늘 기복이 있었다―에만 있는 것이 아니라, 주로 그것이 인간 개인의 실존에 대해 지니는 능력에 있다. 현재 우리는 여러 가지 이유로 그 능력을 다분히 잃고 말았다.

"경건"이란 헌신의 삶을 이루는 안팎의 상태와 행동들을 지칭하며, 이때 헌신의 대상은 주로 하나님이지만 흔히 부모도 되고(효도라는 말을 "자식의 경건"filial piety이라 표현하는 것처럼), 거기서 더 나아가 부모 자식의 관계와 어느 정도 유사한 관계면 무엇에나 해당된다(예컨대 학교를 "모교"라고 하는 것처럼). 외면적으로 보면, 경건은 지속적인 관계 속에서 수행하는 일상적인 활동들로 이루어지는데, 이때의 관계란 우리에게 생명과 안녕을 주는 분들을 공경하는 관계다. 경건은 우리를 안정시켜 주고, 우리의 삶에 알맹이를 주고, 우리를 인간의 지고한 이상들 쪽으로 끌어 줄 수 있다. 이것이 최고 상태의 경건이다. 이것을 대신할 것이 있겠는가?

하버드 대학교 총장으로 재직하던 당시에 데렉 보크 Derek Bok 는 1986-1987학년도 보고서에 이렇게 썼다. "종교 단체는 더 이상 전처럼 젊은이들에게 기본 가치관을 심어 줄 힘이 없다. 윤리 기준의 대대적 붕괴로 풀이되는 이런 상황 앞에서 하버드를 포함한 각 대학은 과연 거기에 어떻게 대처할 수 있을지 심각하게 생각해 볼 필요가 있다." 보크 총장의 말은 이렇게 이어진다.

오늘날의 응용 윤리 과목은 그 취지가 도덕적 진리 체계의 전수에 있지 않고 학생들에게 복잡한 도덕적 이슈에 대한 신중한 사고를 길러 주는 데 있다.…… 이 과목의 목표는 '정답'을 알려 주는 것이 아니라 학생들에게 윤리 문제가 발생할 때 그것을 감지하는 감각을 길러 주고 역사 속에 축적돼 온 최선의 도덕 사상을 이해하게 하며 향후 사생활이나 직업 분야에서 윤리 문제에 부딪칠 경우를 대비해 논리성을 갖추게 해 주는 것이다.

보고서 말미에서 그는 이런 결론을 내렸다.

학생 개개인 및 사회 전체의 도덕성 형성이 중요함에도 불구하고 우리는 대학이 이 문제에 깊은 관심을 표명해 왔다고는 말할 수 없다.…… 특히 규모가 큰 대학일수록 교수진과 대학 본부는 이 주제를 지속적인 토의와 단호한 행동이 필요한 심각한 책임이 따르는 문제로 받아들이지 않고 있다.

나는 데렉 보크를 아주 존경하며, 남캘리포니아 대학교에서 '전문직과 공공선'이라는 강좌를 가르칠 때 그의 책 『재능의 대가』 The Cost of Talent를 늘 사용한다. 그 책 결론부에서 그는 전문 직종들 간의 불균등한 소득 분배를 어떻게 해결할 것인지에 관한 난국을 지적한다. 가장 중요한 직종들 중 다수(특히 교사와 공무원)가 보수 등급으로 볼 때 "굶주리고" 있기 때문이다. 그는 우리의 **가치관에 변화**가 필요하다는 말밖에 할 수 없었다.

정말 그렇다. 하지만 그것을 이루려면 어디로 가야 하는가? 도덕성 형성을 논할 **기초 지식이 없다면**, 우리의 대학들이 거기에 큰 관심을 두지 말아야 할 것은 당연하다. 그런데 대략 말해서, 그것이 오늘 우리의 현주소다. 많은 지성인들이 도덕성을 지식의 분야로 치지도 않고 있다. 지난 80여 년 사이에 도덕적 가치관을 주제로 삼은 가장 중요한 책 중 다수는, 이 분야를 구조적으로 틀린 또는 무의미한 진술의 분야로 간주하고 있다.

그렇다면 이제 내 명제는 이것이다. 복음주의 전통의 그리스도 중심의 경건에는 지식도 있고 공동체도 있어서, 사람들이 그 공동체 안에서 도덕성 형성의 기초를 찾을 수 있다는 것이다. 인간의 삶의 확실한 기초가 이 전통 안에 있기 때문이다.

복음주의 경건만이 유일하게 그리스도 중심의 경건이라는

주장은 절대로 아니다. 그것은 역사적으로 잘못일 뿐 아니라 더 이상의 연구에 방해가 될 것이다. 그리스도께 중심을 두고 있고, 일정한 본질적인 요소들을 복음주의와 공유하는 다른 경건들도 많이 있다. 예컨대 존 웨슬리가 맨 처음 펴낸 책들 중 하나는 토마스 아 켐피스Thomas à Kempis의 『그리스도를 본받아』The Imitation of Christ의 축소판인 『기독교의 모본』The Christian Pattern이었다. 명칭이나 외양은 달랐을지라도 본질상 복음주의적인 경건이 다수의 기독교 운동들에 있었고, 종종 복음주의 신앙에 양분이 되었다(예컨대 라인 지방Rhineland의 신비가들을 생각할 수 있다). 그럼에도 불구하고 그리스도 중심의 경건에서 한 가지 확실히 식별되는 전통은 바로 복음주의 운동이며, 나는 여기서 그것의 중요한 면들을 개괄하고자 한다.

시작하기 전에 짚어 둘 것이 있다. 이전 시대에 복음주의 신앙의 표지였던 내용들이 반드시 오늘날 강조되는 것은 아니다. 최근에 복음주의의 한 대변자는 복음주의의 본질적인 표지를 세 가지로 말했다. 예수의 고유한 신성과 성경이 하나님의 말씀이라는 것과 중생의 필요성을 믿는 것이다. 그러나 2차 세계대전 이후의 이 복음주의는 분명히 복음주의 일반의 한 변형이다.

이전 시대에 복음주의 경건의 세 가지 중요한 요소는, 내가 보기에, **죄를 지적하는 것, 경건한 믿음 생활로 회심하는 것, 영혼 안에서 행하시는 하나님의 구원 사역을 간증하는 것**이다.

죄의 지적은 복음주의자들 사이에서 더 이상 인기 있는 주제가 아니다. 그것은 대개 자취를 감추었는데, 이는 아주 최근에 생겨난 현상이다. 빌리 그레이엄Billy Graham은 전도자 모드카

이 햄^{Mordecai Ham}의 영향으로 회심했는데, 햄은 한 장소에서 몇 주씩 설교를 한 다음에야 사람들에게 그리스도를 영접할 기회를 주었다. 그것이 통상적인 관행이었다. 대개 정신적인 고통이 아주 심해졌고 그것은 신자들에게까지 번졌다. 조지아 주 서배너에서는 그리스도인들이 긴장의 무게를 견디다 못해 시내에 나가서 빈 점포 건물들을 임대하여 따로 집회를 열었다. 그러고는 그리스도를 영접하도록 사람들을 공적으로 "초청"했다.

"나는 은혜를 전하기 전에 율법을 전해야 한다"던 웨슬리의 유명한 말은 모두의 기준이었다. 지금은 그 말이 다분히 무시되고 있다. 그나마 알기나 한다면 말이다. 실제로 전처럼 그 말대로 하려고 생각하는 사람은 아무도 없다. 그러나 내 생각에, 이전 시대에는 물론 지금도 복음주의 경건의 기초는 여전히 죄의 지적, 하나님에게서 소외된 상태, 정죄, 영원한 멸망의 인식 등은 물론이고, 나아가 **죄의 종**이 된―죄를 그만 지을 능력이 없는―상태에서 건짐을 받는 것까지다. 비록 정확히 중심은 아닐지라도 이런 내용은 지금도 많이 들을 수 있다.

마르틴 루터, 리처드 백스터^{Richard Baxter}, 필립 스페너^{Philip Spener}, 존 웨슬리, 찰스 피니 등 많은 사람들에게서 보듯이, 복음주의 전통은 하나님 앞에서의 죄책과, 죄의 습성에 종이 된 상태를 장황하게 다룬다. 그 반응으로 때로 이 전통은 완벽주의로 흐르기도 하는데, 이는 많은 형태의 복음주의를 괴롭혀 온 망령 중의 하나다. 그러나 죄의 지적은 어떤 형태로든 오늘날까지도 복음주의 전통의 그리스도 중심의 경건에 하나의 표준으로 남아 있다. 비록 지금은 많은 혼란이 개입되어 있기는 하지만 말이다. 죄의 지적이 없다면 복음이 해결해야 할 문제란 사실상 없다. "개인의 이런저런 필요"가 경건에 있어서 죄의 지적과 같은 역할을 할 수 있겠는가? 현대 문화에서 "죄"는 분석과 이해의 범주에서 완전히 사라졌다. 그러나 죄가 없으면 복음주의 신앙은 의미가 없으며, 죄에 대한 이 신앙의 강조점은 언제나 죄를 책망하는 데 있었다.

넓게 보아서 복음주의의 두 번째 기본 요소는 **회심**이다. 여기에는 화목케 됨과 중생이 둘 다 포함된다. 중생 개념의 상실은 다분히 현대 복음주의 신학의 특징이다. 흔히 강조하는 것은 화목케 됨 내지 용서뿐이다. 그것마저도 아직 "당신의 필요를 채워 주시는" 그리스도로 대체되지 않았다면 말이다. 때로는 중생의 교리가 칭의의 교리에 완전히 흡수되기도 한다. 둘은 공공연히 동일시된다. 그러나 이것은 전반적으로 복음주의 전통답지 **않은** 것이다. 대중적인 자료뿐 아니라 정평이 난 신학 서적들을 읽어 보아도, 중생—"위에서 난" 새로운 종류의 생명을 얻는 것—이 용서만큼이나 회심의 중심임을 알 수 있다. 어쩌면 사실은 용서가 중생에 부속이기까지 하다. 우리는 믿음으로 말미암아 은혜로 새 생명을 얻으며, 그 과정에서 또는 그 견지에서 물론 죄도 용서된다. 용서와 화목케 됨이 없이는 우리도 하나님 안에 살 수 없고 하나님도 우리 안에 사실 수 없다.

세 번째 요소인 **간증**은 복음주의 운동의 많은 진영에 여전히 살아 있으나 대체로 전통적인 방식과는 다르다. 전통적으로 간증은 대개 회심에 꼭 필요한 부분으로 통했고, 믿음과 고백은 서로 뗄 수 없는 것이었다.

지금까지 말한 복음주의 경건의 세 가지 근본 요소와 아울러 훈련의 측면도 더러 있다. "훈련"이라 함은 그것이 (웨슬리의 표현대로) "은혜의 방편" 내지 삶을 유지하고 형성하는 방법으로 통하기 때문이며, 벌의 수단은 절대로 아니다. 그중에 주된 것은 공적인 하나님의 말씀 사역, 개인 성경공부, 기도, 그리고 삶 전체를 훈련하여 거룩하게 한다는 이상(理想)이다. 복음주의 경건을 넓은 의미로 보면, 우리가 무슨 일을 하고 있든 우리의 삶 전체가 그리스도를 믿는 믿음의 일부가 되어야 했다. 그것이 간증의 일부였다.

이것은 루터의 만인 제사장직 개념을 잘 바꾸어 표현한 것이다. 그 개념의 원뜻은 모든 신자가 제사장의 직무 내지 종교적인 직무를 할 수 있다는 것이 아니라 모든 신자가 하는 일은 **무엇이든** 하나님께 제사장의 행위가 된다는 것이다. 이 믿음은 복음주의 전통의 전체는 아닐지라도 많은 진영에서 아주 확실히 전수되고 있다.

끝으로, "희어져 추수하게 된 밭"에서 일하는 것도 경건의 일부다. 이 개념에는 몇 가지 의미가 있는데, 돈과 물질을 **드리는** 것도 그중 하나다. 웨슬리의 초창기 작은 모임들의 큰 장점 중 하나는 아무리 적은 양이라도 누구나 뭔가를 드려야 했다는 것이다. 모임에 나가면 각자 뭔가를 드렸고, 그러면 그것은 교회의 유익을 위해서는 물론 어려운 교우들과 가난한 사람들을 돕는 데 쓰였다. 오늘의 복음주의자들도 헌금 면에서 통계적으로 여전히 두드러진다. 십일조는 기본이며, 비록 못 미칠 때도 있지만 초과될 때도 많다.

희어져 추수하게 된 밭에서 일하려면 또한 복음을 **증거**해야 한다. 구체적으로 이것은 다른 사람들이 하나님 앞에서 어떤 상태이며 하나님이 그들을 위해 무엇을 준비해 두셨는지를 개인적으로 그들에게 말해 준다는 뜻이다. 또 세계적인 선교 사역을 비롯한 공적인 전도 활동에 참여하는 것도 포함된다. "잃어버린 영혼들을 구하려는" 특별한 공적인 활동들을 통해서는 물론, 삶과 연결되는 모든 부분에서 복음을 전하는 것이 복음주의 경건이다. 이런 맥락에서 우리는 죄의 생생한 개념이 여전히 중요한 이유를 볼 수 있다.

희어져 추수하게 된 밭에서 일하려면 끝으로 **진리를 위해 일어서야** 한다. "구원받고 나서 믿음의 싸움을 열심히 싸우는" 것도 이 넓은 범주에 포함된다. 아울러 이는 사회에서 의와 정의와 선을 위해 일어선다는 뜻이기도 하다. "권력 앞에서 진리를 말하는" 것과 다양한 종류의 정치적인 노력도 여기에 들어간다.

몇 대째 복음주의 진영에서 깊이 생각하며 살고 있는 사람들은, 이 세 가지 활동 영역 중에 하나라도 빠져 있으면 자기 본분을 다하고 있지 못하다는 생각이 의당 들게 마련이다. 복음주의자들에게 있어서 그리스도 중심의 경건이란 언제나 마음에서 우러나서 주께로 향한 것이라야 한다. 이것은 겉으로 잘 보이기 위한 것이 아니다. 사람들을 감동시키기 위한 것이 아니다. 심지어 하나님을 감동시키기 위한 것도 아니다. 이것은 정직하고 투명한 마음으로 하나님 앞에 서서, 단순히 "내 모습 이대로 주께로 거저 갑니다"—현대 복음주의의 주제가—라고 부르짖는 문제인 것이다.

복음주의의 한 이상인 투명성의 부분이 이 찬송에 아름답게 표현되어 있다. 곧, 나를 꾸미거나 좋은 인상을 주려고 하지 않고 그냥 내 모습 그대로 나아가는 것이다. 그리고 그리스도께서 십자가에서 돌아가셨기에 이제 나는 나 아닌 다른 존재가 될 필요가 없다고 고백하는 것이다. 하나님께 이렇게 투명하게 나아가기에 이제 나는 당신에게도 인간적인 형제 자매로 나아가 "내 모습 이대로 거저 갑니다"라고 고백할 수 있다. 우리는 이렇게 투명하게 서로를 대할 수 있고 마땅히 그래야 한다. 이는 복음주의 경건이 최고에 이른 상태다. 물론 이것이 복음주의자들만의 것은 아니다. 비슷한 경건의 태도를 보이는 다른 많은 전통에서도 그것을 볼 수 있다. 그러나 복음주의자들은 이런 식의 투명성이 복음에 합당한 삶에 반드시 필요함을 힘써 강조한다.

복음주의 경건을 넓게 보면, 우리는 예수의 제자로 사는 것이며, 당연히 제자도는 학습과 성장의 과정이다. 그래서 베드로후서 3:18이 복음주의자들 사이에 자주 인용된다. "오직 우리 주 곧 구주 예수 그리스도의 은혜와 저를 아는 지식에서 자라가라." 학습 과정으로서 제자도란 **그분이 나라면 사실 그 삶을 영위하는 법**을 점차 배워 나가면서, 그분의 부활하신 임재와 상호 작용하며 산다는 뜻이다(그분의 말씀과 친밀한 임재 그리고 다른 사람들을 통해). **현대** 복음주의자들의 근본적인 문제 중의 하나는 제자도의 개념을 잃어버린 것이다. 예수의 제자가 되지 않고도 그리스도인이 될 수 있다는 것이 요즘 복음주의자들의 전반적인 통념이며, 실제로 제자 아닌 그리스도인이 많다. 적어도 그렇게 보인다. 사실 이것은 복음주의 진영을 훨씬 넘어서서 기독교 전반에 두루 퍼져 있는 통념이다. 제자가 된다는 것은 예수의 도제 내지 학생이 되어 하나님 나라의 삶을 사는 것이다. 그러나 오늘날 복음주의자들은 제자 삼는 사역이 꼭 지역 교회가 할 일은 아니라고 생각하면서, 아예 **그 사역**을 선교 단체에 떠넘기고 있는지도 모른다.

사실, 지금 우리는 제자도가 무엇인지 몰라 꽤나 전전긍긍하고 있다. 이는 신학의 전개 양상과도 일부 관련이 있다. 믿음으로 말미암아 은혜로 구원받는다는 가르침 까닭에 많은 진영에서 사람들은, 자기가 무엇을 어찌해야 하는지 도통 모르는 지경에 이르고 말았다. 이는 놀랄 일이 아니다. 내 배경은 남침례교다. 우리는 구원받기 위해 인간이 할 수 있는 일이 아무것도 없다고 한 시간 동안 설교해 놓고는, 구원받기 위해 사람들에게 뭔가 하게("앞으로 나와서" 믿음을 고백하게) 만들려고 반 시간 동안 찬양을 부를 수 있다.

오늘 우리는 은혜로 구원만 받은 것이 아니라 은혜로 마비가 되었다. 여기 깊은 혼란이 있다. 은혜의 반대가 **노력**이 아니라 **공로**임을 우리는 잘 깨닫지 못한다. 공로와 노력은 같은 것이 아니다. 공로는 태도이며, 말할 것도 없이 은혜에 반대된다. 그러나 노력은 은혜에 반대되지 않는다. 은혜로 불붙은 사람이 있다면, 당신은 분명 그 사람에게서 상상 가능한 가장 눈부신 수고의 일부를 보게 될 것이다(고전 15:10). 물론 복음주의 전통에는 사람들의 수고가 가득하다. 밖으로 나간 위대한 선교사들(아도니람 저드슨과 윌리엄 캐리 등)이 좋은 예다. 어떤 사람들은 그들에게 "하나님은 어차피 구원하실 사람은 구원하신다. 너는 그것을 믿지 못하느냐?"고 말했다. 그러자 그들은 사실상 이렇게 대답했다. "맞다. 바로 그렇기 때문에 나는 가는 것이다. 그 일이 벌어질 때 현장에 있고 싶어서 말이다." 은혜를 바로 이해하고 바로 받으면 은혜는 엄청난 동인과 에너지원이 된다.

또 한 가지 문제는 복음주의자들이 그리스도께 순종하려고 하다가 자주 **율법주의**에 빠진다는 것이다. 이것은 다분히 우리가 **훈련**이 아니라 **시도**를 강조한다는 사실에 기인하며, 복음주의자들 사이에 바리새인의 비율이 상당히 높을 수 있는 이유도—성속을 불문하고 다른 집단들의 경우보다 반드시 더 많은 것은 아니다—그것으로 설명된다. 예컨대, "나를 저주하는 사람들을 축복하려고" 할 때, 해 보면 알겠지만 **시도**로는 절대로 충분치 않다. 그런 행동이 나오도록 **훈련**되어야 한다. 이런 훈련은 제자도의 영역에 들어가는데, 대체로 말해서 오늘날 우리는 그리스도를 믿는 믿음을 순종이나 실천과 분리시켰다. 이쪽과 저쪽을 이어 줄 다리가 없다. 물론 그 다리는 제자도다. 예수께서 말씀하신 것을 행하고 싶다면, 그런 행동이 자연스럽게 나올 그런 종류의 사람으로 자라 가는 쪽에 노력을 기울여야 한다.

우리가 제자도를 잃어버린 것은 다분히 복음주의 전통이 **스승이신 그리스도를 잃어버렸기** 때문이다. 그리스도가 스승이라는 개념은 더 이상 복음주의자들에게 큰 의미가 없다. 그나마 의미가 있기나 하다면 말이다. 이런 현상의 역사적인 뿌리는 지난 세기의 모더니즘과 근본주의 간의 논쟁에 있다. 그 논쟁에서 근본주의자들과 보수주의자들은 그리스도가 스승이라는 담론을 "그는 **인간일 뿐**"이라는 말의 암호로 이해하기 시작했다. 사실 그것은 그리스도의 신성을 배제하는 한 방법일 때도 많았다. 여기서, 그리스도가 스승이라는 개념에 맞서는 내적인 무장이 생겨났다. 그러나 물론, 스승이 없다면 학생이나 제자도 있을 수 없다. 우리는, 예수께서 지금 이 땅에 살고 계신 그 삶의 **참여자**가 아니라 거룩한 것의 한낱 구경꾼과 소비자가 되었다. 그리하여 의미 있는 훈련을 잃어버렸다.

훈련이란 직접적인 노력으로는 안 되는 일을 능히 할 수 있기 위해 우리가 취하는 행동이다. 영적 훈련의 개념과 실천이 복음주의 전통에 아주 풍성하지만, 살아 있는 스승이 없다면 아무 소용도 없다. 그래서 훈련의 개념은 복음주의의 주요 개념에서 자취를 감추었다. 스승이 없어졌기 때문이다.

그래서 보다시피 복음주의자들은, 우리 시대를 위해 복음주의의 유서 깊고 풍부한 전통과 사상과 체험의 능력을 개인과 사회의 도덕적인 변화를 이끄는 주된 동력원으로 되찾는 일에 있어서, 일련의 많은 문제들에 봉착해 있다. 이런 문제들은 종교에 이성과 지식을 사용하는 것과 관련된, 더 깊은 문제와 밀접하게 얽혀 있다. 이 문제 역시 부분적으로 19세기와 20세기 초의 논쟁에 대한 반응으로 우리에게 온 것이지만, 또한 그보다 훨씬 과거로까지 거슬러 올라간다. 많은 복음주의자들이 이성과 지식을 마귀의 편에 두었고, 근본주의자로 통하는 사람들은 거의 모두가 그랬다. 이처럼 그들은 반지성주의 성향이 강했다. 그들은 "저쪽" 사람들(모더니스트들)이 변질된 것이 아무래도 생각을 시작한 데 있다고 보았다. 또 "저쪽" 사람들은 필시 책도 너무 많이 읽었다. 그것도 아마 독어나 불어로 말이다. 이렇게 이성의 개념에 대적하는 무장이 생겨났다.

오늘날 많은 복음주의자들이 이 문제를 재검토하려 하거니와, 그리스도를 스승으로 붙들고 그분을 **지성인**으로 생각하려면―복음주의자 여부를 떠나서 많은 사람들에게 이것은 이제 거의 불가능한 일이 되었다―반드시 그렇게 해야 한다. 복음주의자들에게 세상에서 가장 똑똑한 사람을 고르라고 하면 예수 그리스도를 꼽을 사람은 거의 없다. 정말이지 서글픈 일이다. 이는 현대판 가현설^{Docetism}(그리스도께서 인간으로 오신 것을 부인하는 이단―옮긴이)이다. 하지만 하나님이신 그분이 어리석을 수 있을까? 그리고 상대를 정말로 똑똑하다고 생각하지도 않으면서 어떻게 그의 제자가 될 수 있을까?

여러 해 전에 복음주의와 그 밖의 진영들에서 "예수는 주시다"라는 구호 아래 교회 통합을 시도했다. 그러나 별 성과가 없이 금세 시들해졌다. 그리스도 중심의 경건에는 그리스도의 전인격이 절대적으로 중요한데, 그것이 빠져 있었기 때문이다. 예수를 나와 관련된 모든 일에 해박하시고 대단히 유능하신 분으로 보지 않는다면, 그분을 주라고 부른들 무슨 의미가 있겠는가? 그리스도 중심의 경건이 되려면, 그리스도 전체의 위대하심을 우리 믿음의 대상으로 되찾아야 한다. 바울이 말한 "측량할 수 없는 그리스도의 풍성"(엡 3:8)에 우리의 믿음을 두어야 한다.

그렇게 할 때, 삶을 변화시키는 힘이라는 복음주의의 이상적인 특징이 다시 나타나기 시작할 것이다. 그럴 때 우리가 데렉 보크 같은 중요한 지도자들이 제기한 도덕성 형성의 문제에 뭔가 답이 있다고 생각할 근거가 생긴다. 물론 그런 부류의 문제를 제기한 사람은 비단 그만이 아니다. 하지만 실제적인 차원에서 진실과 덕과 선에 대한 지식을 찾을 수 없다면, 우리는 어디로 갈 것인가? 과거에는 복음주의 전통의 사람들이 때때로 그런 지식을 내놓았었다.

하버드 대학교 철학 교수인 조지 허버트 파머^{George Herbert Palmer}는 1899년에 윌리엄 벨든 노블 강좌에서 가르친 내용을 『윤리학 분야』^{The Field of Ethics}라는 책으로 펴냈는데, 그 책 끝부분에서 그는 당시 윤리학 분야의 지도자들의 명단을 열거한 다음에 이런 결론을 내렸다. "정녕코 윤리학은 삶을 충만하고 풍요롭게 하는 길을 공부하는 학문이지, 흔히들 생각하는 대로 삶을 속박하고 빈곤하게 하는 길을 공부하는 학문이 아니다." 그런데 오늘 복음주의자들의 삶에서 우리가 보는 모습은 불행히도 후자일 때가 많다. 계속해서 그는 "예수께서 자신이 온 것은 사람들이 생명을 얻고 더 풍성히 얻게 하려는 것이라고 선언한 그 말씀—필립스 브룩스^{Phillips Brooks}가 그토록 좋아했던—은 도덕과 종교 양쪽 모두의 목적을, 그리고 지상과 하늘의 의를 가장 확실히 표현한 말이다"라고 했다. 이것은 예수 그리스도를 그분께 합당한 정황에서 그분께 합당한 시각으로 보는 것이며, 역사적으로 복음주의자들은 그분을 그렇게 보았다.

복음주의 사상과 전통에 힘입어 인류는 진정한 구주를 얻을 수 있다. 오늘의 세계 속에 임재하시면서 풍성하고 충만한 삶을 주실 수 있는 구주를 말이다. 나는 하버드 사람들의 주관하에 진행되는 이번 세미나를 계기로 그 깊은 차원의 삶과 사상이 이 땅에 회복되는 길이 열리기를 바라고 믿고 또 기도한다.

14.
논리학자 예수

둘 사이의 연관성을 일체 **부정하는** 경우라면 혹 모를까, 오늘날 "예수"라는 말과 "논리학자"라는 말이 나란히 절이나 문장을 이루는 것을 볼 일은 거의 없을 것이다. "논리학자 예수"라는 말은 "목수 예수"라는 말과 마찬가지로 문법적으로 틀린 말이 아니다. 그러나 처음 보면 그 말은 "자주색이 잠들어 있다"든지 "도시에 사는 사람들보다 겨울에 사는 사람들이 더 많다"든지 "당신은 걸어서 출근하는가 아니면 도시락을 가져가는가?" 따위의 말처럼 범주상의 오류나 논리상의 오류가 있는 것처럼 느껴진다.

우리 문화에서 예수와 지성은 불편한 관계다. 예수가 역사상 최고의 지성인이라는 나의 말이 어불성설이라는 그리스도인들의 반응도 나는 실제로 들었다. 오늘 우리는 그분을 지성과 지적인 삶에서 자동으로 배제한다(또는 아예 대척 관계에 둔다). 그분을 예컨대 아리스토텔레스, 칸트, 하이데거, 비트겐슈타인과 동일한 논리적 방식으로 동일한 논점을 다루신 사상가로 생각할 사람은 거의 아무도 없다.

이 사실은 오늘날 우리가 예수와 우리의 세계와 삶의 관계를 어떻게 보느냐에 대해 중대한 함축적인 의미를 지닌다. 특히 우리의 일이 어쩌다 예술, 사상, 연구, 학문의 일이라면 더욱 그렇다. 그분이 논리적으로 둔하다면, 어떻게 이런 분야의 일에 끼어들어 우리를 인도하실 수 있겠는가? 기술성이나 전문성이 요구되는 우리의 분야에 들어갈 때 그분을 문간에 남겨 두어야 한다면, 어떻게 우리가 일터에서 그분의 제자가 되어 진지하게 그분을 그 분야의 스승으로 삼을 수 있겠는가? 분명히 위치 조정이 필요하다. 단순히 그분이 구사하시는 논리를 그리고 그분의 논리적인 사고의 명백한 위력을 관찰해도 도움이 될 것이다. 그런 내용이 신약성경 복음서에 나와 있다.

우리가 "논리학자 예수"를 말할 때, 물론 그것은 그분이 예컨대 아리스토텔레스와 프레게$^{Gottlob\ Frege}$처럼 논리 이론을 개발했다는 뜻이 아니다. 틀림없이 그분은 그러실 수도 있었다. 정녕 그분이 그리스도인들이 고백하는 그분이라면 말이다. 그분은 프레게의 『개념 표기법』이나 뉴턴의 『수학 원리』$^{Principia\ Mathematica}$ 같은 책, 또는 형식논리의 대안 공리(公理), 또는 다양한 "언어"의 다양한 완전 증거나 불완전 증거 따위를 발표하실 수도 있었다. (사실 이런 연구들을 통해 알려진 질서는 본래 그분이 만드신 것이다.)

그분은 그러실 수 있었다. 상대성 물리학의 공식이나 지각(地殼)의 판구조 이론을 베드로나 요한에게 전수하실 수도 있었다.

얼마든지 가능한 일이었다. 정녕 그분이 그리스도인들이 전통적으로 고백하는 그분이라면 말이다. 그러나 그분은 그러시지 않았다. 누구나 멈추어 생각해 보면 그 이유는 아주 분명해 보일 수밖에 없다. 하지만 어쨌든 그것은 이 글에서 내 논제가 아니다. 내가 "논리학자 예수"를 말할 때, 그것은 그분이 논리적인 통찰을 구사하신 것, 논리적인 원칙에 정통하셨고 스승과 공인으로서 자신의 일에 그것을 사용하신 것을 가리키는 말이다.

먼저 알아 둘 것이 있다. 창의적인 일을 하거나 논리 이론 분야에 전문가인 사람들이라고 해서 그렇지 않은 사람들보다 반드시 더 논리적이거나 철학적으로 더 견실한 것은 아니라는 것이다. 우리야 그들에게 논리성을 바랄 수 있지만, 그들은 자신의 논리 이론을 전개하는 방식에서조차 비논리적일 수 있다. 어찌된 일인지, 이론에 강한 사람들이라고 해서 실제에서 유난히 더 높은 정확성을 보장하는 것 같지는 않다. 사상사(思想史)를 잘 아는 사람이라면 누구도 이 말에 놀라지 않겠지만, 우리들 대다수를 위해서 이 말을 강조할 필요가 있다. 발전된 논리 이론을 알고 있으면 분명히 논리적인 사고에 도움은 될 수 있지만, 논리적인 사고를 보장하기에는 그것으로 충분치 않으며, 아주 드문 경우를 제외하고는 그것이 아예 필요조차 없다. 논리적인 통찰은 논리적인 관계에는 의존하지만 논리 이론에 의존하는 경우는 드물다. 논리적인 관계의 두 가지 기본은 함축(논리적인 함의)과 모순이다. 그리고 그 둘이 바바라 삼단논법, 선언적 삼단논법, 긍정식, 부정식 같은 표준 형식들에서—그리고 심지어 귀류법 같은 전략들에서—차지하는 역할은 굳이 이론적인 일반

화의 수준에 전혀 이르지 않고도 실제적으로 충분히 이해할 수 있다.[1]

논리적이려면 물론 함축과 모순이 무엇인지 알아야 하고, 명백한 사례들 속에 그 둘이 존재하거나 부재하는 것을 인식할 줄도 알아야 한다. 그러나 논리적이 되려면 또한 그렇게 되려는 의지가 필요하며, 그것을 가능케 하고 실현시켜 줄 일정한 인격적인 자질도 있어야 한다. 그 자질이란 잡념에서 자유로운 상태, 대화와 사고에 개입된 의미나 개념에 관심을 집중하는 것, 진실에 헌신된 마음, 진실이 논리적인 관계를 통해 어디로 귀결되든 거기에 따르겠다는 각오 같은 것들이다. 이 모두에는 다시 도덕적인 성품이 중대하게 요구된다. 과단성과 용기 같은 부분에서만 그런 것이 아니다. 물론 그것도 필요하지만 말이다. 예컨대 위선을 일삼는 자에게는 논리가 친구가 되지 못할 것이며, 거짓말쟁이, 도둑, 살인자, 간음하는 자도 마찬가지다. 상황들과 추론들이 계속 그들을 고발하면서, 논리적으로 그들의 잘못된 행동을 끌어들일 것이다. 그래서 문학과 영화의 **미스터리** 장르는 논리적인 관계들을 따지지 않고는 생각할 수 없다.

일정한 지론이나 행위를 막무가내로 옹호하기에 열심인 사람들은 논리에서도 자신을 보호해야만 한다. 내가 믿기로, 생각이 깊은 사람들은 이 모두를 흔히 알아본다. 덜 알려진 사실이지만, 사람은 논리적이 되는 것을 기본 가치로 여기고 거기에 헌신할 때만 그렇게 될 수 있다. 사람은 어쩌다 도덕적이 되지 않는 것만큼이나 저절로 논리적이 되지 않는다. 사실 논리적인 정합성(整合性)은 도덕적인 성품의 중요한 요인이다. 우리 시대처럼 도덕성이 공격받는 시대에 논리적인 사람들을 폄하하거나 무시하는 데는 그런 이유도 작용한다. 지금 우리의 현실이 그렇다.

예수는 논리 **이론**에 치중하지 않으실 뿐더러 각 경우마다 자신이 사용하시는 논리 구조를 모두 자세히 설명하지도 않으신다. 그분이 사용하시는 논리는 언제나 생략 삼단논법인데, 이는 평범한 삶과 대화에 흔히 있는 것이다. 논리적인 **명시성**에 관한 한, 그분은 요지를 다 말하지 않고 더 발전될 여지를 남겨 놓으신다. 생략 삼단논법의 의의는 듣는 자들의 사고를 **안에서부터** 끌어들인다는 것인데, 이는 빈틈없이 명시적으로 다 진술하는 논법으로는 불가능한 일이다. 따라서 이 방법의 수사적인 위력은 시시콜콜 전부 설명하는 논법의 위력과는 판이하다. 후자는 듣는 자들을 그 자신의 사고 밖에 두어 논리의 힘에서 멀어지게 하는 경향이 있다.

예수께서 논리를 활용하신 것은 변론에 이기기 위해서가 아니라 듣는 자들이 이해나 통찰을 얻게 하기 위해서였다. 이 이해는 안에서만, 곧 기존의 이해에 기초해서만 온다. 각자의 "안에서 솟아난다"고 할 수 있다. 그래서 그분은 플라톤의 대화에 흔히 쓰이는 논리 방법이나 오늘날 대부분의 교육과 집필의 특징이 되는 방법을 따르지 않으신다. 곧, 그분은 듣는 자들이 어쩔 수 없이 결론을 삼키지 않으면 안 될 정도로 모든 것을 빤하게 밝히려고 하지 않으신다. 그보다 그분은 알고자 하는 사람들이 스스로 길을 찾아서 적절한 결론―그들이 그것을 딱히 중요하게 여기느냐 여부는 별문제로 하고―에 도달할 수 있도록 사안을 제시하신다. 그리하여 그것을 **그들 자신이** 발견하게 하시는 것이다.

"상대의 의지를 꺾고 설득해 봐야 결국 의견은 바뀌지 않는다." 맞다. 틀림없이 예수는 그것을 아셨다. 그래서 그분은 으레 내면의 시각을 진정으로 변화시키는 데 목표를 두신다. 그래야 듣는 자들이 각자의 지성을 사용하여 의미 있게 달라질 수 있다. 눈이 멀 정도로 강경하게 저항하지 않는 이상 그들은 유명한 "유레카"의 경험을 하게 된다. 단순히 말문이 막히거나 압도당하는 경험이 아니다.

이런 점들을 염두에 두고 지금부터 복음서의 전형적인 장면들을 몇 군데 살펴보고자 한다. 물론 아주 익숙한 장면들이지만 독특한 논리적인 사고가 거기서 차지하는 역할을 고찰할 것이다.

마태복음 12:1-8을 생각해 보라. 의식법 특히 성전과 안식일 규정에 관한 가르침이 나오는 대목이다. 안식일에 예수께서 제자들과 함께 밭—아마 밀밭 아니면 보리밭—을 지나고 있는데, 제자들이 손으로 줄기의 낱알을 훑어서 먹고 있다. 바리새인들은 그들이 율법을 어겼다며 범법자라고 비난한다. 그러자 예수께서는 문제의 의식법이 적용되지 않는 상황들이 있음을 지적하신다.

그분은 바리새인들이 이미 인정하고 있는 사례를 드신다. 하나는 다윗이 목숨을 구하려고 도망가다가 제사장 아히멜렉이 관장하고 있던 예배와 제사의 처소를 찾아가는 사례다(삼상 21:1-6). 다윗은 아히멜렉에게 자기와 동지들이 먹을 것을 구하는데, 마침 있는 음식이라고는 제사 의식에 쓴 거룩한 떡밖에 없다. 예수께서 지적하신 대로(마 12:4) 이 떡은 율법에 다윗이 먹을 수 없도록 금지되어 있었고, 제사장들만 (의식 후에) 먹을 수 있었다. 그러나 아히멜렉은 다윗 일행에게 떡을 주어 배고픔을 면하게 한다. 그러므로 의식법에 금지된 일도 배고픔이라는 인간의 욕구 앞에서는 정당화될 수 있다.

계속해서 예수께서는 제사장들도 안식일마다 성전 직무를 하느라고 안식일 규정에 허용된 것보다 더 많은 일을 한다고 두 번째 사례를 드신다. "또 안식일에 제사장들이 성전 안에서 안식을 범하여도 죄가 없음을 너희가 율법에서 읽지 못하였느냐"(마 12:5). 그렇다면 충족시켜야 할 더 큰 필요가 있는 경우라면 설사 의식법을 규정대로 지키지 않더라도 자동으로 범죄나 불순종이 되는 것이 아니라는 논리가 성립된다. 이는 바리새인들이 암시적으로 이미 인정하고 있던 바였다. 예수께서 언급하신 두 사례가 옳은 것임을 그들도 받아들이고 있었기 때문이다.

여기서 더 깊은 논점은 율법을 가지고 사람들을 해치는 것인데, 이는 하나님이 의도하신 바가 아니다. 하나님은 율법을 주신 분이지만, 의식과 긍휼(예컨대 배고픔에 대한 긍휼)이 부딪칠 때마다 긍휼을 원하신다. 하나님은 그런 분이시다. 다르게 생각한다면 하나님을 오해하여 나쁜 분으로 보는 것이다. 그래서 예수는 호세아 선지자의 말을 인용하신다. "나는 자비를 원하고 제사를 원치 아니하노라 하신 뜻을 너희가 알았더면 무죄한 자를 죄로 정치 아니하였으리라"(마 12:7, 9:13 참조). 이렇듯, 그분이 여기서 사용하신 논리는 제자들(이 경우의 "무죄한 자"들)이 곡식을 따서 먹은 것이 죄라는 판단을 바로잡기 위한 것만이 아니었다. 그분은 하나님에 관해 그 이상의 함축적인 의미를 끌어 내고자 논리를 사용하셨다. 하나님은 율법의 비교적 사소한 조항을 어겨서 중대한 필요를 채우는 사람들을 정죄하시는 분이 아니라는 것이다. 다른 데서 그분은, 하나님이 정하신 안식일이 인간을 위해 있는 것이지 인간이 안식일을 위해 있는 것이 아님을 지적하신다(막 2:27).

안식일을 지키는 사례―더 정확히 말해서, 인간들이 안식일 준수를 위해 만들어 낸 의식법의 사례―는 복음서에 계속해서 등장한다. 그런데 언제나 예수께서는, 그 당시에 공식적으로 규정된 방식대로 안식일을 지킨다고 주장하는 자들의 논리적인 모순의 관점에서 접근하신다(예컨대 막 3:1-3, 눅 13:15-17, 요 9:14-16 참조). 그들은 위선과 뻔한 모순 중에서 하나를 선택할 수밖에 없다. 그분은 정말로 그들에 대해 "위선"(외식)이라는 단어를 간혹 사용하시는데(예컨대 눅 13:15 참조), 이는 그들이 자신의 모순을 알면서도 용인하고 있음을 암시하신 것이다. 사실, 위선이라는 개념 자체에 논리적인 모순이 암시되어 있다. "저희는 말만 하고" 그 말에 암시된 내용을 "행치 아니하며"(마 23:3). 그리고 율법주의는 언제나 삶의 모순과 심하면 위선을 낳는다. 왜냐하면 율법주의는 결국 규칙들을 우리가 신봉하는 원칙들과 양립될 수 없을 지경까지 중시하게 되고(예컨대 당면한 상황에서 긍휼을 베푸는 것보다 제사를 더 중시한다), 또한 규칙들 자체의 모순된 실천을 더 중시하게 되기 때문이다(예컨대 눅 13:15-16에 나오는 것처럼, 안식일에 나귀는 이끌고 가서 물을 먹이면서도 십팔 년 동안 고통당한 사람을 고쳐 주는 것은 막는다).

또 하나의 실례가 누가복음 20:27-40에 나온다. 이번에는 바리새인들이 아니라 사두개인들이 예수께 따진다. 그들은 부활을 부인하기로 유명하며(27절), 그래서 자기들 딴에 부활의 귀류법(歸謬法) 상황을 하나 만들어 낸다(눅 20:28-33). 모세의 율법에는 결혼한 남자가 자식 없이 죽으면 제일 나이 많은 동생이 과부를 아내로 취하도록 되어 있고, 그 사이에서 낳은 자식은 형의 유업을 잇도록 되어 있다. 사두개인들의 "사고 실험"에서 일곱 아들 중 장남이 자식 없이 아내를 두고 죽고, 차남이 과부와 결혼하여 역시 자식 없이 죽고, 셋째도 그렇게 되고, 결국 일곱 형제가 다 뒤를 잇는다. 그러고 나서 아내도 죽는다(그럴 수도 있겠다). 이 사례에서 그들은 부활 시에 여자가 그들 **모두의** 아내가 되는 것이 불합리하다고 추정했다. 결혼의 순리상 그것은 아무래도 불가능한 일이었다.

대답으로 예수는 부활한 자들은 성관계와 결혼과 생식에 적합한 죽을 몸이 없다고 지적하신다. 그들은 지금의 천사들과 같은 몸, 죽지 않을 몸을 얻게 된다. 부활의 개념은 경솔히 취급할 것이 아니다. 그래서 그분은, 부활해도 몸이 그대로 있고 삶이 **지금과 똑같이** 지속된다고 하는 사두개인들의 가정을 허무신다. 그러므로 여자가 일곱 형제와 다 혼인하는 것이 불가능하다는 추정은 애당초 부활 문제에서 불필요한 것이다.

이어서 그분은, 이번에도 역시 거기서 더 나아가, 하나님의 속성을 가르치신다. 그분께는 그것이 언제나 주된 관심사였다. 그분은 사두개인들이 이미 인정하고 있는 전제를 취해서 그들이 원치 않는 결론을 도출하신다. 그분은 이르시기를, 죽은 자들의 부활은 하나님이 불붙은 떨기나무 앞에서 모세에게 스스로를 묘사하신 말씀에 따른다고 하셨다. 그 사건 속에서 하나님은 스스로 "아브라함의 하나님이요 이삭의 하나님이요 야곱의 하나님"이라고 칭하셨다(눅 20:37, 출 3:16 참조). 이것은 사두개인들도 이미 받아들이는 바였다. 그러나 예수께서 지적하신 대로, 불붙은 떨기나무 사건 때 아브라함과 이삭과 야곱은 이미 "죽은 지" 오래였다. 그런데 하나님은 죽은 자의 하나님이 아니다. 곧, 죽은 사람은 하나님과 더불어 헌신과 봉사의 관계를 유지할 수 없고, 하나님도 이미 존재하지 않는 사람과는 언약의 믿음을 지키실 수 없다. 하나님과 언약의 관계 가운데 있는 사람은 살아 있는 것이다(눅 20:38). 살아 계신 하나님이 죽은 시체나 존재하지 않는 사람과 더불어 교제하시며 신실하신 언약을 지키시는 것은 전혀 상상이 안 된다.

예수께서 분명히 스스로 의식하고서 논리를 사용하신 또 다른 사례가 방금 막 인용한 누가복음 20장에 이어진다. 이따금씩 그분은 듣는 자들 쪽에서 논리를 사용해야 하는 교육적인 수수께끼들을 내놓곤 하셨다. 부활에 관한 논의 후에 사두개인들과 주변의 다른 그룹들은 더 이상 감히 그분의 탄탄한 사고에 대들지 못한다(눅 20:40). 그러자 그분은 메시아—만인이 찾고 있던—에 관한 이해를 돕고자 그들에게 수수께끼를 하나 내신다.

누구나 메시아에 관한 말씀으로 알고 있는 시편 110편에 근거하여 예수께서는 표면상의 모순을 지적하신다. 메시아는 다윗의 자손인데(모두가 인정하는 사실), 다윗은 메시아를 "주"라고 부른다(눅 20:42-43). 다윗이 그를 주라고 부르는데 어떻게 메시아가 다윗의 자손일 수 있느냐고 그분은 물으신다(눅 20:44). 예수께서 의도하신 해답은, 메시아가 다윗의 자손일 뿐 아니라 또한 다윗보다 높은 자이며 따라서 유대 나라의 정치적 수장보다 더 포괄적인 의미에서 왕이라는 것을(계 1:5) 그들이 깨닫는 것이었다. 그러므로 다윗에게 주신 약속들은 다윗보다 훨씬 먼 데까지 미치며, 그보다 훨씬 많은 것들을 아우르는 것이다. 다윗과 메시아에 대한 이러한 재해석은 사도들과 초기 제자들이 잘 배우고 사용한 교훈이었다(행 2:25-36, 히 5:6, 빌 2:9-11 참조).

마지막 예로, 복음서에 기록된 보다 교훈적인 경우 중 하나에서 그분이 사용하신 논리를 살펴보고자 한다. 종종 예수의 비유와 이야기들이 그러한 논리 구사의 예가 되지만, 여기서는 산상수훈의 잘 알려진 한 대목을 살펴볼 것이다. 간음과 정욕의 습성화에 관해 가르치면서 예수는 이런 말씀을 하신다. "만일 네 오른 눈이 너로 실족케 하거든 빼어 내버리라. 네 백체 중 하나가 없어지고 온 몸이 지옥에 던지우지 않는 것이 유익하며." 또한 오른손에 대해서도 마찬가지다(마 5:29-30).

여기서 예수께서 하고 계신 일은 정확히 무엇인가? 그분이 우리에게 지옥을 면하는 방법으로 정말로 몸의 일부를 잘라 내라고 권하시는 것이라고 생각한다면 그것은 이만저만한 착각이 아니다. 예수는 지금 "서기관들과 바리새인들의 의"보다 더 나은 의를 보여 주고 계신다. 그들의 의는 잘못을 일절 범하지 않는 것이 목표였다. 잘못을 일절 범하지 않는 것이 목표라면, 그것은 몸의 일부를 잘라 내서 행동을 불가능하게 만들면 성취될 수 있다. 하려 해도 할 수 없는 일이니 당연히 안 할 것이 아난가. 그러니 눈과 손과 기타 등을 없애 버리면 우리는 몸뚱이만 데굴데굴 굴러서 천국에 들어갈 것이다. 사지를 절단하는 대가도 천국의 보상에 비하면 작은 것이다. 이것이 **서기관들과 바리새인들의 신념을 품은 사람**의 논리적인 결론이다. 예수는 그들에게 자기네 원리에 모순되지 않게, 그 원리에 암시된 대로 실제로 행해 보라고 몰아붙이신다. 잘못을 일절 범하지 않는 것이 곧 의라는 그들의 원리를 그분은 터무니없는 것으로 일축하신다. 부디 그들이 그 원리를 버리고 "서기관들과 바리새인들의 의보다 더 나은" 의를 보고 그 속에 들어가기를 그분은 바라신 것이다. 그 의의 근본은 제사가 아니라 긍휼과 사랑이다. 설사 우리가 몸의 일부를 잘라 낸다 해도 마음으로 여전히 하나님과 사람을 미워할 수 있음을 예수는 물론 아셨다. 그 방법은 정말 의에 전혀 도움이 안 된다. 바로 이것이 예수께서 이 대목에서 가르치시는 기본 내용이다. 논리를 바로 인식하지 못하면 그분의 요지를 포착할 수 없다.

지금까지 예로 든 복음서의 장면들은 성경을 공부하는 사람이라면 누구에게나 이미 익숙한 것들이다. 그러나 알다시피, 익숙하면 오히려 불리한 점도 있다. 우리가 예수를 새롭게 볼 수 있었으면 하는 것이 나의 바람이다. 곧, 그분을 적절한 논리의 도구를 가지고 지성적인 일을 하시는 분으로, 그리고 그런 일에 정통하신 거장으로 보는 것이다.

우리가 알아야 할 것이 있다. 예수는 **사상가**이며, 이는 속된 말이 아니라 본질적인 작업이다. 그리고 그분의 다른 속성들은 사고를 배제하는 것이 아니라 오히려 분명히 그분이 인류 최고

의 사상가임을 확증해 준다. 그분은 "역사상 최고의 지성인"이
다. 그분은 끊임없이 논리적인 통찰의 힘을 사용하여, 사람들로
하여금 그들 자신과 하나님에 관한 진리에 도달할 수 있게 하신
다. 안에서부터, 곧 그들 자신의 마음과 생각에서부터 말이다.
말할 것도 없이 이는 그분 자신의 "지혜"가 자라 가는 데도 한
몫했다(눅 2:52).

흔히 우리는 그분의 행적과 말씀을 보고 들으면서도, 그분이
방법을 알고서 그런 일을 하셨다든지 정말 논리적인 **통찰**이 있
어서 그런 말을 하셨다고는 생각하지 않는 것 같다. 우리는 자
동으로 그분을 아주 유능한 사람으로 생각하지 않는다. 예컨대
그분은 오병이어의 기적을 일으키셨고 물 위를 걸으셨지만, 아
마도 그런 일을 하는 **방법은 몰랐고** 그저 생각 없이 주문을 외
우거나 기도하셨을 것이다. 또 그분은 정말 착한 사람이 되는
법을 가르치셨지만 도덕적인 통찰과 이해는 없으셨을 것이다.
그냥 자기 안으로 들어와 자기를 거쳐서 나가는 말들을 생각 없
이 읊조리셨을 것이다. 정말 그럴까?

우리가 예수를 그런 식으로 볼 수 있는 것은, 그분은 하나님
인데 지식은 **인간적인** 것이라는 생각 때문이다. 그분은 은혜인
데 논리는 행위다. 하지만 우리는 뭔가를 망각한 것이 아닐까?
그분도 인간이라는 사실을, 은혜의 반대는 노력이 아니라 공로
라는 것을 말이다. 하지만 우리는 인간의 생각은 악하다고 배웠
다. 어찌 그분이 인간의 생각을 하시고 인간의 지식을 가지실
수 있으랴. 그래서 우리는 그분을 우리에게서 떼어 놓는다. 그
분을 높이려는 의도로 말이다. 하도 높이다 보니 그분은 우리

의 실생활과는 전혀 무관한 분이 되고, 지성이 사용되는 부분에서는 특히 더하다. 예수가 논리적이라는 개념, 논리학자 예수의 개념은 그래서 우리에게 충격이 된다. 그리고 물론 그것은 과학자 예수, 연구가 예수, 학자 예수, 예술가 예수, 문인 예수에도 똑같이 적용된다. 그분은 그런 영역들에 도무지 "들어맞지" 않는다. 오늘날 예수를 현대적인 정황의 저자, 교사, 예술가로 생각하는 것보다는 차라리 텔레비전 전도자로 생각하는 편이 더 쉽다. 하지만 정말로, 하나님이신 그분이 어리석을 수 있을까? 논리성이 빈약하며, **어떤 한** 분야에라도 무지할 수 있을까? 오히려 그분은 **최고의** 예술가나 강연자가 아닐까? 바울은 골로새 교인들에게 말하기를, 그리스도 안에 "지혜와 지식의 모든 보화가 감취어" 있다고 했거니와(골 2:3) 이는 전혀 모순되지 않은 표현이다. 지식과 지혜의 모든 보화에서 정확히 무엇이 제외된단 말인가?

오늘날 기독교 교육계에 "신앙과 학문의 통합"에 대한 말들이 많다. 그러나 대개 뾰족한 결과는 별로 없다. 다음 사실에도 일부 원인이 있다. 곧, 현재라는 이 시점에서 그것이 극도로 어려운 지성의 과제라는 것이다. 의례적인 언어를 써 가며 난점들을 우습게보아서는 절대로 될 수 없는 일이다. 그러나 어려움의 더 깊은 원인은 예수 자신을 보는 우리의 시각에 있다. 이는 단지 우리가 그분에 대해 뭐라고 말하느냐의 문제가 아니라 우리의 생각 앞에 그분이 어떤 분이냐의 문제다. 우리가 우리의 세계 속에 그분을 자동으로 어떻게 배치하며, 그 결과로 우리 자신을 어떻게 배치하느냐의 문제인 것이다. 우리는 자동으로 그분을 "세속적인" 지식과 학문과 논리와는 본질적으로 전혀 무관한 분으로 생각하며, 그리하여 그런 분야에서 우리는 우리 힘으로 해야 한다. 그분은 거기까지는 가실 수 없다.

그러나 우리가 알아야 할 것이 있다. 오늘날 선한 일이 이루어지고 있는 전문 분야라면 어디에고 예수는 완전히 정통하신 분이다. 물론 그분은 전문 분야에서 자행되는 모든 교만한 자기 과시와 남들을 멸시하는 태도를 늘 책망하실 것이다. 다른 부분들 못지않게 이 부분에서도 우리의 전문 분야는 그분의 임재를 애타게 기다리고 있다. 우리가 정말로 그분을 인류 최고의 사상가로 본다면—그분 **외**에 또 누가 있겠는가?—그렇다면 우리는 **내 분야**가 어디든 거기서도 그분을 가장 해박한 분으로 높일 수 있다. 그리고 내가 해야 할 모든 일에 그분의 협력과 도움을 구할 수 있다.

캐서린 마샬이 어디선가 한 말인데, 한번은 그녀가 천으로 창에 달 커튼을 도안하려고 했다. 무늬는 떠올랐는데 적당한 비율을 낼 수 없었다. 홧김에 포기하고 자리를 뜬 그녀는 그 일을 곰곰 생각하며 기도하기 시작했다. 금세 무늬를 어떻게 완성해야 할지 아이디어가 떠오르기 시작했고, 머잖아 해답이 다 나왔다. 그녀는 예수께서 실내 장식의 대가임을 배웠다.

우리는 인간 활동의 많은 영역에서 이런 사연들을 익숙하게 접하지만, 예술과 지성의 영역에서는 극히 드물다. 예수를 제대로 알지 못하기에 우리는 지성과 학문과 예술 분야에서 **내 힘으로** 일하게 된다. 내가 대부분의 시간을 들여 일하는 바로 그 분야에서 그분이 나의 지도자와 스승이 될 수 있다는 확신(믿음이라고도 하는)이 우리에게는 없다. 그래서 우리의 노력은 마땅히 내야 할 결과에 턱없이 못 미칠 때가 많을 뿐 아니라 신앙 없는 사람들의 노력보다도 결과가 못할 수도 있다. "육신의 힘"으로만 하기 때문이다. 예수 그리스도를 믿는 우리의 믿음은 그 수준을 벗어나지 못한다. 우리는 그분을 실제의 그분으로, 모든 선한 일들의 거장으로 보지 않는다.

지금까지 나는 흔히 간과되는 예수의 한 차원을 살짝 건드렸을 뿐이다. 이는 그 차원에 대한 철저한 연구가 아니다. 하지만 이 부분은 마땅히 연구가 필요하다. 예수를 믿는 믿음이 건강해지려면 가장 중요한 것 중 하나가 바로 이것이다. 특히나 우리 문화의 권위 기관들인 대학과 전문 분야가 그분을 당연히 배제하고 있는 오늘날에는 더욱 그렇다. 그러나 일단 복음서에서 무엇을 찾아야 할지를 아는 사람이라면, 그분이 가르침의 활동 내내 논리를 철저하고 신중하고 창의적으로 사용하신 것을 쉽게 볼 수 있다. 사실 그런 논리를 찾아내고 바로 인식해야만 그분이 하시는 말씀을 이해할 수 있다. 그럴 때에만 우리는 그분의 해박한 지성을 인정하고 그분을 마땅히 존중할 수 있다.

그러므로 기독교 학교가 취할 수 있는 한 가지 탁월한 교육 방법은 모든 학생들에게 예수의 강화를 두루 논리적으로 분석하게 하는 것이다. 이것은 그분의 말씀을 공부하는 다른 방법들 곧 성경 암송, 거룩한 독서*lectio divina* 같은 경건의 습성들과 나란히 병행되어야 한다. 그러면 신앙과 학문의 통합에 큰 도움이 될 것이다.

이렇게 논리에 집중하는 것이 요즘은 이상해 보일지 모르지만, 이는 우리의 현 상황의 반영일 뿐이다. 교회가 가장 살아 있었던 시대에는 그것이 아주 편했다.

존 웨슬리의 탁월한 논문 '성직자들에게 고함'은 내가 보기에 시공을 초월해 폭넓은 기독교 교회를 대변하는 말이다. 거기서 그는 그리스도의 훌륭한 사역자의 자질을 장황하게 논한다. 성경 지식이 탄탄해야 한다는 말에 이어 그는 이렇게 덧붙인다.

> 학문을 웬만큼 아는 지식도 똑같이 유익하다고 줄잡아 말할 수 있다. 아니, 우리는 이렇게 말할 수 있지 않을까? 한 분야(예술이든 학문이든)의 지식이 비록 지금은 아주 유행에 뒤졌을지라도 성경 자체의 지식 다음으로 그리고 성경 지식을 위해 꼭 필요하다고 말이다. 나는 지금 논리를 말하고 있다. 바로 이해한다면 논리란 양식(良識)의 예술이 아니고 무엇이겠는가? 사안을 분명히 이해하고, 바르게 판단하고, 확실히 추론하는 것이 아니고 무엇이겠는가? 다른 각도에서 보면 논리란, 확신을 주어서든 설득을 시켜서든, 가르치고 배우는 예술이 아니고 무엇이겠는가? 그렇다면 학문 전체를 통틀어서 논리에 비하여 달리 바랄 만한 것이 있겠는가?
>
> 제2논리라는 것(형이상학)을 약간 아는 것도 논리만큼 꼭 필요하지는 않을지 몰라도 심히 유익하지 않겠는가? (1) 큰 항목들 밑에 사고를 분류하여 우리의 개념을 정리하기 위해서(그렇게 정리하지 않고는 정확히 판단할 수 없고 치밀히 또는 확실히 추론할 수 없다), 그리고 (2) 이것 없이는 거의 이해할 수 없는 많은 유익한 저자들의 말을 이해하기 위해서 말이다.[2]

같은 논문 뒷부분에서 웨슬리는 우리가 사역자로서 마땅히 되어야 할 모습이 되어 있는지 그렇지 않은지를 다룬다. 그는 "나는 이런 사람인가?"라고 묻는다.

나는 학문을 웬만큼 통달한 사람인가? 학문의 관문인 논리를 통과했는가? 그러지 않았다면 나는 문지방에서 넘어져서 별로 멀리 가지 못할 것이다. 나는 논리 때문에 더 나은 사람이 될 정도로, 언제라도 논리를 사용할 준비가 되어 있을 정도로, 손바닥을 뒤집는 것만큼이나 자연스럽게 논리의 모든 규칙을 수시로 적용할 수 있을 정도로 논리를 알고 있는가? 나는 도대체 논리를 알고 있는가? 동사의 법(法)과 [삼단논법의] 격(格)조차도 이해하지 못하고 있는가? 그 낯선 단어들을 짐짓 웃어넘기는 척하여, 내 무지를 숨기려고 딱하게 애쓰고 있지는 않은가? 나는 간접화법을 직접화법으로, 가설을 정언(定言)적 삼단논법으로 바꿀 수나 있는가? 오히려 내 어리석은 나태함과 게으름 때문에 나는 샌님들과 한량들의 "논리는 아무짝에도 쓸모없다"는 말을 넙죽 믿으려는 것은 아닌가? 논리는 적어도 이것 하나에는 쓸모 있으니(논리를 아는 모든 곳에서), 곧 사람들의 말수를 줄여 준다는 것이다. 요지에 맞는 것과 그렇지 않은 것을 둘 다 그들에게 보여 주고, 또 뭔가를 증명한다는 것이 얼마나 어렵고도 어려운 일인지를 보여 주기 때문이다. 나는 형이상학을 알고 있는가? 스콜라 철학자들의 심오한 내용, 스코투스Johannes Duns Scotus나 아퀴나스Thomas Aquinas의 난해한 부분들까지는 몰라도 이 유익한 학문의 제일 기초들, 일반 원칙들이라도 알고 있는가? 나는 내 개념을 정리하고 적절한 항목들 밑에 내 사고를 분류할 수 있을 정도로 형이상학을 충분히 정복했는가? 헨리 무어Henry Moore 박사의 『전집』Works, 말브랑쉬Nicolas Malebranche의 『진리 추구』Search after Truth, 새뮤얼 클라크Samuel Clarke 박사의 『신의 존재와 속성 논증』Demonstration of the Being and Attributes of God을 쉽고 즐겁게 그리고 유익하게 읽을 수 있을 만큼 말이다.³

오늘날 사역자를 양성하는 지도자들에게는 이런 말들이 이상하고 충격적이고 심지어 무모하고 터무니없게 들릴 것이다. 그러나 웨슬리를 위시하여 조나단 에드워즈Jonathan Edwards나 찰스 피니 같은 지난날의 위대한 사역자들의 글을 읽어 보면, 이들 사역자들이 신중한 논리를 얼마나 많이 사용했는지 금세 보게 된다. 독자들이 자기가 지금 무엇을 보고 있는지 알고만 있다면 말이다. 초창기의 훌륭한 청교도 작가들, 그리고 C. S. 루이스Lewis와 프란시스 쉐퍼Francis Schaeffer 같은 그 이후의 실력 있는 그리스도인들도 마찬가지다. 이들은 다 논리를 아낌없이 사용했고 아주 좋은 결과를 냈다. 이들 훌륭한 스승들 중 누구에게도, 이것은 성령께 의존하는 대신 논리에 의지하는 문제가 아니었다. 오히려 이것이, 성령께서 일하시기로 택하신 조건에 자신이 단순히 부응하는 문제임을 그들은 잘 알았다. 이런 맥락에서, 오순절 날 베드로가 했던 강화(행 2장)의 논리적인 구조와 힘을 신중히 고찰해 보면 뭔가 깨닫는 바가 있을 것이다.

이와는 대조적으로, 오늘날 우리는 흔히 이야기와 이미지의 정서적인 인력(引力)에 의존하여 사람들을 움직이려고 한다. 인간 사고의 본질상, 감정은 신념이나 믿음을 확실히—그나마 일으키기라도 한다면―일으키지 못한다는 것을 우리는 모르고 있다. 심지어 그것은 눈으로 "보아서" 되는 일도 아니다. 자기가 보고 있는 것이 무엇인지 모르고 한 말이다. 믿음을 일으키는 것은 이해와 통찰이다. 우리는 이해를 무시한 채로 행동만 하게 만들어서 사람들의 마음이나 성품을 바꾸려고 하는 헛수고를 하고 있다.

얼마 전에 설교학의 큰 스승으로 통하는 어떤 사람이 설교에서 이야기가 중요함을 강조하고 있었다. 라디오 프로그램이었다. 그는 미국의 한 유수한 사역자한테서 최근에 들었다며 이런 말을 했다. 해마다 똑같은 시리즈로 설교를 해도 예화만 바꾸면 아무도 눈치 채지 못한다는 것이었다. 이 말은 설교에서 이야기가 중요함을 유머를 섞어서 지적하기 위한 것이었다. 그러나 그 말이 정말로 지적해 준 것은, 설교의 인지적인 내용은 사람들이 듣지도 않았고―그나마 들을 내용이나 있었다면―중요하지도 않았다는 것이다.

예수께서 논리적인 사고를 어떻게 사용하셨는지 주의 깊게 살펴보면, 예수를 지성과 창조의 주인으로 믿는 믿음이 강해질 수 있고, 거기에 힘입어 우리가 몸담고 있는 지성 생활의 모든 영역에 그분을 주로 모실 수 있다. 그러면 우리는 그 영역에서도 그분의 제자가 될 수 있다. 어쩌다 인간적인 면에서 내 분야를 지배하고 있는 번지르르한 인사(人士)들과 현재 유행하는 운동들의 제자가 되지 않고서 말이다. 그분을 마땅히 존중할 때 우리는 그리스도인의 모든 정황에서 그분을 스승으로 모시고 그 본을 따를 수 있다. 우리는 논리적인 추론을 최고 수준으로 구사하는 법을 그분께 배울 수 있다. 우리와 함께 일하시는 그분께 말이다. 그분이 가르치신 것을 그분이 가르치신 방식대로 가르칠 때, 우리는 우리가 섬기는 사람들의 삶 속에서 그분 차원의 결과를 보게 될 것이다.[4]

15. 왜*

World Christian/U: 훈련을 실행해야 하는 이유는 무엇인가?

달라스 윌라드: 짧은 답이자 절대 진리는, 중요한 일치고 훈련 없이 될 수 있는 일이 하나도 없다는 것이다. 그리스도와 함께하는 영적인 삶도 마찬가지다. 진짜 질문은 훈련을 해야 하는지 여부가 아니다. 어차피 우리는 훈련을 할 것이고, 만인이 동의하듯이 마땅히 그래야 한다. 다만 우리는 어떤 훈련을 실행할 것인지, 그리고 어떻게 착수할 것인지 신중히 생각할 필요가 있다.

걸음마, 옹알이, 사회성 등 우리가 인생에서 배우는 것 중에는 외부에서 시켜서 되는 것도 많이 있다. 이런 기본적인 것 말고, 우리가 살면서 형성해 나가는 중요한 것은 하나같이 다 훈련의 결과다. 자진해서 어떤 활동을 선택하고 계획한 결과다. 대체로 한 인간이 정말로 만들어지는 과정은 본인만이 선택하

---

* 이 글은 대학생들을 위한 잡지 World Christian/U와 나눈 대담을 정리한 것이다.

여 자신에게 시킬 수 있는 훈련에서 비롯된다. 숙달의 훈련을 **수용할** 줄 아는 아이는 훌륭한 음악가가 될 수 있지만, 수용하지 않으면 어림없다. 아무리 부모와 교사가 원하는 바가 있더라도 아이에게 강요할 수는 없다.

이렇듯 "왜 훈련이 필요한가?"라는 물음에 짧게 답하자면, 훈련 없이는 우리가 삶의 만족감과 품위와 질을 전혀 얻을 수 없다는 것이다. 자라면서 우리는 자신이 쓸모없게 느껴지고 패배의식이 들 것이며, 다른 사람들에게 귀찮은 짐이 될 것이다. 예컨대, 거의 모든 교회에서 일어나는 거의 모든 불상사를 일으키는 사람들은 근본적으로, 훈련되지 못한 사람들이다. 훈련이 없다면 정말 무엇으로도 그것을 만회할 길이 없다. 은혜와 함께 훈련이 있을 때 우리의 삶에는 우리가 원하는 결실이 맺힌다. 곧, 기도와 사랑과 그 밖의 것들을 제대로 할 수 있게 되는 것이다.

WC/U: 흔히 복음주의 교회에서 우리는 제자가 되려면 날마다 성경을 읽고 기도해야 한다고 배웠다. 하지만 이 두 가지 활동은 쉽게 무의미해진다.

윌라드: 그런데 복음주의 교회들의 큰 비밀은 실제로 성경을 읽고 기도하는 사람들이 별로 없다는 것이다. 그 이유는 성경 읽기와 기도가 전인적인 삶―특정한 방식으로 접근해야 하는 지극히 아름다운 삶―의 필수적인 부분으로 제시되지 않기 때문이다.

정작 성경을 읽는 그리스도인들도 성경을 모를 때가 많다. 그들이 성경을 모르는 이유는 성경을 정말 현실에 대한 전문서적으로, 우리의 삶을 변화시키고 형성시켜 줄 책으로 읽지 않기 때문이다. 예를 들어서, 많은 사람들이 성경을 계획표대로 읽는다. 그들을 보기만 해도 그 **목표**를 한눈에 알 수 있다. 목표는 1년에 성경을 완독하는 것이다. 이 계획의 장점은 연말에 성경을 다 읽었다고 말할 수 있다는 것이다. (물론 이런 방식으로 깊은 유익을 얻는 사람들도 있다.)

그 밑바닥에는 뭔가를 잘게 조각으로 나눈다는 개념이 깔려 있다. 마치 이것이 "재미없는 일"이라는 듯이, 그래서 조금씩 나누어서 하면 그나마 괜찮다는 듯이 말이다. 『전쟁과 평화』나 기타 문학작품을 그렇게 읽으라고 할 사람은 **절대로** 없을 것이다. 정기적으로 성경을 읽고 기도해야 제자가 된다는 암시는 신약성경 어디에도 없다. 오늘날 학생들의 문제의 핵심은 정말이지 바로 여기에 있다. 제자도의 개념이 완전히 잘못되어 있다. 여태까지 그들에게 제시된 제자도란 기본적으로 교회에 나가고 성경 읽고 기도하고 어쩌다가 가끔 전도하는 것, 그것이 전부다. 그러다가 대학에 가면 그들은 시간을 어떻게 사용할지 궁리하다가 "이런 '신앙적인' 일들에 보내는 시간을 제자도로 치자"고 생각한다. 그들은 "내가 이 대학에 있는 것이 **곧** 나의 제자도다. 나의 **삶**이 곧 제자도다"라는 말과는 반대 입장을 취할 것이다. 아니, 그 말이 무슨 뜻인지도 아예 모를 것이다.

WC/U: 산더미 같은 전공 공부에 제자도를 끼워 넣을 수만 있다면……?

윌라드: 그렇다. 많은 캠퍼스 사역자들이 그런 식의 말로 어떻게든 학생들을 도우려고 하지만, 사실은 정해진 시간에 정해진 일

들만 하면 그것이 곧 제자도라는 개념만 더 굳혀 놓고 있다. 그래서는 절대로 의도한 결과가 나오지 않는다. 절대로. 물론 약간 도움은 될 수 있다.

WC/U: 또 우리는 문제를 겪고 있는 사람에게 "네 경건 생활이 어떠냐?"고 묻는 경향이 있다.

윌라드: 그렇다. 여기 또 하나의 흥미로운 개념이 있다. 경건 생활을 잘하면 문제가 없을 거라는 개념이다.

WC/U: 내 삶에는 문제가 없을 것 같다……?

윌라드: 매력적인 생각이다! 학생들은 아주 특별한 상황에 있다. 이렇게 시간을 자유로이 쓸 수 있는 시절은 이후에 다시없을 것이다. 그들은 흔히 제자도에 낼 시간이 없다고 생각한다. 그들의 문제는 우선순위가 없거나 제자도를 중심으로 삶을 정돈할 줄 모른다는 것이다. 제자도와 상관된다고 배워 온 "중요한" 활동들만 있을 뿐이다. **범사에** 그리스도를 따르고자 진지하게 노력하려면 삶 전체를 아울러야 하는데, 그들은 그럴 여력이 없다. 그래서 학생들은 자기가 공부하는 철학, 회계학, 화학 과목들이 제자도와 아무런 내재적인 관계가 없다고 생각한다.

훈련을 실행하는 데 있어서 정말로 가장 중요한 문제는 동기의 문제다. 동기는 비전에서 온다. 그리고 비전이 생기려면, 하나님 나라의 복음을 전하되 하나님의 통치하에 인생을 살라는 총체적인 초청으로 전해야 한다. 회계학이든 플라톤의 『국가론』이든 심지어 히틀러의 『나의 투쟁』이든 기타 무엇을 공부하고 있든, 그러한 삶에서 벗어나는 것은 없다. 이 모두가 매일매일 범사에 하나님의 은혜를 체험하는 장이 된다. 그렇게 되면 그것이 곧 훈련의 동기가 된다. 음악이나 운동을 하려면 그 활동 자체에서 동기가 와야 하는 것과 같은 이치다. 이제 우리는 해당 분야의 가치를 즐기기 시작한다. 베토벤의 음악을 조금 연주할 줄 알면 그것은 놀라운 선물이다. 거기서 양분이 오고 힘이 지탱된다.

하나님 나라의 삶에 들어서기 시작하면 우리는 그 삶의 기쁨을 체험하기 시작한다. "고독은 박탈이 아니고, 금식은 하나님이 어떻게 우리를 말씀으로 먹이시는지를 배우는 기회"임을 깨닫기 시작한다. 학습, 봉사, 교회 교제는 이전과 달라진다. 그것들은 이제 전체의 일부이기 때문이다. 그리고 성경공부와 기도 등 정말 중요한 모든 것을 잘 끼워 넣는 결정이 그 전체 안에서 가능해진다. 문제는 "그런 활동들이 의미 있어지는 삶이 어떻게 가능하냐" 하는 것이다.

WC/U: 어떻게 시작할 수 있는가? 훈련된 삶에 들어가는 방법은 무엇인가?

윌라드: 다시 말하지만, 장시간 혼자 있을 **계획**을 세워야 한다. 정말로 거기서 출발해야 한다. 시간이란 절대로 "나지" 않는다. 일부러 내야 하는 것이다.

WC/U: "장시간"이란 무엇을 말하는가? 주말인가?

윌라드: 그렇다. 주말이 이상적이다. 그러나 거기까지 가려면 오

후 한나절이나 하루 24시간으로 시작해야 할 수도 있다. 무리하지 말라. 감당할 수도 없는 일에 뛰어드는 것은 금물이다. 초보자가 일주일을 혼자 보내면 주말에는 아마도 괴짜가 될 것이다. 하지만 꼭 그렇지 않을 수도 있다. 교제와 고독의 시간을 번갈아 가며 가질 수 있는 상황이나 수양회는 처음 시작으로 아주 좋다. 반면, 이렇게 조언하고 싶다. 자신이 이것을 하고 싶어하는 이유가 정말로 무엇인지 처음부터 생각하라. 그것이 **완전히** 확실해질 필요까지는 없지만 **웬만큼** 확실해야 한다. 도중에 반드시 실망이 있다. 수양회에 처음 가는 사람들은 돌아올 때는 자기가 물 위를 걸어서 올 줄로 생각한다. 자신이 원하는 것이 무엇이며 왜 그것을 하려고 하는지 생각하라. 좋은 대답은 "그리스도를 경험하는 것에 대해 더 알고 싶다"는 것이다.

WC/U: 고독으로 시작하는 것이 왜 좋은가?

윌라드: 고독할 때 우리는 자신의 주변 생활을 지배하는 자동 반응에서 벗어나기 시작한다. 교회 예배는 그것을 허용하지 않는다. 교회는 가족들이나 친구들과 함께 간다. 거기서 변화를 구하면 사람들이 그것을 허용하려 들지 않는다. 그들은 우리를 자기네가 생각하는 모습 속에 가두어 두려고 한다. 그래서 우리는 한동안 혼자 있는 시간이 필요하다. 그렇게 혼자 있을 때 우리는 하나님과의 의미 있고 체험적인 상호 작용을 만난다. 성경에 나오는 "먼저 하나님의 나라를 구하라"는 말씀에는 바로 그런 뜻도 있다. 곧, 그것은 하나님과의 의미 있고 체험적인 상호 작용을 구하라는 뜻이다. 딱하게도 우리의 통상적인 가르침 속에

는 그 상호 작용이 무엇으로 이루어지는지 확실히 밝혀 주는 내용이 썩 많지 않다. 하나님과의 의미 있고 체험적인 상호 작용은, 자리에서 기립하여 "먼저 그 나라와 의를 구하라"고 노래한다고 꼭 이루어지는 것은 아니다.

WC/U: 동기와 비전의 관계가 잘 이해가 안 된다. 테레사 수녀를 보며 우리는 "그래, 나도 저렇게 되고 싶다. 하지만 지금의 내 자리에서 저 자리까지 어떻게 가나?" 하는 생각이 든다.

윌라드: 남캘리포니아의 어느 유명한 목사에게도 똑같은 질문을 던지는 것을 나는 들었다. 그는 대답하기를, 테레사 수녀가 그렇게 된 것은 기도하고 성경을 읽었기 때문이라고 했다. 그런 식이다. 물론 그녀는 기도하고 성경을 읽었다. 하지만 그녀는 삶의 정황 속에서 그리했고, 그 정황 속에는 무엇보다도 중요하게, 엄청난 양의 고독, 침묵, 봉사, 고백 등이 들어 있었다. 대부분의 사람들은 고독의 영향력을 모르며, 그래서 우리에게 고독이 필요한 이유도 모른다. 우리는 **아무것도 할 일이 없는** 상태에 이르러야 한다. 그런데 오늘날 그것은 거의 죄악으로 간주된다.

WC/U: 그냥 앉아 있으면 되는가?

윌라드: 간단히 말하면, 그렇다. 물론 우리는 여전히 숨을 쉬거나 주변을 거닐 수 있다. 하지만 이는 **안식일** 율법의 적용이다. 안식일에 우리는 **노동**을 그치고, 일의 의미로는 아무것도 하지 않는다. 그 이유인즉 하나님 나라란 아주 온유하여서, 우리가 행동하고 있는 한 대개 우리를 그냥 내버려두기 때문이다. 하나님

나라가 우리 쪽에서 구해야 하는 것이라는 사실이 흥미롭지 않은가? 고독이 최고의 길이고, 물론 그 다음은 그 고독 속의 침묵이다. 이는 말 그대로 **써레질** 훈련이다.

WC/U: 침묵 연습에 들어가면―전화 코드를 뽑고, 텔레비전과 라디오를 끄고, 한 시간 동안 그저 조용히 있는 등―얼마 후에 기운이 빠질 수 있다. 침묵이 즐거워질 수 있는가?

윌라드: 그렇다. 침묵은 즐겁고 힘이 나는 일이다. 우리의 삶을 구성하고 있고 우리에게 정상(正常)이 되어 버린 그 자극과 반응을 마치 아기가 젖을 떼듯이 떼어야 한다. 그래야 침묵에서 뭔가를 받을 수 있다. 그러면 기쁨을 맛보게 된다.

WC/U: 처음에 훈련을 어떻게 연구하게 되었는가?

윌라드: 주로 존 웨슬리와 찰스 피니의 책이 계기가 되었다. 그러다 나는 그 이전의 사람들의 책을 아주 폭넓게 읽기 시작했다. 나는 그들의 능력에 감동을 받았는데, 그것이 단지 그들에게 역사하신 하나님의 활동만이 아니라 그들 쪽의 행동과 연관된 것임을 나는 독서를 통해 깨달았다. 내가 오래전에 배운 것이 또 있다. 설교와 가르침―혹은 그냥 사람들과 같이 있는 것―의 능력과 영향력 그리고 금식 사이에 긍정적인 상호 관계가 아주 높다는 것이다.

WC/U: 금식이 어떤 의미에서 더 능력이 있다는 것인가?

윌라드: 선한 결과 면에서 그렇다. 말씀을 전할 때 그 능력과 영

향력의 차이는 직접 경험해 보지 않고는 상상하기 어렵다. 그래서 나는 평소에 설교나 강연을 나갈 때면 거의 예외 없이 최소한 한나절은 금식한다. 아울러 규칙적으로도 금식한다.

WC/U: 규칙적이라면 얼마나 자주 하는가? 매주 한번인가, 격주 단위인가?

윌라드: 그보다는 자주 한다. 그러나 각자가 느끼는 불편함의 정도에 따라서, 너무 길 필요는 없다. 어떤 훈련이고 간에 일반 법칙은 이것이다. 하기가 어려울수록 어쩌면 더 장기간, 더 자주 할 필요가 있다는 것이다.

WC/U: 역기를 드는 것처럼 말인가?

윌라드: 바로 그거다. 피아노를 배우는 것도 마찬가지다. 연습이 필요하다. 훈련의 유익은 그 자체에 있지 않다. 정신이 건강한 사람들은 필요할 때만 약을 먹는다. "영적인" 독서도 나에게 늘 중요한 것이었다. 그중 중요한 책 하나는 제레미 테일러Jeremy Taylor의 『거룩한 삶과 거룩한 죽음』Holy Living and Holy Dying이었다. 그의 말은 항거할 수 없이 이치에 꼭 맞았다. 하나님과의 의미 있는 상호 작용에 들어가는 데에는 일종의 사이클이 있다. 성경을 읽고, 좋은 책을 읽고, 읽은 내용을 연습하며 체험하고, 다시 성경으로 돌아가고, 그렇게 계속된다. 우리의 체험에는 훈련을 실행하는 것이 포함된다. 훈련에 힘입어 우리는 더 큰 믿음으로 행할 수 있다. 훈련은 하나님 나라를 구하는 단순한 길이다. 하나님 나라를 공로로 얻어 내는 길이 아니라 알아 가는 길이다. 그

리고 물론, 하나님 나라를 찾는다는 것은 하나님의 통치와 지배를 우리의 삶으로 살아가는 것이다.

WC/U: 지원해 주는 모임이 있었는가?

윌라드: 아니, 없었다. 내 주변에 그런 모임이 아예 없었다. 그래서 책이 도움이 되었고, 소수의 개인들도 도움을 주었다. 그러나 모임의 유익이 대단한 것으로 생각된다. 아주 유명한 사례가 있다. 예컨대 성 프란체스코, 이냐시오^{Ignatius}, 성 필립 네리$^{Philip Neri}$의 주변에 그런 모임이 있었고, 웨슬리의 홀리 클럽, 조지 폭스의 초창기 친구들이 있었고, 오늘날에는 빌리 그레이엄 주변의 평생 동지들이 있다. 그러나 우리는 모임에 대해 신중을 기할 필요가 있으며, 내 영혼의 어느 부분도 모임이 선점하게 해서는 안 된다. 내게 있었던 일을 모임에 보고할 때 어떻게 말할까 하는 생각을 우리는 삼가야 한다. 여기서 또 하나의 훈련이 나오는데, 바로 비밀의 훈련이다. 하나님 나라는 은밀한 곳에 있다. 은밀한 중에 보시는 하나님의 임재 안에 있다. 기도, 금식, 구제 등 모든 훈련을 우리는 가능하면 아무도 알지 못하게 은밀한 중에 행해야 한다(마 6장 참조).

WC/U: 훈련을 실행하다가 율법주의에 빠지지 않으려면 어떻게 해야 하는가?

윌라드: 그것은 큰 위험이다. 첫째로 할 일은 그것을 큰 위험으로 인식하는 것이다. 율법주의는 우리가 인간 사회에서 호흡하는 공기와도 거의 같다. 그것은 종교에만 아니라 일반 세상에도 있

을 수 있으며 흔히 그렇다. 그것은 다른 사람들의 눈에 또는 심지어—우리가 그렇게까지 미련하다면—하나님 앞에 옳게 보이려는 우리의 욕구에서 나온다. 우리가 특정한 사람들과 더불어 고백 내지 "감시"를 실행한다면, 다른 훈련과 아울러 그것이 우리의 솔직함을 지키는 데 도움이 될 것이다. 다른 사람들이 나를 좋게 생각해 주기를 바라는 우리의 욕구가 마태복음 6장에 나와 있다. 훈련은 우리에게 다른 사람들의 의견에 의존하지 않고 사는 법을 가르쳐 준다. 할 것을 잘 하되 그것이 알려지지 않도록 기도하라. 속이지 않는 범위 내에서, 알려지지 않게 조치하라. 훈련이란 다른 사람이 나에 관해 범할 수 있는 실수를 견디는 연습이고, 오해받는 연습이다. 조지 폭스는 우리가 "사람들의 시선을 인간에게서 떼어 내어 그리스도께로 돌려주어야" 한다고 말했다. 이보다 더 중요한 것은 없다.

하나님 나라를 찾는다는 것은 우리의 삶 속에서 행하시는 하나님의 활동들을 우리 안과 주변에서 보고 거기에 협력하는 것이다. 하나님 나라는 하나님의 통치이고 하나님의 활동이다. 하나님의 활동을 알려면 우리는, 무슨 일을 하든지 거기서 하나님과 상호 작용할 것을 기대하면서 그 일에 전심을 다해야 한다. 대학생들은 자기가 무슨 일을 하든지 거기서 하나님의 손길을 볼 수 있다. 다른 모든 사람들도 그렇다.

맺는말 _ 제자로 가라

이제 어찌할 것인가!

세상을 고칠 것인가? 아니다.

교회를 고칠 것인가? 유명한 말씀이 있다. "하나님의 집에서 [부터] 심판을 시작할 때가 되었나니"(벧전 4:17). 하나님의 집은 하나님의 빛과 하나님의 공급을 가졌고, 그렇기 때문에 인류를 인도할 가장 큰 책임이 있다.

그러나 이번에도 "아니다." "교회를 고치지" 말라.

"가면서"(마 10:7) 당신이 첫째로 할 일은, **나를 고치는** 것이다.

교회와 세상을 고치고 싶다면 나 자신부터 시작해야 한다. 이것이야말로 우리가 하나님의 도움으로 분명하게 실행하여 결과를 볼 수 있는 일이다. 예수의 제자도와 그 작용 원리를 안다면 말이다. 우리의 거장께서는 우리에게 세상을 고치거나 어떤 종교 기관도 개혁하라고 하신 적이 없다. 다만 그분은 우리가 그분으로 충만해지면 "땅 끝까지 이르러" 그분의 증인이 되리라고 말씀하셨다(행 1:8). **증인**은 남에게 **알리는** 사람이다. 증인은 자신이 **아는** 것을 말한다. 증인은 조종하지 않으며 그럴 **필요도** 없다. 그럼에도 증인의 행동은 근본적인 변화를 가져온다.

대신, 우리의 스승께서는 **제자들**에게 "제자를 삼으라"고 하셨다. 우리에게 이것 말고는 하나님이 주신 사업이 없다. 다른 모든 것은 떨어져 나가려면 떨어져 나가게 그냥 두어야 한다.

그래서 이제 우리는 "가되" **제자로서** 간다. 요즘 흔히 말하는 의미의 "그리스도인"으로서 가는 것이 아니다. 물론 우리가 우선 예수의 제자인 한, 그것도 괜찮지만 말이다. 절대로 잊지 말아야 할 것이 있다. 예수께서 지상명령을 주신 적은 무리는 사실 지극히 평범한 사람들이었지만, 그러나 3년 동안 가장 친밀한 교제 속에서 그분과 함께 있기로 작정했던 사람들이다. 그들은 그분이 하나님 나라의 명백한 임재와 활동 속에서 사시는 것을 지켜보았다. 그들은 날마다 그분의 가르침과 지도와 교정의 영향을 직접 받았다. 그들은 그분이 죽으시는 것을 보았고, 죽음 너머의 그분을 알았다. 그들은 완전하지는 않았으나 그분과의 교제에서 그것은 전혀 문제가 되지 못했다. 모든 것은 그들이 무엇을 배우고 있으며 누가 그들의 "스승"인가에 달려 있었다.

그렇다면 "가면서" 나의 첫걸음은 그분의 제자가 **되는** 것이고, 지금 하나님 나라 안에서 나의 삶—진짜 삶, 실제로 내가 살고 있는 삶—을 사는 법을 항상 **그분께 배우는** 것이다. 교회나 "종교적인" 일에서만이 아니다. "너희는 먼저 그의 나라**와** 그의 의를 구하라"(물론 둘은 뗄 수 없는 것이다) 하신 그분의 말씀이 그런 뜻이다. 이것은 그분의 기본 지령이며, 세상에서 방황하는 보통 인간들의 가장 중요한 필요를 채워 준다. 당신의 스승을 선택하고 가르침과 훈련을 받는 것, 이것이야말로 근본적인 선택이다. 예수의 말씀을 들은 사람들에게 그것은 그분을 믿는 믿음의 일차적인 행위다. 이 선택을 무시하거나 피하는 한 더 이상의 진척은 불가능하다(눅 14:26). 아닌 게 아니라 우리는 큰 위험에 처해 있다. 예수의 도제로 살겠다는 근본적인 선택이 없이, 장난삼아 "예수를 믿거나" 그분을 통해 하나님을 믿거나 해서는 안 된다. 거기서 무엇이 나오든 **그것**으로는 결코 "통하지" 않기 때문이다. 그런데 이 책 머리말에 말한 것처럼, 정확히 거기가 우리의 현주소다. 우리는 제자도의 신앙이 아닌 다른 것을 만들어 내서 대충 "기독교"라고 부르고는, 그것과 더불어 사는 것이다.

일단 그리스도의 생명 곧 그리스도 자신의 인격을 어느 정도 실하게 갖춘 제자가 되면, 우리는 우리가 "아는 것을 말하여" 남들에게 알게 하고 실체를 인식시켜 줄 수 있다. 그러면 그들도 **자기가** 누구이며 하나님이 자기에게 뜻하신 바가 무엇인지 배울 수 있다. 그들은 어떻게 하면 범사에 예수를 의지하여 자기가 마땅히 되어야 할 모습, 자기 마음이 그렇게 되기를 갈망하는(그것이 가능하기만 하다면!) 모습이 될 수 있는지 배운다. 그리고 그들은 "내 아버지 곧 [이제는] 너희 아버지, 내 하나님 곧 너희 하나님"(요 20:17)의 보호 아래 그분의 도제가 된다. 삼위일체의 임재가 그들과 및 다른 제자들을 감싸 안으시며(요 14:20-26), 그들은 예수께서 분부하신 모든 것을 행하는 방법에 대해 실효성 있는 가르침과 훈련을 받는다. 지상명령Great Commission

의 중대한 누락Great Omission은 더 이상 없다.

그렇다면 지금 우리가 해야 할 일의 골자가 여기 있다. 실천하는 믿음으로 지상명령에 들어서라. 그러면 실질적인 책임자께서 다 알아서 하실 것이다. 우리가 그렇게 할 때마다 그분은 언제나 그렇게 하셨다. 그분은 제자들과 "항상 함께" 계신다. 그리고 "하나님을 사랑하는 자 곧 그 뜻대로 부르심을 입은[그분이 하고 계신 일 속으로 인도함을 받은] 자들에게는 모든 것이 합력하여 선을 이루느니라"(롬 8:28)는 말씀은 정말 사실이다. 단, 이 수표를 현금으로 바꾸려고 하기 전에 먼저 수취인이 **예수의 제자들**로 되어 있음에 유의하라.

하지만 혹자는 이렇게 말할 것이다. 교회와 세상은 어떻게 되나? 교회와 세상도 바로잡을 필요가 있지 않은가? 두말할 필요도 없다! 그러나 그것은 당신이나 내가 할 일이 아니다. 우리 힘으로 교회와 세상을 바로잡으려 하다가는 많은 사람들을 다치게 할 것이고 우리 자신도 비참해질 것이다. 그것은 하나님이 하실 일이며, 마땅한 방법으로 그분이 하실 것이다. 아마 우리는 그 방법을 거의 또는 전혀 모른다.

그래도 우리는 이 세상의 상황에 대해 **뭔가** 해야 하는 것이 아닌가? 말할 것도 없이 그래야 한다. 그리고 많은 좋은 기회들이 반드시 우리 앞에 찾아올 것이다. 그것들을 최선을 다해 하라. 다만 **일이 되게** 한답시고 그 짐을 당신이 떠맡아 지지는 말라. 전체 장면에서 실질적인 책임자가 누구인지 늘 명심하라. 그것은 당신이나 내가 아니다. 우리는 하나님 앞에서만 아니라 다른 사람들 앞에서도 겸손해야 한다. 특히 우리가 잘못됐다고 확신하는 사람들 앞에서 더 그래야 한다.

무엇보다 중요한 것은, 상황을 변화시키려는 당신의 생각과 노력이 예수와 동행하는 **제자도의 실천보다 앞서거나 그 자리를 차지하게** 두지 말라는 것이다. 제자도가 항상 당신을 **선점**해야 하며, 그러면 거기서 나오는 결과가 당신의 주변 사람들에게 직접 "증인"이 되어 강력한 영향을 미칠 것이다. 이것이 교회와 세상의 상황을 변화시키는 확실한 길이다.

예수의 개인적인 제자도를 통해 내면에 그리스도를 닮은 모습을 가꾸어 가는 것을 신앙의 "개인화"로 생각하는 사람들은 (같은 맥락에서 "정적주의"나 "경건주의"라는 말이 자주 쓰인다) 단순히 그리스도 안의 영적인 삶이 어떻게 돌아가는지 모르는 것이다. 예수의 제자의 삶 속에 타오르는 하나님의 불을 개인에 국한시킨다는 것은 **불가능한** 일이다. 바로 그런 요지로 예수께서는 "산 위에 있는 동네가 숨기우지 못할 것"이라 하셨고, 또 "사람이 등불을 켜서 말 아래 두지 아니"한다고 하신 것이다(마 5:14-15, 막 4:21, 눅 11:33).

이 사실은 그리스도의 사람들의 역사 속에 거듭 예시되어 왔지만, 주후 2-3세기의 지중해 세계 주변에서보다 더 강력했던 적은 없었다. 힘이라고는 개인들 안에 있는 새 생명의 실재뿐이었고 그것이 한 사람에게서 또 한 사람에게로 퍼져 나간 것인데, 세상은 그들 가운데 전진하는 막을 수 없는 능력에 깜짝 놀랐다. 테르툴리아누스^{Tertullian}는 자신의 첫 『호교론』^{Apology}에 이렇게 썼다. "사람들이 나라가 포위되었다고 아우성이다. 들판마다 항구마다 섬마다 그리스도인들이 있다는 것이다. 신분과 처지를 불문하고 남녀노소 모두가 이 종파로 넘어가고 있다며 그들은 마치 상이라도 당한 양 통곡하고 있다."

오리게네스^{Origen}는 『켈수스를 논박함』*Against Celsus*에 이렇게 썼다. "다른 종교는 다 망하고 그리스도의 종교만 남을 것이다. 그것만이 이길 것이다. 그 종교의 원리들이 날마다 점점 더 많은 사람들의 생각을 점령하고 있으니 과연 언젠가는 승리할 것이다."

테르툴리아누스는 주변의 로마 세계에 다시 한번 일침을 놓는다. "우리는 불과 엊그제 시작했지만 제국에 속한 모든 곳— 여러 도시, 섬, 성, 성읍, 의회, 제국의 병영, 여러 부족들, 회사, 황궁, 원로원, 광장을 가득 메웠다. 우리가 남긴 곳은 제국의 신전들뿐이다.…… 제국이 아무리 교묘하게 만행을 일삼아도 속수무책이다. 제국이 우리를 탄압할수록 우리의 수는 더 늘어난다. 순교자들의 피는 곧 씨앗이다."

교회든 세상이든 할 것 없이 상황이 변화되려면 우리에게 필요한 것은 이것이 전부다. 곧 개인들이 예수의 제자도를 지속하는 것이다. 예수는 하나님이 그토록 사랑하시는 세상의 구주시다. "우리가 갈 때" 우리의 방향은 분명하다. 하나님 나라의 삶에서 예수의 제자, 곧 도제가 된다. 그리고 그분의 도제로서 우리의 말과 삶으로 증인이 되어(곧 아는 것을 말하여), 그분을 믿음으로 말미암아 우리 안에 있는 생명을 다른 사람들에게 알리고 갈증을 불러일으킨다. 이것은 다 사실이다. 그대로 하면 통한다. 누구에게나 열려 있다. 그리고 이에 비할 것은 세상에 아무것도 없다.

그것이 전부다.

부록_ 영적 삶에 관한 책들

부록 1

프랭크 로바크 『현대 신비가의 편지』

프랭크 로바크Frank C. Laubach는 가장 훌륭한 귀감이 되는 현대의 예수의 제자들 중 한 사람이다. 그는 이 땅의 보이지 않는 곳에서는 물론 혁신을 일으키고 영향력을 미친 세계적인 사역에서도 하나님 나라와 상호 작용하는 삶을 살았다. 작은 일에 충실한 사람이 그 성품과 이해가 자라 가면서 어떻게 많은 일의 책임을 맡게 되는지, 그를 보면 아주 확실히 알 수 있다.

펜실베이니아 주에서 태어나 프린스턴 대학교, 유니언 신학대학원, 컬럼비아 대학교(1915년에 사회학으로 박사학위)에서 공부한 로바크는 미국해외선교회 소속으로 필리핀으로 갔다. 14년간 카가얀과 마닐라에서 교육, 집필, 행정 사역을 성공리에 마친 후에 그는 민다나오의 이슬람교 부족인 사나운 모로 족 가운데 정착한다는 오랜 숙원을 이루었다. 거기 라나오 부락에서 그는 하나님을 체험하기 위한 일련의 비범한 실험을 진행함과 동시에, 모로 족의 구어(口語)와 밀접하게 연관된 상징들을 써서 그들의 언어를 문자화하는 기술을 개발했다. 덕분에 그들에게 단 몇 시간 만에 글 읽는 법을 가르칠 수 있었을 뿐 아니라 그들도 곧바로 다른 사람들을 가르칠 수 있게 되었다. "한 사람이 한 사람을 가르친다"는 유명한 프로그램이 생겨났고, 그의 언어학적 방법론을 일반화하여 전 세계적인 문맹 퇴치 운동의 기초가 다져졌다. 이 운동은 1935년에 인도에서 착수되었다. 마지막 30년 동안 로바크는 문맹 퇴치, 종교, 정부 분야에서 국제 인사가 되었다. 1949년 트루먼 대통령의 취임 연설문 중에 "제4조"는 그와 트루먼의 개인적인 조우에 일부 영향을 받은 것으로 알려져 있는데, 세계의 "저개발 지역들의 발전과 성장을 위한……과감한 새로운 프로그램"을 후원한다는 내용이었다.

1937년에 처음 간행된 『현대 신비가의 편지』 *Letters by a Modern Mystic*는 그가 1930년 1월 3일부터 1932년 1월 2일까지 미국에 있는 아버지에게 보낸 여러 편지에서 발췌한 것이다. 편지에서 뽑은 것이기는 하지만 이 책은 성 아우구스티누스의 『고백록』 *The Confessions*과 같은 계통으로, 로바크가 하나님과 적극적으로 연합하는 삶으로 점점 올라가는 과정을 담은 이야기다. 심리학과 신학을 공부한 덕에 그는 자신이 제자도에서 체험한 것들을 더할 나위 없이 명확하게 관찰하고 기술할 수 있었고, 그리하여 다른 제자들도 활용하여 유익을 얻을 수 있게 되었다.

이 작은 책의(그리고 그의 기타 저작들의) 중심 주제는 다음과 같다.

- 하나님의 뜻에 복종한다는 것은 우리의 일상적인 실존을 구성

하는 순간순간의 활동 속에서 하나님과 협력한다는 뜻이다.
- 이 협력은 하나님과의 지속적인 내적 대화를 통해 이루어진다.
- 이 대화는 다시, 우리 쪽에서 보면, 끊임없이 하나님을 우리의 생각 앞에 두는 문제가 된다.
- 끊임없이 하나님을 생각 속에 두는 법을 우리는 실험으로 배운다. 곧, 끊임없이 하나님을 생각하는 것이 습관으로 굳어질 때까지 다양한 체험적인 방법들을 시도하는 것이다.
- 그러면 하나님이 자아에 속속 배어들어, 자아의 세계와 대인관계를 그분의 끊임없는 활동의 장으로 변화시키신다. 그리고 그 안에서 그리스도의 복음의 모든 약속들이 풍성한 삶으로 실현된다.
- 이 습관을 기르는 것은 모든 조건하에 있는 모든 사람들에게 가능한 일이다. 각자의 특이한 상황 속에서 그것이 가능한 방법을 찾아내기 위해 끊임없이 노력하고 실험한다면 말이다.

그는 체험의 노정을 통해 어떻게 이런 것들을 깨닫게 되었을까? 1930년 민다나오에서 획기적인 체험들이 있기 2년 전에, 로바크는 자신이 기독교 사역자가 된 지 15년이나 되었는데도 여전히 하루하루를 "순간순간 하나님의 뜻을 따르려는 노력 속에" 살지 못한다는 생각에 깊은 불만을 느꼈다. 그때부터 그는 몇 분 단위로 자신의 행동을 하나님의 뜻에 "맞추려고" 노력하기 시작했다. 당시에 그의 측근들은 그에게 그것은 불가능한 일이라고 말했다. 그러나 1929년에 그는 깨어 있는 **모든** 순간을 "끊임없이 '아버지, 제가 뭐라고 말하기를 원하십니까? 아버지, 이 순간 제가 어떻게 하기를 원하십니까?'라고 물으며 의식적으로 내면의 음성을 들으면서" 살려는 노력에 착수했다. 그가 보기에 그것이 정확히 예수께서 하신 일이었다.

로바크는 **목표 자체만을 이루려고 애쓰는** 덫에 빠지지 않았다. 그보다 그는 **방식을 배울** 필요성, 영적인 방법의 필요성을 깨달았다. 사실 그는 아주 치밀하고 현실적인 실험가였고, "심리학의 실험이 우리의 영적인 문제에 새로운 접근을 가져다준 시대"에 사는 것을 스스로 행운으로 여겼다. 그래서 그는 매시간마다 충분히 시간을 떼어서 하나님을 집중적으로 생각하는 실험을 며칠간 실시했다. 역시 "제멋대로인 내 자아의 옹졸함과 부질없음에 염증을 느낀" 그는 "의지의 행동으로 매순간 하나님을 느끼는" 것을 실험했다. "지금 이 타자기를 치는 내 손가락을 그분이 지도해 주시기를 원하면서, 내가 내딛는 발걸음을 타고 그분이 흘러나오기를 원하면서" 말이다. 그는 "억지로라도 나의 생각을 하나님께 활짝 열고" 싶었다. 그러나 생각이 그 상태까지 이르려면 아침에 오랜 시간이 걸릴 때가 많았다. 그래서 그는 "그 사고방식, 하나님께 집중된 상태가 자리 잡을 때까지" 침대에서 나오지 않기로 작정했다. 생각을 늘 하나님께 두려면 대단한 결심이 필요함을 그는 깨달았다. 그러나 그는 그것이 금방 점점 쉬워진다는 것도 깨달았고, "얼마 후면 혹시 이것이 습관이 되고 노력의 느낌은 점차 줄어들 것"을 바라게 되었다.

서한집의 가장 치밀한 대목—하나님을 생각 앞에 두는 "방법"에 관한 한—에서 로바크는 말 그대로 매순간 하나님과 교제하는 것이 **가능한가**의 문제를 다루고 있다. 우리는 매순간 그분의 생각들로 생각할 수 있을까? 다른 것들이 하나님을 밀어내는 시간들도 **있어야 하는** 것 아닌가? 이 문제에 대한 로바크의 답은 그대로 전부 인용해야 한다. 예수의 제자가 끊임없이 의식적으로 하나님을 붙드는 것을 그가 어떻게 보았는지, 그 핵심이 이 안에 들어 있기 때문이다. 한때 자기가 하나님이 밀려나는 시간들도 있어야 한다고 생각했음을 인정한 후에 그는 이렇게 말을 잇는다.

> 그러나 이제 나의 생각이 바뀌고 있다. 우리는 한꺼번에 두 가지 생각을 품을 수 있다. 한 가지만 생각한다는 것은 사실 1초의 절반도 지속될 수 없다. 생각이란 흐르는 것이다. 계속 움직인다. 집중이란 다름 아니라 오만 가지 방향에서 한 가지 문제로 계속 되돌아오는 것이다. 우리는 한 가지를 생각하지 않는다. 우리는 항상 적어도 두 가지의 관계를 생각한다. 동시에 셋이나 그 이상의 관계를 생각할 때가 더 많다. 그러므로 나의 문제는 이것이다. 나는 몇 초 단위로 내 생각의 흐름 속에 하나님을 다시 둘 수 있을까? 하나님이 언제나 내 생각 속에 잔상이 되시도록, 언제나 모든 개념과 지각의 한 요소가 되시도록 말이다.
>
> 나는 내 남은 평생을 이 질문에 답하는 실험으로 삼기로 결심한다.

이 실험의 엄청난 결과가 이 서한집의 이야기에 나온다. 『분초와의 시합』*Game with Minutes*에는 그것이 좀 더 체계적으로 그리고 어쩌면 좀 더 실제적으로 상술되어 있다. 거기 보면, 1분마다 적어도 1초씩 하나님을 생각 속에 부르는 것으로 방법이 더 구체화되어 있다. 그러나 위에 인용한 대목에는, 하나님과의 적극적인 연합을 이루고 끊임없이 풍성한 삶에 거하기 위한 로바크의 방법의 심리학적인 배후 원리들이 들어 있다.

실험을 시작하고 몇 주 내로 변화가 나타나기 시작했다. 아직도 이 방법에 대해서 배워야 할 것이 많기는 했지만, 1930년 1월 말에 그는 몇 시간이고 계속 하나님께 얹혀 가는 느낌, 작은 일에서 하나님과 협력하는 느낌이 들었다. 전에 느껴 보지 못한 것이었다. "뭐가 필요해서 되돌아보면 그것이 나를 기다리고 있다. 나도 일해야 하지만…… 하나님이 곁에서 함께 일하고 계신다." 3월 9일에 그는 "**이 시간**이 천국일 수 있다. **어느** 누구의 **어느** 시간도 하나님으로 풍성할 수 있다"는 것을 깨달았다. 모든 세대의 신비가들이 익히 하던 방식대로 그는 하나님께 이렇게 아뢴다. "하나님, 지난 두 시간 동안 제 마음이 주님으로 터질 것 같았는데, 그 이상을 마음에 품고서야 사람이 어찌 살 수 있을지 잘 모르겠습니다." 그는 하나님을 의식하는 마음을 지키다가 많은 어려움과 실패도 경험했지만, 5월 24일로 끝나는 그 주에는 하나님과의 대화에서 한층 더 깊은 차원을 경험하기 시작했다. 자연의 아름다움에 흠뻑 취한 순간에 "나는 혀의 움직임을 그냥 두었는데, 거기서 여태까지 내가 지은 어떤 시보다도 훨씬 아름다운 시가 흘러나왔다. 반 시간 동안 쉬지 않고, 단 한 음절도 막히지 않고 흘러나왔다." 이를 계기로 그는 아름다움 속에서, 사랑 속에서 하나님을 더 깊이 의식하게 되었다.

매순간 하나님을 생각 속에 두려는 두 달간의 고된 노력의 결과를 돌아보면서 그는 이렇게 탄성을 발했다. "이렇게 하나님께 집중하는 일은 **고되지만** 다른 모든 일은 더 이상 고되지 않게 되었다!" 모로 족 사람들과의 관계에서 특히 그랬다. 그들은 그의 변화를 보고는 그를 자신들의 마음과 삶 속에 온전히 받아들였고, 문화와 종교의 차이에도 아랑곳없이 그를 사랑하고 믿고 도왔다. 유력한 이슬람교 사제 둘은 그 지역을 다니면서 자기네 사람들에게, 로바크가 그들에게 하나님을 알도록 도와줄 것이라고 말했다. 로바크는 예수를 따르는 자 외에는 무엇으로도 행세한 적이 없지만, 그러나 사제들과 백성들과 함께 성경과 코란을 공부했고 그들의 집회에서 함께 기도했다. 이것을 보고 한 사제는 "그는 이슬람교인이다"라고 말했으나, 로바크는 "이슬람교인의 친구다"라고 되받았다. 그래도 이슬람교에서 강조하는 부단한 복종은, 하나님과 부단히 교제하는 방법을 형성하도록 그를 자극한 한 가지 요인이었던 것으로 보인다. 그리스도인으로서 자신의 실천이 이슬람교의 고백보다 뒤처지는 것을 그는 차마 견딜 수 없었다. 내면의 변화는 실질적인 것이었고 겉으로도 확실한 영향을 끼쳤다. "하나님은 정말 변화를 이루신다. 그분께 가는 순간 마치 전류가 통해 내 온 존재를 타고 흐르는 것 같다." 과연 "실제로 현존하여" 다른 사람들에게 직접 영향을 미치는 차원은 존재하며, 그래서 중보기도는 하나님과 협력하는 가운데 실질적인 능력을 구사하는 일이 된다.

1930년대 중반 이후의 편지에서는 관심사의 분야가 달라져서, 하나님과 연합한 삶의 다양한 실제적인 측면들이 주조를 이룬다. 『분초와의 시합』에 그 내용이 더 자세히 설명되어 있고, 삶의 다양한 조건에 맞추어 멋있게 구체화되어 있다. 물론 이 책은 『현대 신비가의 편지』와는 달리 다른 사람들을 도울 목적으로 쓴 것이다.

세계적인 사회 문제에 깊이 관여하다 보니 로바크는 대체로 그 내면 생활보다는 일로 알려지게 되었다. 그에 관한 책을 쓴 사람들 중 다수는 그의 영적인 면을 거의 언급하지 않았고, 사실 그 부분을 어떻게 생각해야 할지도 전혀 모른다. 그러나 그 자신의 말과 글(50권 이상의 저서가 있다)을 보면, 그가 인생의 최후까지 무엇보다 영적인 사람으로 살았음을 알 수 있다. 근본적으로 그는 순간순간 하나님과의 관계를 바탕으로 살았던 것이다. 그는 그 관계를 알되, 흔히 영성에 따라붙는 많은 외적인 부속물 없이 알았다. 그러나 그의 열매를 보면 그가 참으로 성령의 사람이었음을 알 수 있다. 성령은 눈에 보이는 결과를 보이지 않게 이루어 내시는 "바람"이다(요 3:8).

부록 2

아빌라의 테레사 『영혼의 성』

내가 아빌라의 테레사Teresa of Avila의 『영혼의 성』Interior Castle을 처음 공부한 것은 20여 년 전, 성경에 나타난 영적인 삶이 어떤 것이어야 하는지 이해하고 실천하고 전달하려고 다년간 노력한 후였다. 그때까지 나는 유익한 길동무들을 많이 만났는데, 그들은 시공간적으로 두루 퍼져 있었고 "교단적인 특징"도 다양했다. 그러나 이 책과 이 저자는 즉시 내 삶에서 하나님의 독특한 임재가 되었다. 이 책에는 하나님과의 살아 있는 관계에 대한 교훈이 담겨 있는데, 내가 전에 어디서도 보지 못한 내용이었다. 당신도 이 책을 읽으면 십중팔구 나처럼 신선한 충격을 경험하게 될 것이다.

첫째로 테레사가 내게 도움을 준 것은 인간 영혼의 존엄성과 가치—과연 어마어마한 실체다—에 대한 인식이다. 인간의 악함과 비참함을 강조하는 것이 내가 자랄 때의 지배적인 주제였는데, 그러다 보니 우리의 위대함과 하나님 앞에서의 가치에 대한 의식은 거기에 파묻히는 경향이 있다. 뿐만 아니라 그쪽을 강조하면 우리는 자신을 **아무것도 아닌** 존재로 생각하고, 우리의 길 잃고 추한 상태를 **화려한 몰락**의 잔해로 보는 것이 아니라 무(無)의 상태, 단순한 진공 상태로 착각하는 쪽으로 기울어진다.

테레사는 우리에게 변화의 길을 떠나려면 우선 "우리 영혼을 전부 다이아몬드나 아주 투명한 수정으로 만들어진, 방이 많은 성으로 생각"하라고 권한다. 각각의 방 내지 "처소"에 하나님과 함께 기거하고, 그리하여 그분이 의도하신 대로 빛을 발하는 존재가 되는 것이 우리의 본분이다. 성경의 책장들과 그리스도의 "위대한 사람들"의 삶에 반쯤 가려져 있는 사실을 테레사는 밝히 드러내 준다. 곧 **나는 하나님의 영원한 우주 안에서 영원한 운명을 받은 부단히 영적인 존재**라는 사실이다. 비록 우리가 하나님의 뜻에서 멀리 떠나 있을 수 있으나 그래도 알아야 할 것이 있다. "이 유랑 중에서 그처럼 크신 하나님이 이처럼 악취 나는 벌레들과 사귀실 수 있으며, 그것을 깨달으면 우리도 그처럼 온전한 선과 그처럼 측량할 수 없는 자비를 사랑하게 될 수 있다."

영혼의 성에 있는 "방들"이란 우리를 지으셨고 우리를 찾으시는 하나님과의 **관계 속에서 살아가는 방식들**이다. 테레사는 윗사람들한테서 기도에 관한 글을 쓰라는 지시를 받았다. 그래서 그렇게 했는데, 단 그녀가 이해한 기도는 가끔가다 하는 일이 아니라 바로 삶의 방식이었다. 이 책과 『순례자의 길』*The Way of the Pilgrim* 같은 다른 책을 통해 나는 기도의 삶을 산다는 것이 무엇인지 이해하게 되었다. 하나님과 대화하며 살되 그분께 말만 하는 것이 아니라 또한 듣고 행하면서 사는 것의 의미를 나는 여기서 배웠다. 하나님이 우리에게 말씀하시는 현상에 관해 내가 아는 것의 대부분은 이 책의 3장, 여섯 번째 방에 나오는 내용을 공부하고 실천에 옮기면서 배운 것이다. 내 생각에 지금까지도 이것은 하나님이 그 자녀들에게 **말씀하신다**는 것의 의미를 주제로 쓴 역대의 모든 글 중에 단연 으뜸이다.

이 책을 공부하면서 또 하나 내가 더 분명히 깨닫게 된 것은, 믿는다는 그리스도인들의 삶이 왜 이런 모습인가 하는 것이다. 이에 대해서는 지금까지도 이렇다 할 정보가 별로 없다. 그러나 첫 번째 방부터 네 번째 방까지를 염두에 두고서 통상적인 "교회 생활"을 본다면, 당신도 현재의 실상과 좋은 쪽으로든 나쁜 쪽으로든 거기서 예상되는 결과를 훤히 이해할 수 있을 것이다. 그리고 삶의 과정을 함께 지나면서 당신 자신에게나 다른 사람들에게 좋은 조언과 지도를 베풀 수 있을 것이다. 당신은 테레사가 영적인 삶의 확실한 거장이며 그 영성 신학이 놀랍도록 깊고 풍부함을 알게 될 것이다. 그러면서도 그녀에게는 답답함이나 "머리로만 아는 지식"은 전혀 없다. 그녀의 실험적인 태도는 자유롭기 그지없고, 그녀가 "이것은 정말 설명을 못하겠다"면서 하는 말까지도 그대로 놀라운 깨달음을 준다. 그녀의 말은 당신이 직접 시험해 보면 안다.

이 모든 교훈의 밑바탕에는 영적인 삶의 성장에 확실한 질서와 순서가 있다는 사실이 깔려 있는데, 이는 특히 나의 배경에 대단히 중요한 것이었다. 영혼의 "성"(城)이라는 그녀의 모형에 이것이 녹아들어 있다. 그녀는 사실상 이렇게 말한다. "자, 이것이 도면이다. 이것이 우리가 지나가야 할 경로다. 여기가 출발 지점이고, 여기에 몇 가지 할 일들이 있고, 여기에 예상 가능한 일들과 그 의미가 있다." 이 모든 지혜를 그녀는 겸손하고 실험적인 말투로 호소력 있게 전한다.

끝으로, 다섯 번째 방에서 일곱 번째 방까지는 그리스도와의 연합과 하나님과의 연합을 다룬 것인데, 나로서는 여태까지 영성 문헌에서 만난 최고의 글이다. 제임스 스튜어트$^{James\ Stewart}$의 『그리스도 안에 있는 사람』$^{A\ Man\ in\ Christ}$처럼 이 분야의 유익한 책들이 더 있기는 하지만, 그 현상학적인 접근과 실상을 상세히 기술적으로 분석한 것으로 말하자면 테레사의 『영혼의 성』을 능가할 책이 일찍이 없었다. 모든 주제 중에서 그리스도와의 연합—중생, 칭의, 성화, 영화를 통한—이야말로 오늘날 가장 절실히 회복되어야 할 주제다. 테레사는 그리스도와의 영적인 삶에 이루어지는 구속(救贖)을 총체적으로 다루었는데, 이것을 능가할 책은 지금까지도 없었거니와 앞으로도 능가하기 어려울 것이다.

『영혼의 성』의 후반부 단계들과 나아가 책 전체에 닥친 불행한 사태 중의 하나는, 사람들이 여기에 묘사된 "신비한 연합"을 기독교 고유의 것이 아니라 마치 "종교간 대화"인 양 읽으려 해왔다는 것이다. 요즘 사람들이 그렇게 읽으려고 할 만한 이유를 우리는 물론 안다. 그러나 그렇게 하면 이 책의 본질을 놓치는 것이고, 정황을 벗겨 내는 것이고, 그리스도와 그분의 아버지를 믿는 사람들은 물론 대다수 다른 사람들에게도 유익이 없게 만드는 것이다. 물론 이 책에서 무엇을 건지느냐는 각자 자유지만, 이 책의 특수성을 걷어 내면 독자들이 하나님과 동행하는 데 진정으로 도움이 될 내용은 거의 남지 않는다.

이 책의 독서법에 대해서 한마디 하고 싶다. 오늘의 기준으로 보면 이는 전형적으로 쉽게 읽히는 책이 아니며, 마치 보석을 채굴하는 것처럼—사실이 그렇다—접근해야 한다. 우선, 한번에 다 읽어서—그냥 밀고 나가라—전체를 개괄한다. 읽으면서 주제들과 단원들을 분명히 표시하고, 끝에 가서는 전체 윤곽을 간단히 적는다. 스승 테레사의 프로젝트를 이해하려면 그것이 아주 중요하다. 그 다음, 다시 돌아가서 처음부터 끝까지 천천히 읽는다. 이번에는 나중에 더 깊이 연구할 수 있도록 인상적인 대목들을 표시해 둔다. 그리고 나서 그 대목들을 붙들고 깊이 묵상하되, 꼭 처음부터 끝까지 할 필요는 없고 당신의 마음과 생각이 가는 순서대로 하면 된다. 테레사를 도우신 것처럼 당신도 도와 달라고 "왕"께 구하라. 그러면 당신의 영혼인 다이아몬드 성은 점차 더 하나님의 임재로 빛을 발하게 될 것이다.

부록 3

루스 헤일리 바턴 『고독과 침묵 훈련』

17세기의 훌륭한 과학자요 신학자이면서 그리스도인인 블레이즈 파스칼은 『팡세』*Pensees*에서 "인간의 모든 불행은 인간이 자기 방에 조용히 머물 수 없다는 단 한 가지 사실에서 비롯된다"고 날카롭게 지적했다. 그에 따르면 인간의 이러한 무능의 이유는 "연약하고 유한한 인간 조건의 타고난 빈곤으로, 너무 비참해서 깊이 생각하면 아무것도 위로가 안 된다." 그래서 우리는 "깊이 생각하지" 않으려고 조심해야 한다. 이것을 우리는 파스칼이 말한 "전환"으로 해결한다. 주의를 자신이 아닌 다른 데로 돌릴 만한 것들이 우리에게 필요하다. "그래서 사람들은 시끄럽고 바쁜 것을 지독히 좋아한다. 그래서 감옥은 그토록 끔찍한 형벌이다. 그래서 고독의 즐거움은 불가해한 것이다."

사실 파스칼은 "우리에게 또 다른 은밀한 본능, 원래 좋았던 본성의 잔재"가 있어 "실제로 행복이란 바쁜 데 있지 않고 오직 안식에 있음을 가르쳐 준다"고 했다. 이 본능은 전환 욕구와 충돌하고, 그로 인한 생각의 혼란 때문에 사람들은 흥분 속에서 안식을 얻으려고 한다. 그리고 "닥쳐오는 난관을 모두 이겨 냄으로써 안식의 문이 열려야만 지금 내게 없는 만족이 찾아올 줄로 늘 생각한다."

물론 그것은 그런 식으로 오지 않는다. 시간만 더 있으면 된다는 생각은 착각이다. 보다 근본적인 해답을 찾지 않는 한 "시간이 더 있어도" 이미 있는 시간과 똑같이 채워질 것이다. 해방과 안식의 길은 결단과 연습에 있다.

여기서 결단이란 당신의 평판과 "성공"을 포함하여 세상과 당신의 운명을 하나님 손에 넘긴다는 결단이다. 이것은 아무런 행동도 하지 않겠다는 결단이 아니다. 물론 상황에 따라 그렇게 될 수도 있지만 말이다. 오히려 이것은 당신의 행동 **방식**에 관한 결단이다. 곧, 당신은 언제나 하나님을 의존하여 행동한다.

당신은 결과를 주관하지 않는다. 물론 당신의 몫을 하지만, "당신의 몫"은 언제나 당신 자신이 아니라 하나님에 대한 의식(意識)으로 정결케 된다.

사울 왕이 사무엘을 기다리지 않고 직접 제사장의 역할을 맡아서 제사를 드린 것은(삼상 13:8-12) "내 힘으로 일이 되게 하겠다"는 심산이었다. 그는 "육신의 힘" 곧 자연적인 능력에 의지하여 자신의 뜻을 관철했다. 구약의 왕들은 거의 예외 없이 그렇게 했다. 하지만 왕들만이 아니다. 어떤 일이 잘못인 줄 알면서도 일부러 한다면 우리도 늘 동일한 일을 하는 것이다.

세상과 우리의 운명을 하나님께 넘긴다는 결단은 우리 안팎의 모든 것에 역류한다. 우리를 "지배해" 온 행동 체계는 우리가 있기도 전부터 있었고, 우리 존재의 모든 기공(氣孔)들로 스며든다. 바울은 율법이 있기 전부터 "죄가 세상에 있었다"고 말한다. 죄는 우리를 내적으로 빚어낼 뿐 아니라 외적으로 짓누르는 거대한 사회적인 실재다. 그래서 우리는 도움을 찾아야 한다. 하나님의 은혜의 역사를 경험하는 통로들, 우리 힘으로 가능한 일들을 택할 줄 알아야 한다. 그래야 우리 속에 배어든 그 시스템을 떨치고 나올 수 있다. 그 "통로들"이란 성령 안의 삶을 위한 훈련들로, 기독교 역사를 통해 잘 알려져 있으나 지금은 대폭 외면당하며 오해받고 있다. 인간의 절박한 상황을 이해하지 못하는 사람들에게는 이런 훈련이 이상하고 심지어 해로워 보인다. 그러나 파스칼이 정곡을 찌른 대로 산만한 실존을 살지 않고 하나님 안에서 영혼의 쉼을 얻으려는 사람들에게는 이런 훈련이 절대적으로 필요하다.

"자기 방에 조용히 머물" 줄 아는 이는(일부 비정상적인 상황을 제외하고는) 자신에게 족한 선(善)을 찾은 사람이요 혹시 닥칠지 모르는 어떤 일에도 위협을 느끼지 않는 사람이다. 그의 신체적인 차원과 영적인 차원에 기생하던, 세상을 주관하는 성향은 더 이상 그를 지배하거나 뒤흔들 힘이 없다. 하나님의 손안에서 모든 것이 더없이 안전함을 그는 경험과 은혜로 배웠다. 이제 그는 행동이 필요하면 행동할 수 있으나, 그때도 사랑과 기쁨과 평안이 깊이 배어 있다.

고독과 침묵은 인간의 불행과 죄의 근원을 가장 직접적으로 공략하므로, 영적인 삶을 위한 훈련 중에 가장 근본적인 것이다. 고독 속에 있겠다는 것은 장시간 아무것도 하지 않겠다는 것이다. 성취를 일절 포기하는 것이다. 우리는 "손을 떼는" 법을 배운다. 고독을 완성하려면 침묵이 필요하다. 듣지 않고 말하지 않는 것까지 포함하여 고요함에 들어가지 않는 한, 아직 세상이 우리를 쥐고 있기 때문이다. 고독과 침묵 속에 들어가면 우리는 더 이상 하나님께 요구하지 않는다. 하나님은 하나님이고 나는 그분의 소유로 족하다. 우리는 자신에게 영혼이 있고 하나님이 여기 계시며 이 세상이 "내 아버지의 세상"임을 배운다.

우리가 고독과 침묵을 충분히 연습하면, 하나님을 아는 그러한 지식은 신앙인을 포함한 대다수 인간들을 몰아가는 자만심과 미친 듯이 바쁜 삶을 점차 밀어낸다. 우리가 어디에 있든지 그 지식이 우리를 소유하게 된다. 더 이상 우리가 굳이 외적인 고독과 침묵 속에 있지 않아도 고독과 침묵이 우리 안에 머문다. 이제 우리는 무엇을 하든지 "말에나 일에나 다 주 예수의 이름으로 하고 그를 힘입어 하나님 아버지께 감사"한다(골 3:17). 이것은 우리가 해야 하는 다른 모든 일들 위에 얹어지는 또 하나의 일이 아니다. 정말이지 그것은 일부러 생각해야 할 일이 아니다. 그것은 우리가 되어 가는 모습인 까닭이다. 물론 수시로 우리는 조용히 혼자서 고독과 침묵을 돌보고 가꾸면서, 그 깊이와 힘을 새롭게 할 필요가 있다. 그러나 우리는 가는 곳마다 고독과 침묵을 품고 다닌다.

오늘날의 정황, 특히 신앙의 정황상 누군가 우리에게 고독과 침묵에 대해—그런 것이 존재한다는 사실만이라도—말해 줄 필요가 있다. 나아가 누군가 우리에게 그 속에 들어가도 괜찮다고 말해 줄 필요가 있다. 누군가 우리에게 방법과 결과와 이후의 과정을 알려 줄 필요가 있다. 루스 헤일리 바턴 Ruth Haley Barton에게 그 사람은 자신의 영적인 스승이었다. 이제 바턴이 이 책 『고독과 침묵 훈련』 Invitation to Solitude and Silence 을 통해 당신에게 그 일을 해 준다.

"하나님의 백성에게 남아 있는 안식"(히 4:9 참조)을 정말 알고 싶거든, 모든 결과를 하나님께 맡기고 루스 헤일리 바턴을 길잡이 삼아서 고독과 침묵 연습에 들어가기로 결단하라. 그 과정 가운데 예수께서 함께해 주시기를 기도하라. 그리고 그렇게 해 주실 그분을 신뢰하라. 비교적 짧은 시간 안에 당신은 마음이 온유하고 겸손하신 그분이 약속하신 "마음의 쉼"(마 11:29 참조)을 알게 될 것이다. 이것은 당신의 삶과 죽음에 쉬우면서도 요동치 않는 기초가 될 것이다.

부록 4
제임스 로슨 『위대한 그리스도인들은 어떻게 성령의 충만을 받았는가』

성경을 제외하고 나에게 가장 큰 영향을 미친 책이 하나 있다면 제임스 로슨James G. Lawson의 『위대한 그리스도인들은 어떻게 성령의 충만을 받았는가』*Deeper Experiences of Famous Christians*라는 잘 알려지지 않은 책이다. 이 책은 1911년에 처음 간행되었다가 아주 최근인 2000년에 재출간되었다.

  문학적인 관점이나 학문적인 관점에서 보자면 이 책은 별로 대단하다고 할 것이 없다. 널리 알려지지 않았고 널리 읽히거나 영향을 끼친 적이 없어 보이는 것도 아마 그래서일 것이다. 그러나 1954년에 대학 동급생 빌리 글렌 더들리가 나에게 준 이 책은 아주 적시에 내 삶에 들어왔고, 아마도 그보다 더 중요한 것은, 이 책이 나에게 그리스도와 고금에 걸친 그분의 사람들의 무궁무진한 부요함을 열어 주었다는 것이다. 아울러 이 책을 통해 심오한 기독교 문서의 세계가 내 앞에 펼쳐졌는데, 그리스도 안의 삶을 이해하고 실천함에 있어서 이 책 자체보다 훨씬 중요한 문헌들이었다.

특이한 교리적인 성향 때문에 저자는 "더 깊은 체험"을 거의 전적으로 성령의 충만 내지는 성령 세례의 관점에서 해석했다. 유명하든 별로 유명하지 않든 간에 그리스도인들의 더 깊은 체험을 그 렌즈로 본다는 것은 안타까운 일이며, 이 책에 나오는 각 개인들의 "체험"을 보면 그 점이 분명해진다. 그러나 다행히도 저자는 자신의 특이한 성향에 구애받지 않고, 그리스도를 훌륭히 따른 사람들을 폭넓게 선정하여 그들의 삶 속에 실제로 벌어진 일들을 상당히 자세히 기술했다. 그들 중에, 하나님을 더 깊이 체험하는 것과 성령 충만 내지 성령 세례와의 관계를 로슨의 견해와 조금이라도 가깝게 볼 사람은 거의 없을 것이다.

이 책은 우선 에녹부터 사도 바울에 이르기까지 성경 인물들부터 논한다. 그리고 흥미롭게도 몇몇 "이방의 현자들"(그리스, 페르시아, 로마)로 이어 가는데, 그들 역시 하나님의 성령의 영향력 아래 있었던 것으로 묘사한다. 이어서 초기 기독교의 훌륭한 그리스도인들에게 한 장을 할애하고, 끝으로 "개혁 교회"와 종교개혁 시대를 한 장에 아주 간략하게 다룬다.

로슨이 처음으로 따로 한 장을 떼어서 다룬 사람은 개신교 종교개혁의 중요한 선구자인 지롤라모 사보나롤라(Girolamo Savonarola)다. 사보나롤라가 내게 가장 큰 감명을 준 것은—정말로 나는 **매혹**되었다—**거룩함**을 향한 열정, 초자연적인 종류의 다른 삶 곧 "위에서 난" 삶을 향한 열정과 모든 것을 희생해서라도 그 삶을 얻으려는 각오였다. 사실 로슨이 이 책에 다룬 사람들은 전부 **그 점**에서 두드러졌다. 그리고 그들의 여정에 진전을 가져다

준 더 깊은 체험들은 결코 성령의 충만 내지 성령 세례가 전부가 아니었다. 물론 성령께서 언제나 간섭하셨고 진정한 충만과 세례도 있었지만 말이다.

이 사람들의 체험은 때때로 성령의 충만 내지 성령 세례의 특징도 있었지만, 대개는 **깨달음**이었다. 심오한 진리를 더없이 명쾌하게 통찰하고, 거기서부터 감정이 물밀듯이 함께 솟아나는 순간이었다. 이런 체험들은 종종 조지 폭스가 말한 "열림"이었고, 뼛속에까지 직통하여 삶을 영영 바꾸어 놓았다.

그래서 로슨은 존 번연에 대해 이렇게 썼다. "번연이 그 무서운 회의와 절망에서 완전히 건짐을 받은 일은 어느 날 그가 들판을 지나던 중에 찾아왔다. 갑자기 그의 영혼에 이런 선고가 떨어졌다. '너의 의는 천국에 있느니라.' 믿음의 눈으로 그는 하나님의 우편에 계신 예수와 그의 의를 본 것 같았다. 그는 이렇게 고백한다. '드디어 내 발에서 사슬이 정말로 벗겨졌다. 나는 고뇌와 족쇄에서 풀려났다. 유혹들도 달아났다. 그래서 하나님의 그 무섭던 말씀들이 그때부터 나를 괴롭히지 않았다! 집으로 돌아가는 길도 하나님의 은혜와 사랑 때문에 기쁘기만 했다.'"[1]

한 장씩을 따로 떼어서 다루기로 선정한 사람들을 보면 이 책이 내게 미친 영향이 더 잘 이해가 될 것이다. 사보나롤라에 이어서 귀용 부인, 프랑소와 페넬롱, 조지 폭스, 존 번연, 존 웨슬리, 조지 윗필드, 존 플렛처, 크리스마스 에반스, 로렌조 도우, 피터 카트라이트, 찰스 피니, 빌리 브레이, 제이콥 냅, 조지 뮬러, A. B. 얼, 프랜시스 리들리 해버갈, A. J. 고든, D. L. 무디, 윌리엄 부스가 나오고, 맨 마지막 장에 "다른 유명한 그리스도인들"(토마스 아 켐피스, 윌리엄 펜, 애덤 클라크 박사, 윌리엄 브램웰, 윌리엄 카보소, 데이비드 브레이너드, 에드워드 페이슨, 도로시아 트루델, 존 크리스톨프 블럼하트 목사, 피비 파머, P. P. 블리스)이 나온다.

분명히 이것은 "유명한 그리스도인들"의 목록치고는 아주 선택적인 것이며, 균형이 잘 잡힌 것은 아니다. 그러나 이 책을 붙들고 공부하는 나에게 그것은 문제가 되지 않았다. 사실 그들이 대체로 꽤 평범한 사람들이기에 나는, 그들이 분명하게 인도받은 그 놀라운 삶이 **내 것도** 될 수 있겠다는 감화가 더 깊었을 뿐이다. 신앙적으로 나는 아주 좋은 사람들이 모인 진영에서 자랐는데, 거기서 오로지 강조한 것은 믿음의 바른 내용에 충실할 것과 다른 사람들도 그렇게 고백하도록 이끄는 것이었다. 물론 그것은 중요한 핵심이다. 그러나 그것 **하나만** 강조하면, 그 결과는 아무리 진실할지라도 메마르고 무력한 신앙 생활, 항상 온갖 유혹에 취약한 신앙 생활이다.

바로 20세기까지 하나님의 임재와 활동이 인간의 삶 속에 실제로 침투한 사례들은, 그리스도와 성경을 통해 주신 생명과 약속들이 오늘의 우리를 위한 것임을 믿도록 내게 큰 힘을 주었다. 주님을 **구한** 평범한 사람들이 결국 그분을 얻는 것을—사실은 그분이 그들에게 오셔서 자신의 실체를 내어 주시는 것을—나는 보았다. 분명히 이들 "유명한 그리스도인들"은 체험을 구한 것이 아니고 성령의 충만 내지 성령 세례의 체험을 구한 것도 아니다. 그들은 주님과 그분의 나라와 그분의 거룩하심을 구했다 (마 6:33).

그들의 삶으로 미루어, **구함**은 분명히 그리스도 안의 삶의 중요한 부분이었다. "교리적인 정확성 하나"로만 보는 기독교는 실제로 구하지 않는 신앙이다. 기본적으로 그것은 계속 구하는 신앙이 아니라 "이미 도달한" 신앙이다. 그 길의 다음 정거장은 사실상 죽음 후의 천국이다. 그러나 이들 "유명한 그리스도인들"에 비추어 볼 때, 성경에 나오는 대로(예컨대 빌 3:7-15, 골 3:1-17, 벧후 1:2-11 등) 계속 구하는 길이 곧 하나님이 우리에게 의도하신 믿음의 삶이라는 사실이 분명해졌다. 믿음으로 말미암아 은혜로 얻은 구원은 결과만이 아니라 삶이었고, 열심히 집요하게 하나님을 추구하는 것은 "행위 구원"이 아니라 구원하시는 그리스도를 믿는 믿음의 자연스러운 표출이었다. 부단한 제자도는 **더 많은** 은혜와 생명을 끊임없이 구하는 것이고, 그것만이 예수를 메시아로 믿는 믿음에 어울리는 반응이었다. 간혹 그러나 드물지 않게 하나님을 체험하는 것이 그 반응에 자연스럽게(그러나 초자연적으로) 수반됨은 물론이다. 그중에는 더 깊은 체험도 있고 딱히 깊지 않은 체험도 있다.

"더 깊다"는 것은 "더 넓다"는 뜻이기도 했다. 로슨은 "유명한 그리스도인들"을 선정함에 있어서 놀랍도록 편파성이 없었고, 거기서 나는 많은 것을 배웠다. 이 책에 선정된 사람들은 문화적인 배경과 교단적인 연고의 폭이 매우 넓다. 그중에는 나의 교단 배경이기도 한 침례교 사람들이 많았다. 그것이 나에게 도움이 되었다. 그러나 또한 천주교, 성공회, 감리교, 구세군 등의 사람들도 있었다.

거룩함과 능력으로 부름받고 하나님을 체험하는 데는 분파의 경계가 따로 없음을 보면서, 나는 다른 사람들의 교리적·실천적 편협성에 기여하는 많은 요소들을 무시해야 한다는 것과 나 자신도 그런 것들에 무게를 두어서는 안 된다는 것을 배웠다.

바울의 멋진 이미지를 빌어, 나는 거기서 보배와 그릇을 구분하는 법과(고후 4:7) 보배에 집중하는 법을 배웠다. 보배는 개인의 삶 속에 사시는 그리스도와 그리스도께 순종하여 사는 개인이다. 하나님의 축복은 사람들 사이에 교단을 지어내는 자연스러운 성향이 있으나, 교단이 누구에게 하나님의 축복을 유난히 촉발하는 성향은 없다. 하나님이 각 교단의 사람들을 축복해 오셨으니 우리도 교단이나 전통을 존중할 수 있고 또 그래야 한다. 그러나 그래 봐야 그것은 보배가 아니라 그릇이다. 자신이 속한 그릇도 예외가 아님을 우리는 겸손히 인정한다.

거룩함을 향한 갈망과 거룩하게 서는 능력을 향한 갈망에는 사회적인 경계나 경제적인 경계가 없으며, 이것은 허다한 사람들에게 축복이 된다. 이것 역시 나에게 매우 중요했고, "유명한 그리스도인들"의 삶에 더없이 분명히 나타난다. 그들 중 다수는 인간적인 지위가 없었거나 지위를 버렸다. 거기서 나는 개인적으로 희망을 얻었을 뿐 아니라 성경의 사건들이 내 앞에 새롭게 열렸다. 오늘날에도 "학문 없는 범인"(행 4:13)들이 하나님의 실체와 그분을 아는 지식을 세상에 전할 수 있음을 보게 된 것이다. 인간의 눈으로 보기에 아무리 초라한 사람일지라도 하나님과 한 개인이 선한 쪽으로 커다란 변화를 일으킬 수 있음을 나는 보았다. 내 삶과 사역에서 행여 무엇이 나온다면 그것은 내 노력으로 일이 되게 해서가 아님을 나는 확실히 배웠다.

로슨의 책에서 넘어가서 이들과 그 밖의 많은 "유명한 그리스도인들"의 저작들을 공부하면서, 가장 먼저 나의 불변의 길동무가 된 것은 토마스 아 켐피스의 『그리스도를 본받아』였다. 다음은 존 웨슬리의 책들, 특히 그의 일기와 설교집이었다. 다음은 윌리엄 로^{William Law}의 『경건한 삶을 위하여』^{A Serious Call to a Devout and Holy Life}, 제레미 테일러의 『거룩한 삶과 거룩한 죽음』이었다. 다음은 찰스 피니의 여러 책들, 특히 그의 자서전과 『부흥론』^{Revival Lectures}이었다.

독서 폭이 넓어지면서 루터와 칼뱅^{John Calvin}의 책들과 후기 청교도 작가들의 책들이 나에게 큰 의미를 주었다. 특히 영적인 삶을, 공로적인 행위나 완벽주의의 기미가 전혀 없이, 제자도의 삶, 그리스도 안의 거룩함과 능력을 추구하는 삶으로 보는 신학을 정립하는 데 도움이 되었다(칼뱅의 『기독교강요』 제3권이 이 부분에 특히 유익했다). "제자도 없는 기독교"와 본회퍼^{Dietrich Bonhoeffer}가 말한 "값싼 은혜"는 바보짓이거니와, 루터나 칼뱅한테서는 절대로 그것을 도출해 낼 수 없음을 나는 배웠다.

이런 기독교의 명작들과 꼭 맞물려서 나는 플라톤으로 시작하여 철학자들의 책을 계속 읽었다. 내가 고등학교를 졸업하면서부터 시작하여 이주 농장 노동자로 일하던 2년 동안 죽 계속했다(나는 플라톤의 책 한 권을 더플백에 넣어 가지고 다녔다).

이 모든 독서의 영향으로 늘 나는 성경 특히 복음서로 돌아가게 되었고, 인간들이 제 스스로 얻으려고 부질없이 애쓰는 지혜와 실체를 예수와 그분의 가르침 안에서 — 바울이 정확히 말한 "측량할 수 없는 그리스도의 풍성"(엡 3:8) 안에서 — 발견하게 되었다.

예수는 인생의 네 가지 근본적인 문제에 답하신다. 실체는 무엇인가? 하나님과 그분의 나라다. 유복한 또는 "복 있는" 사람은 누구인가? 누구든지 하나님 나라 안에 살고 있는 사람이다. 참으로 선한 사람은 누구인가? 누구든지 하나님 차원의 사랑인 아가페가 배어들어 거기에 붙들려 있는 사람이다. 그러면 나는 어떻게 참으로 선한 사람이 될 수 있는가? 하나님 나라의 삶에서 예수의 충실한 도제가 되어, 그분이 나라면 사셨을 것처럼 내 삶을 사는 법을 배우면 된다.

삶의 본질상 이것은 인간이라면 누구나 답해야 할 질문들이고, 훌륭한 스승이라면 누구나 다루어야 할 문제들이다. 예수 그리스도는 복음서에 그리고 나아가 그분의 사람들을 통해 답하시는데, 그 방식은 갈수록 더 이해할 만하고 실험적으로 검증이 가능해진다. 일찍이 이런 문제들에 답했던 사람은 지구상에 아무도 없다. 그분은 어떤 질문도 회피하지 않으시고 어떤 이슈도 피하지 않으신다. 오늘날 그분의 제자들도 똑같이 해 주기를 이 시대는 기다리고 있다.

나는 제임스 로슨과 그의 작은 책 때문에 감사가 끊이지 않는다. 이 책은 적시에 나에게 와서, 실제 인간들의 실제 삶 속에 실체로 거하시는 예수 그리스도와 그분의 나라와 성령의 임재를 보게 해 주었다. 그래서 이 책 덕분에 나는 "그의 부르심의 소망이 무엇이며 성도 안에서 그 기업의 영광의 풍성이 무엇이며 그의 힘의 강력으로 역사하심을 따라 믿는 우리에게 베푸신 능력의 지극히 크심이 어떤 것"(엡 1:18-19)인지 조금 알게 되었다. 하나님의 "그 능력이 그리스도 안에서 역사하사 죽은 자들 가운데서 다시 살리시고 하늘에서 자기의 오른편에 앉히"셨다(엡 1:20).

　누구나 이 책을 읽으면 단순하면서도 심오한 진리를 얻게 된다. 그것은 바로 성경에 나와 있는 그리스도의 진리와 그분의 나라를 우리도 체험적으로 알 수 있다는 것이다. 우리가 전심으로 진정 하나님을 찾으면 그분이 우리를 만나 주시고 소유하신다(렘 29:13). 인생이란 이것을 위해서 있는 것이다.

부록 5

제임스 스미스 「경이의 방」

그리스도인들의 믿음과 신경을 소모시키는 모든 시험 중에서 가장 견디기 힘든 것은 말할 것도 없이 사랑하는 이들의 죽음이다. 고통의 정당한 한 부분은 단순히 이별이다. 더 이상 내 누이나 부친과 전화 통화도 할 수 없고 찾아갈 수도 없다는 사실은 나에게 두고두고 슬픔이다. 죽음 앞에서 느끼는 두려움과 불확실성은 불행히도 예외가 아니라 규범이 되었거니와, 그러나 그 이유는 주로 물리적인 죽음 너머에 계속되는 삶이 직관적으로 전혀 이치에 닿지 않기 때문이다.

우리 그리스도인들은 하나님의 임재 안에서 그 백성의 미래의 삶이 어떠할지에 대해 그리스도와 그분의 사람들이 전한 영광스러운 말들을 알고 있다. 적어도 들어는 보았다. 그러나 정말 그렇게 믿는 사람들은 드물다. 정말 그렇게 믿는다면, 우리는 그것이 사실인 것처럼 솔직하고 자연스럽게 행동할 것이다. 정말 그렇게 믿는다면, 우리는 예수의 친구라면 누구나 죽어서가 훨씬 나음을 온몸으로 확신할 것이다. 정말 그렇게 믿는다면, 우리는 우리가 사랑하는 사람이 광대하신 하나님과 그분의 세상 속으로 "더 높이 더 깊이" 이주하여 말할 수 없이 더 큰 복을 누리게 되었으니 이별의 슬픔 중에도 기뻐할 것이다. 예수께서 가까운 친구들에게 주신 말씀은 정말 이치에 맞는다. "나를 사랑하였더면 나의 아버지께로 감을 기뻐하였으리라. 아버지는 나보다 크심이니라"(요 14:28).

죽음을 대하는 예수의 태도는 솔직히 자못 호방하다. 그분이 죽어 가고 계시는데, 곁에서 함께 죽어 가던 강도가 그분이 누구인지를 알아본다. 그는 예수께 권세의 자리 곧 그분의 나라에 들어가실 때 자기를 기억해 달라고 부탁한다. 예수는 "오늘 네가 나와 함께 낙원에 있으리라"고 대답하신다. "낙원"은 아주 살기 좋은 곳, 생명과 충만의 자리로 통했다.

이 말씀과 짝이 되는 그분의 선언이 있다. 그분의 말씀을 받아들이는 자는 영원히 죽음을 맛보지 않는다는 말씀이다(요 8:51-52). 다시 말해서, 그는 인간들이 보통 자기에게 닥칠 줄로 예상하는 그 일을 영원히 겪지 않는다. 그리고 다시 그분은 나사로의 무덤에서 말씀하신다. "나는 부활이요 생명이니 나를 믿는 자는 죽어도 살겠고 무릇 살아서 나를 믿는 자는 영원히 죽지 아니하리니"(요 11:25-26). 예수께서 친히 **죽음을 멸하셨다**는 것이 초대 그리스도인들의 공통된 이해였다(히 2:14-15, 딤후 1:10).

이 모두의 중심 기준점은 예수다. 그분은 물리적인 죽음의 양편 모두에, 곧 그분 편에도 살고 계시고 우리 편에도 살고 계신다. 우리가 노래하는 "살아 계신 주"는 현실이다. 그래서 죽음 너머의 예수를 풍성하게 체험한 바울은 "몸에 거할 때에는 주와 따로 거하는 줄을 아노니…… 원하는 바는 차라리 몸을 떠나 주와 함께 거하는 그것이라"고 담대히 말한다(고후 5:6-8). 바울은 죽어 가던 강도가 부활의 도움 없이 예수를 만나러 간 그 낙원을, 직접 체험으로 이미 엿본 사람이다.

바울은 빌립보 교인들에게 "내게 사는 것이 그리스도니 죽는 것도 유익함이니라"고 했고(빌 1:21), 또 "내가 그 두 사이에 끼였으니 떠나서 그리스도와 함께 있을 욕망을 가진 이것이 더욱 좋으나 그러나 내가 육신에 거하는 것이 너희를 위하여 더 유익하리라"고 했는데(빌 1:23-24), 이것은 자신의 생명과 인격이 지속되리라는 당연하고도 넉넉한 믿음의 표현이다. 그리고 그 믿음의 기초는 그가 하나님의 세계와 그 안에서의 예수의 자리를 직접 체험한 데 있었다. 그런 체험들로 말미암아 그것은 **그에게 실체가 되었고**, 예수와 그의 나라가 예수의 보호 아래 있는 사람들의 영원한 삶을 위한 영원한 실체인 것이 그에게는 당연해졌다.

"소망 없는 다른 이와 같이 슬퍼하지 않게"(살전 4:13) 우리를 해방해 주는 것은, 하나님 아래서 그리고 이 우주 안에서 그분과 함께 우리의 삶이 지속될 것이라는 확신이다. 제임스 스미스James B. Smith의 『경이의 방』A Room of Marvels이라는 놀라운 이야기는 정확히 이 대목에서 우리에게 도움이 된다. 그의 책은 성경적·신학적인 내용이 아주 탄탄하다. 구체적인 내용과 심상과 행동을 넣지 않고서 성경을 읽고 신학을 생각하는 많은 사람들에게는 그것이 의외이겠지만 말이다. 우리의 필요를 지적하려면, 그것이 의외인 것은 당연하다. 그리고 그 필요는 요긴하며, 독실한 그리스도인들이 물리적인 죽음 앞에서 쩔쩔매는 것을 보면 정말 절박할 정도다. 예수께서 나사로의 무덤에서 우신 이유는 (요 11:35) 틀림없이 인간이 하나님 안에 있는 죽지 않는 생명의 실체를 생생히 보지 못해서 당하게 된 고통 때문이었다. 그 고통이 그 순간 그분을 둘러싸고 있는 장면 속에 위압적으로 예시되고 있었다.

저자의 필치가 가벼운 것도 중요하다. 그는 은근히 유머를 담아 부드럽게 이야기를 풀어 나간다. 그러면서도 동시에 깊은 감동을 주며, 지적이고 현실적이다. C. S. 루이스와 기타 소수의 작가들의 글을 통해 우리는 거기에 익숙해 있다. 이 책의 저자도 양쪽 특성을 훌륭히 조합해 냈다. 그 결과 당신은 여느 훌륭한 문학 작품에 들어가듯이 이 책에 들어갈 수 있다. 이 책을 즐기라. 물리적인 죽음 너머에 있는 삶의 진실과 실체를, 상상력을 통해 실감하게 되는 소득이 저절로 뒤따를 것이다. "하나님 아래서 그리고 이 우주 안에서 그분과 함께 우리의 삶이 지속될 것이라는 확신"이 당신의 영혼 속에 스며들 것이다. 말씀이신 그분과 성령이 저자의 이야기와 함께 들어오실 것이다. 우리는 성경의 진리를 새롭게 보게 될 것이며, 그것이 우리를 붙들어 주고 강하게 하고 삶을 지도할 것이다. 그리고 그것은 자신의 인생 노정을 구체적으로 하나님의 풍성한 우주 안의 끝없는 영적인 존재로 생각할 줄 모르는, 그런 사람들이 당하는 고통과 무의미의 짐을 벗겨줄 것이다. 낙원은 지금 활동 중이다.

추천도서

Andrew Murray, *Humility*와 *Absolute Surrender*. (『절대 헌신』 생명의 말씀사)

Charles Finney, *Revival Lectures* (Fleming H. Revell Co., n.d). (『찰스 피니의 부흥론』 생명의 말씀사)

Dallas Willard, *Renovation of the Heart* (NavPress, 2002). (『마음의 혁신』 복있는 사람)

Dallas Willard, *The Divine Conspiracy* (HarperSanFrancisco, 1998). (『하나님의 모략』 복있는 사람)

Dallas Willard, *The Spirit of the Disciplines* (HarperSan Francisco, 1988). (『영성 훈련』 은성)

Francis De Sales, *Introduction to the Devout Life* (Doubleday, 1957).

Frank C. Laubach, *"Christ Liveth in Me"*와 *"Game with Minutes"* (Fleming H. Revell Co., 1961). 하나님을 늘 생각 속에 두고 살아가게 해 주는 실제적인 지침서다.

Frank C. Laubach, *Letters by a Modern Mystic*, Alden H. Clark 서문, Constance E. Padwick 편집 편찬(New Readers Press, 1955, 초판 1937).

Frank C. Laubach, *Man of Prayer* (Laubach Literacy International, 1990). 예수와 함께하는 영적인 삶에 관한 로바크의 저작이 대부분 다 들어 있다.

Frank C. Laubach, *Prayer, the Mightiest Force in the World* (Fleming H. Revell, Co., 1951).(『세상에서 가장 강력한 힘, 기도』 복있는 사람)

Frank C. Laubach, *The World Is Learning Compassion* (Fleming H. Revell, Co., 1958). 트루먼의 연설문 "4조"가 7장에 나온다.

Gene Edwards, *Practicing His Presence: Frank Laubach and Brother Lawrence* (Christian Books, 1973). 두 사람을 교훈적으로 비교한 책이다. (『하나님의 임재 연습』 생명의 말씀사)

Henri Nouwen, *The Way of the Heart* (Ballantine Books, 1981). (『마음의 길』 분도)

Jeremy Taylor, *Holy Living and Holy Dying*, 서구 영성 고전 시리즈(Paulist, 1992). 영적인 성장을 위해 몸을 어떻게 써야 할지를 다룬 16세기의 한 위대한 그리스도인의 실제적인 지침서다. (이 중 『거룩한 죽음』 크리스챤 다이제스트)

J. P. Moreland, "Restoring the Substance to the Soul of Psychology." *Journal of Psychology and Theology* 26(1998년 3월): 29-43.

Louis Bouyer, *A History of Christian Spirituality*. 전3권(Seabury Press, 1982).

Marjorie Medary, *Each One Teach One: Frank Laubach, Friend to Millions* (Longmans, Green & Co., 1954). 로바크의 언어학적인 방법들을 설명한 책이다.

M. McGuire, "Religion and the Body: Rematerializing the Human Body in the Social Sciences of Religion." *Journal for the Scientific Study of Religion* 29 (1990): 283-296. 인격에서 몸이 차지하는 역할을 철학적·학문적으로 해석한 탁월한 입문서로 참고도서 목록이 딸려 있다.

M. Ventura, "Soul in the Raw: America Can Sell Anything, Including That Most Ephemeral Commodity: The Soul." *Psychology Today* 30, no. 3 (1997): 58-83.

Richard Baxter, *The Practical Works of Richard Baxter*(Baker Book House, 1981).

Richard Foster, *Celebration of Discipline*(HarperSanFrancisco, 1998). 영적인 삶을 위한 훈련을 주제로 한 현대의 고전이다. (『영적 훈련과 성장』 생명의 말씀사)

Thomas à Kempis, *The Imitation of Christ*. 여러 판으로 나와 있다. 성경을 제외하고는 의심할 나위 없이 기독교 역사상 가장 많이 간행된 책이다. 반드시 읽어야 할 책이다. (『그리스도를 본받아』)

Thomas Moore, *Care of the Soul*(HarperCollins, 1992).

William Law, *A Serious Call to a Devout and Holy Life*(Paulist Press, 1978). (『경건한 삶을 위한 부르심』 크리스챤 다이제스트)

주

1. 제자도_슈퍼 그리스도인들만의 것인가

1 *The Cost of Discipleship*, R. H. Fuller 번역(New York: Macmillan, 1963). (『나를 따르라』 복 있는 사람)
2 Leo Tolstoy, *The Kingdom of God and Peace Essays*, Aylmer Maude 번역(Oxford University Press, 1936), p. 158.

2. 왜 귀찮게 제자도인가

1 A. W. Tozer, *I Call It Heresy*(Harrisburg, Penn.: Christian Publications, 1974), p. 5 이후.

4. 예수를 닮은 모습

1 나의 책 *The Spirit of the Disciplines*(Harper & Row, 1988), 1장을 참조하라. (『영성 훈련』 은성)

6. 영성 형성은 삶 전체와 전인(全人)을 위한 것

1 이 강연의 핵심 요지들은 내 책 *Renovation of the Heart*(NavPress, 2002)에 더 자세히 나와 있다. (『마음의 혁신』 복 있는 사람)
2 참고로 Richard McBrien, *Lives of the Saints*(HarperSanFrancisco, 2001), p. 18 이하에 그것이 잘 예시되어 있다.
3 *Renovation of the Heart*, pp. 38, 40의 그림을 참조하라. (『마음의 혁신』 복 있는 사람)
4 나의 책 *The Spirit of the Disciplines*, p. 16을 참조하라. (『영성 훈련』 은성)
5 *An Augustine Synthesis*, Erich Przywara 편집(Peter Smith Publisher, 1970), p. 89.

7. 그리스도 안의 영성 형성_ 그 정체와 방법에 관한 고찰

1 Gerald G. May, *Care of Mind, Care of Spirit*(Harper, 1982), p. 6. (『영성 지도와 상담』 IVP)

2 Marcial Maciel, *Integral Formation of Catholic Priests*(Alba House, 1992).

3 나의 책 *The Spirit of the Disciplines*에 이 글의 내용을 더 자세히 논하였다.

10. 기독교 영성 형성에 관한 논의

1 St. John Cassian, *The Monastic Institutes*(London: Saint Austin Press, 1999)를 참조하라.

11. 개인의 영혼 관리_사역자들과 모든 사람을 위해

1 나의 책 *Renovation of the Heart*, 특히 2장에 이 점을 자세히 설명했다. (『마음의 혁신』 복 있는 사람)

2 어떻게 그렇게 되는지 몇 가지 예를 보려면 다음을 참고하기 바란다. Frank Laubach, "Letters of a Modern Mystic" and "Game with Minutes," in *Frank C. Laubach: Man of Prayer*(Laubach Literacy International/New Readers Press, 1990).

3 Thomas Watson, *All Things for Good*(1663; 재판, Banner of Truth Trust, 1986), 74. (『모든 것이 합력하여 선을 이룬다』 생명의 말씀사)

4 다음 책에 인용된 글이다. Dallas Willard, *The Spirit of the Disciplines*(San Francisco: Harper & Row, 1988), p. 165.

5 더 자세한 내용은 Richard Foster, *Celebration of Discipline*(Harper & Row, 1978), *Streams of Living Water*(HarperSanFrancisco, 1998)를 참조하기 바란다(『생수의 강』 두란노). 아울러 나의 책 *The Spirit of the Disciplines*도 참조하라. (『영성 훈련』 은성)

6 다수의 훈련들을 나열하고 분류하는 방법들과 특정한 훈련들을 다룬 내용은 Richard Foster, *Celebration of Discipline*과 나의 책 *The Spirit of the Disciplines* 9장을 참고하기 바란다. (『영적 훈련과 성장』 생명의 말씀사)

12. 영적 훈련, 영성 형성, 영혼의 회복

1 이런 상태는 나의 책 *The Divine Conspiracy* 2장에 상세히 기술되어 있다. (『하나님의 모략』 복 있는 사람)

2 영혼에 대한 관심이 놀랍도록 되살아나고 있는 요즘의 현상에 대해서는 다음 글을 참고하기 바란다. M. Ventura, "Soul in the Raw: America Can Sell Anything, Including That Most Ephemeral Commodity: The Soul," *Psychology*

Today 30, no. 3 (1997): 58-83.

3 이런 전통의 주요 역사 인물로는 플라톤(『국가론』), 아리스토텔레스(『영혼에 관하여』와 『니코마코스 윤리학』), 플로티누스(*Enneads*, 특히 네 번째 "Ennead")가 있다. 이들의 저작들은 여러 판으로 간행되었다. 기독교 전통에서는 테르툴리아누스가 『영혼의 증명에 대하여』를 썼다(Washington, D.C.: Catholic University of America Press, 1950, 교회 교부 시리즈). 성 아우구스티누스도 영혼의 본질을 주제로 많은 작품을 남겼다. 아우구스티누스와 거의 같은 시대에 에메사의 주교 네메시우스(Nemesius)가 『인간의 본성에 관하여』를 썼는데, 주로 영혼을 논한 것이다 (Philadelphia: Westminster Press, 1955, 기독교 고전 문고 4권). 기독교적 관점에서 쓴 고전의 압권은 역시 성 토마스 아퀴나스의 『신학대전』 제1부, 질문 75-90에 해당하는 "Treatise on Man"이다(여러 판으로 나와 있다).

4 Plato, *Laws*, 제10권.

5 Aristotle, *Nicomachean Ethics*, 제2권. (『니코마코스 윤리학』)

6 영적 훈련들에 관한 전반적인 논의는 Richard Foster, *Celebration of Discipline*을 참조하기 바란다. 아울러 나의 책 *The Spirit of the Disciplines*와 *Renovation of the Heart*도 참조하라.

14. 논리학자 예수

1 나의 글 "Degradation of Logical Form," *Axiomathes* 1-3 (1997): 1-22, 특히 3-7을 참조하라.

2 Herbert Welch 편집, *Selections from the Writings of the Rev. John Wesley* (Eaton & Mains, 1901), p. 186. (『존 웨슬리의 일기』 크리스챤 다이제스트)

3 같은 책, p. 198.

4 이 논문에 언급된 많은 주제들은 더 자세한 설명이 필요한데, 그 내용은 J. P. Moreland의 역작 *Love Your God with All Your Mind*(NavPress, 1997)를 참조하기 바란다.

부록 4 제임스 로슨 『위대한 그리스도인들은 어떻게 성령의 충만을 받았는가』

1 James Gilchrist Lawson, *Deeper Experiences of Famous Christians*(Barbour Publishing, 2000), p. 133. (『위대한 그리스도인들은 어떻게 성령의 충만을 받았는가』 세복)

출전

본서의 각 글마다 허락을 받고 수록하고자 최선을 다하였으나 혹시 본의 아니게 규정된 표기를 누락했거나 저작권을 간과한 것이 있다면 출판사에 알려 주기 바란다. 다음 판을 낼 때 바로잡을 것이다.

1. 제자도_슈퍼 그리스도인들만의 것인가

Christianity Today(1980년 10월 10일)에 처음 실렸다. *The Spirit of the Disciplines* (HarperSanFrancisco, 1988)에 부록 II로도 실렸다.

2. 왜 귀찮게 제자도인가

Biola 대학교 영성 형성 수련회에 맞춰 부정기 간행물 *The Journey*(1995)에 처음 실렸다.

3. 당신의 스승은 누구인가

1996년 1월, 한국 두란노해외선교회의 기독교 간행물 *Promise*에 처음 실렸다.

4. 예수를 닮은 모습

Christianity Today(1990년 8월 20일)에 처음 실렸다.

5. 천국 열쇠를 얻는 열쇠

이 글의 축약판이 *Leadership Journal* 19, no. 4(1998년 가을): 57에 실렸다.

6. 영성 형성은 삶 전체와 전인(全人)을 위한 것

앨라배마 주 버밍햄의 Samford 대학교(Beeson 신학부) 수련회(2000년 10월 2-4일)에서 한 강연으로, 후에 수련회 회보 *For All the Saints: Evangelical Theology and Christian Spirituality*(Timothy George and Alister McGrath 편집, Westminster John Knox Press, 2003)에 실렸다. 허락을 받고 사용함.

7. 그리스도 안의 영성 형성_그 정체와 방법에 관한 고찰

1993년 10월 22일에 있었던 Fuller 신학대학원 Richard Mouw 총장 취임식과 함께 열린 세미나 원고로 작성된 글이다. *Journal of Psychology and Theology*, vol. 28, no. 4(©2000, Rosemead School of Psychology, Biola University)에 실렸다.

8. 마음은 원이로되_영적 성장의 도구인 몸

The Christian Educator's Handbook on Spiritual Formation(Kenneth Gangel and James Wilhoit 편집, Baker Academic, a division of Baker Publishing Group, 1998)에 처음 실렸다.

9. 하나님을 보는 비전 안에 살아가는 삶

2003년, Washington, D.C.에 있는 Church of the Saviour의 출판부 Tell the Word를 통해 소책자로 처음 간행되었다.

10. 기독교 영성 형성에 관한 논의

간행된 적이 없는 글이다. 1999년 가을, 적은 무리의 그리스도인 교사들이 콜로라도 주 아이다호 스프링스 근처에 수련회로 모여 오늘의 기독교 영성 형성의 의미와 전망을 기도하는 마음으로 고찰하는 시간을 가졌다.

11. 개인의 영혼 관리_사역자들과 모든 사람을 위해

The Pastor's Guide to Effective Ministry(William H. Willimon 편집, Beacon Hill Press, 2002)에 처음 실렸다.

12. 영적 훈련, 영성 형성, 영혼의 회복

Journal of Psychology and Theology, vol. 26, no. 1(©1998, Rosemead School of Psychology, Biola University)에 처음 실렸다.

13. 그리스도 중심의 경건_복음주의의 핵심

1998년 복음주의 신학 연구소(Evangelical Theological Studies)의 "Alonzo L. McDonald 가족 교수직" 취임 집회 때 하버드 신학부에서 한 강연을 대폭 개정한 것이다. 집회 책자 Where Shall My Wond'ring Soul Begin?: The Landscape of

Evangelical Piety and Thoughts, Mark A. Knoll and Ronald F. Thiemann 편집
(Eerdmans, 2000), pp. 27-35에 처음 실렸다.

14. 논리학자 예수

Christian Scholar's Review, vol. 28, no. 4, 1999에 처음 실렸다.

15. 왜

대학생들을 위한 잡지 *World Christian/U*(1989년 1월)에 처음 실렸다.

부록 1 프랭크 로바크 「현대 신비가의 편지」

Christian Spirituality(Frank Magill and Ian McGreat 편집, Harper and Row, 1998)에 나온다.

부록 2 아빌라의 테레사 「영혼의 성(城)」

Teresa of Avila: Selections from The Interior Castle(HarperSanFrancisco, 2004)에 처음 실렸다.

부록 3 루스 헤일리 바턴 「고독과 침묵 훈련」

Ruth Haley Barton, *Invitation to Solitude and Silence*의 서문에 나온다. ©2004, Ruth Haley Barton. InterVarsity Press, P.O. Box 1400, Downers Grove, IL 60515의 허락을 받고 사용함. www.ivpress.com.

부록 4 제임스 로슨 「위대한 그리스도인들은 어떻게 성령의 충만을 받았는가」

Indelible Ink(Scott Larsen 편집, WaterBrook Press, 2003)에 처음 실렸다.

부록 5 제임스 스미스 「경이의 방」

James Bryan Smith, *A Room of Marvels*(Broadman Holman, 2004)의 후기로 처음 실렸다.